数字传播技术

岳山◎主编

北京师范大学出版集团
BEIJING NORMAL UNIVERSITY PUBLISHING GROUP
安徽大学出版社

图书在版编目(CIP)数据

数字传播技术/岳山主编. —合肥:安徽大学出版社，2021.8(2024.8 重印)
ISBN 978-7-5664-2276-7

Ⅰ. ①数… Ⅱ. ①岳… Ⅲ. ①数字技术—应用—传播学—高等学校—教材 Ⅳ. ①G206—39

中国版本图书馆 CIP 数据核字(2021)第 159705 号

数字传播技术

ShuZi ChuanBo JiShu

岳　山 主编

出版发行：北京师范大学出版集团
安 徽 大 学 出 版 社
(安徽省合肥市肥西路 3 号 邮编 230039)
www.bnupg.com
www.ahupress.com.cn
印　　刷：江苏凤凰数码印务有限公司
经　　销：全国新华书店
开　　本：787 mm×1092 mm　1/16
印　　张：18
字　　数：416 千字
版　　次：2021 年 8 月第 1 版
印　　次：2024 年 8 月第 3 次印刷
定　　价：49.00 元
ISBN 978-7-5664-2276-7

策划编辑：马晓波　龚婧瑶
责任编辑：马晓波　李　晴
责任校对：刘婷婷
装帧设计：孟献辉　李伯骥
美术编辑：李　军
责任印制：陈　如　孟献辉

《数字传播技术》编委会

主　编　岳　山

副主编　李小军　饶　伟　黄　铮　鲍怡然

编　委　（以姓氏笔画为序）

化睿云　吴　丹　李　军　陈志鹏

季月丽　罗　琪　施　俊　郭　瑾

唐悦昕　曾抒羽　黎　林　霍　顺

前　言

随着5G、区块链、大数据等互联网技术对新闻传播的影响越来越大，人们充分地认识到技术的发展承载着新闻传播的未来，只有掌握了计算机、通讯、互联网等相关技术，传媒业的发展才能够推陈出新。

未来我们所有的设备可能都要信息化、物联网化，等到真正的万物互联时代到来的时候，我们的传媒产业又将会出现新的变化，所以技术的应用能力，对于传媒业界的工作人员和传媒专业的学生来说，十分重要，而且这种能力会越来越多地和其他的能力比如说写作能力、创新能力、策划能力相结合，这种综合的能力是未来传媒产业最需要的能力。

高校传媒专业教育越来越重视对学生技术应用能力的培养，实验、实践课程的比重越来越大。除了掌握技术，如何让技术和创意、内容更好地结合，发挥我们的创新能力，也是我们需要关注的一个问题。当然，只有打好技术基础，才能够更好地去进行内容产品的策划、创意和制作。

传媒行业历来是应用新技术、新设备较早的行业。在新文科背景下，技术能力的培养能够促进现代传媒教育文理交叉、文理交融业态的形成，为学生提供跨学科学习的机会，从而促进学生知识的拓展和创新思维的培养。

本教材先是对传媒类专业学生要掌握的软件进行了分类介绍，然后分别介绍了数字音频、视频编辑、图片制作、网页设计、文本挖掘等软件的使用，内容丰富、实用，具有很强的针对性。

感谢安徽大学新闻传播学院、安徽大学新闻传播实验教学示范中心的支持。感谢王洁、黄帅帅、刘逸群同学在教材编写过程中做的相关工作，感谢胡晶晶女士统一了教材体例。

在教材编写期间，母亲蓝茜大人去世。母亲生前一直以我为傲，现在教材顺利出版希望她老人家为我开心。

感谢家人的支持，感谢小女儿出生带来的欢乐，感恩所有在本教材编写出版过程中给予帮助的人。

本教材在编写过程中参阅了国内外相关专家的研究成果和文献资料，在此表示真挚的感谢！由于时间仓促、水平有限，教材难免存在不足和疏漏之处，恳请广大读者批评、指正。

岳　山

2021年6月15日于安徽大学

目录

第1章
绪 论

1.1 什么是数字传播

20世纪60年代中期，计算机网络不再局限于单计算机网络，形成了由多个单主机系统相连接的计算机网络。经过50多年的快速发展，现在已经是信息时代。信息时代的直接产物是信息化高速传播，这种传播方式在网络上得到很好的彰显，形成了当代的数字传播。

数字传播，也称网络传播，是以计算机通信网络为基础，进行信息传递、交流和使用，从而达到社会文化传播的目的的传播形式。① 数字传播对于社会的影响是全面的，不仅影响着政治和经济，而且影响着我们的生活方式和思维方式。

1.2 数字传播的特点

在人类历史的发展过程中，每一次传播技术的革新，都给人们带来全新的感受，使人们的生活方式发生改变，究其原因在于革新后的传播技术拥有不同于先前的技术特点。就是这些特点赋予了其更强的生命力和传播承载力，使其能够更有效地传播。相对于大众传播，数字传播不仅在交流平台而且在传播通道上都有独特面貌。

一是传播开放程度大大增加。

二是信息量大大增加并呈现各种形态，如图片、文字、视频、音频、动画等。

三是传播速度加快，交流的互动性得到增强。

四是传受双方的身份互换，信息的发布者同时是信息的接受者。

1.3 数字传播的覆盖面

数字传播涉及了现实社会中的各个层面，涉及面之广、涉及程度之深令人惊叹。我

① 汤军军主编：《新闻传播学考研核心概念精讲》，北京：北京理工大学出版社，2017年，第202页。

们在数字传播中可以发现文字、音频、视频、图片等等这些元素，数字传播覆盖面还在不断增加和拓展。在传播领域主要包括网络新闻、社交媒体、数字出版、网络广告、网络社区等。

1.4　目前的情况

2020 年我国网民已经达到 9.4 亿，数字传播正以前所未有的速度普及，网络已经成为生活基础设施。网络成为时代的先锋，不管是在政治领域，还是在经济、军事领域，其都已成为现代化的标志。视频聊天、网络购物等早已飞入寻常百姓家。网民人数的不断增加促进了网络的发展，网络的发展又不断吸引人们参与。

1.5　未来的发展

传播技术的发展总是为满足人们相应的需求，数字传播技术也不例外。随着人们对新知识和新领域的渴望和探索，在数字传播中，人们对更智能化、更立体化传播的渴望也日益强烈。在数字传播的演变过程中，技术从来都是最主要的推动力之一，未来数字传播技术会使更多的资源(不光是信息资源，还有各种硬件资源)得到更有效的整合，信息的采集、处理、发布及接受方式都将得到大大的丰富，获得更多的灵活性。数字传播必将朝着功能更丰富、智能化、大数据化、虚拟化等方向发展，网络编辑也会向全媒体化发展。

传媒领域历来是应用新技术的排头兵，传媒也因为技术的进步而发生着翻天覆地的变化，业界的变化也反映了业界对传媒人才的要求：既有理论又有创意，既懂营销又懂技术。

本教材主要介绍数字传播常用软件知识，主要涉及数字传播技术基础应用层面。本教材在认真研究数字传播技术的基础上把数字传播常用软件进行了分类，主要包括文档类、搜索类、图像类、音频类、视频类、动画类、数据类、多媒体合成类、电子书籍类、即时通讯类、在线教学类等。主要内容是传媒类专业学生应该掌握的基本技术或从事媒体工作的从业人员应掌握的基本技能。

如今随着网络媒体的快速发展，媒体融合已经成为时代的趋势，作为一名现代化的新闻传播人才，必须不断地更新和储备知识，真正成为一名符合时代发展要求的“全媒体”人才。

希望通过对本教材的学习，大家都能成为数字传播方面的“高手”，能利用软件工具制作出符合时代特征的媒介产品。

第2章 数字传播常用软件分类

数字传播软件在数字传播过程中起着非常重要的作用，了解和掌握一些数字传播常用软件是非常必要的。为便于大家了解和使用这些常用软件，我们先对它们进行分类介绍。

2.1 文档类

文档：计算机用语，文件的另一种称呼，一般指通过 Microsoft Word、Microsoft Eexcel 等文字编辑软件产生的文件。

文档类软件：记事本、Microsoft Word、Microsoft Eexcel 等。

1. 记事本

英文名称为 Wordpad 或 Notepad 。现在一般特指 Windows 操作系统附带的一种简单的文本编辑、浏览软件 Notepad. exe。虽然记事本只能处理纯文本文件，但是由于多种格式源代码都是纯文本的，所以记事本也就成为使用最多的源代码编辑器。它只具备最基本的编辑功能，所以体积小巧，启动快，占用内存低，容易使用。

虽然相对于 Microsoft Word 来说，记事本的功能确实很少，只有新建、保存、打印、查找、替换这几种功能，但是记事本却拥有 Microsoft Word 所没有的优点：打开速度快，文件小。同样的文本文件用 Microsoft Word 保存和用记事本保存，文件大小大不相同，所以对于大小在 64KB 以下的纯文本的保存最好还是使用记事本。

记事本另一项不可取代的功能是可以保存无格式文件。你可以把记事本编辑的文件保存为“. html”“. java”“. asp”等任意格式。这使得记事本可以作为程序语言的编辑器使用。

记事本使用的一个窍门：在记事本文件的开头输入“. LOG”之后你每次打开这个文件就会自动地记录下文本打开的时间。

2. Microsoft Word

Microsoft Word 是微软公司的一个文字处理器应用程序。它最初是由 Richard Brodie 为了运行 DOS 的 IBM 计算机而在 1983 年编写的。随后的版本可运行于 Apple

Macintosh（1984 年）、SCO UNIX 和 Microsoft Windows（1989 年），并成为 Microsoft Office 的一部分。

（1）Microsoft Word 的作用：使用 Microsoft Office Word 可创建和编辑信件、报告、网页或电子邮件中的文本和图形。

（2）目前常用的版本为 Microsoft Office Word 2019：

①Microsoft Office Word 2019 增加了标签动画。每当我们点击一个 Ribbon 面板时，Office 就会自动弹出一种动画特效。整体感觉很像是 Windows 10 特有的窗口淡入与淡出。从实际使用情况来看，给人一种界面切换流畅的感觉，让人耳目一新。

②Microsoft Office Word 2019 增加了一项“横版”翻页模式，类似于之前的“阅读视图”。勾选“翻页”按钮后，Word 页面会自动变成类似于图书一样的左右式翻页。

③Microsoft Office Word 2019 在“视图”面板下增加了一项“沉浸式学习模式”，能够通过调整页面色彩、文字间距、页面幅宽等，让文件变得更易读。同时这项功能还融合了 Windows 10 的语音转换技术，由微软“讲述人”直接将文件内容朗读出来，可以大大提高用户的学习与阅读效率。

④Microsoft Office Word 2019 的选项面板中，增加了“多显示器显示优化”功能。现在很多人的桌上都摆放了两台显示器，或者将笔记本电脑显示器与台式电脑显示器相连。通常情况下，当我们将一个 Office 窗口从高分辨率显示器移动到低分辨率显示器时，微软都会自动使用一种叫“动态缩放 DPI”的技术，来保证窗口在不同显示器间仍保持合适的大小。

3. Microsoft Excel

Microsoft Excel 是微软公司的办公软件 Microsoft Office 的组件之一，是由 Microsoft 为 Windows 和 Apple Macintosh 操作系统的电脑而编写和运行的一款软件。直观的界面、出色的计算功能和图表工具，再加上成功的市场营销，使 Excel 成为最流行的微机数据处理软件。

（1）Microsoft Excel 的作用：Microsoft Excel 具有计算、分析信息并管理电子表格或网页中的列表等功能。

（2）目前常用的版本为 Microsoft Excel 2019：

①Microsoft Excel 2019 内置了几款新函数，比如“IFS”多条件判断、“CONCAT”多列合并、“TEXTJOIN”多区域合并等。

②Microsoft Excel 2019 的工作界面将软件的功能集中到窗口上方的功能区中，更便于用户查找与使用。与传统的菜单栏和工具栏界面相比，功能区会占用较多的屏幕显示区域。若需要扩大用户编辑区，可单击窗口右上角的按钮，或按组合键 Ctrl＋F1，将功能区隐藏。

③Microsoft Excel 2019 新增了地图图表和漏斗图，显示类别。当数据中含有地理区域（如国家/地区、省/自治区/直辖市、市/县）或邮政编码时，使用地图图表。漏斗图可以显示流程中多个阶段的值。通常情况下，值逐渐减小，从而使条形图呈现漏斗形状。

2.2　搜索类

搜索引擎(Search Engine)指根据一定的策略、运用特定的计算机程序搜集互联网上的信息,在对信息进行组织和处理后,将处理后的信息显示给用户,为用户提供检索服务的系统。

从使用者的角度看,搜索引擎提供一个包含搜索框的页面,在搜索框输入关键词,通过浏览器提交给搜索引擎后,搜索引擎就会返回跟用户输入的内容相关的信息列表。

常用的搜索引擎有 Google、百度、360 搜索、搜狗搜索、Microsoft Bing(必应)等。

1. Google

Google(谷歌)使用一种自创的称为 PageRank™(网页级别)技术来索引网页,索引是由程序 Googlebot 执行的,它会定期地请求访问已知的网页新拷贝。页面更新愈快,Googlebot 访问得也愈多。再通过在已知网页上的链接来发现新页面,并加入数据库。索引数据库和网页缓存大小是以兆字节(Terabyte)来衡量的。

2. 百度

百度是全球最大的中文搜索引擎,2000 年由李彦宏、徐勇创立于北京中关村。"百度"二字源于辛弃疾《青玉案》中的诗句"众里寻他千百度"。《2020 年中国搜索引擎市场前景研究报告——市场规模现状与未来趋势研究》指出,截至 2020 年 3 月,中国搜索引擎用户达到 75015 万人,百度市场份额占比 72.8%。

3. 360 搜索

2012 年,奇虎 360 推出综合搜索(https://www.so.com),初期采用二级域名,整合了百度、谷歌的搜索内容,可实现平台间的快速切换。

360 综合搜索实际上是提供一站式的实用工具综合查询入口,这类搜索被定义为"元搜索"。它将信息聚合在一起以满足网络工具化、个性化的发展需求,提升了网络使用效率。国外比较成功的类似网站有 InfoSpace、Dogpile、Vivisimo 等。

360 搜索主要包括新闻搜索、网页搜索、微博搜索、视频搜索、图片搜索、地图搜索、问答搜索、购物搜索等。

4. 搜狗搜索

搜狗搜索是搜狐公司于 2004 年推出的完全自主技术开发的全球首个第三代互动式中文搜索引擎。搜狗搜索以人工智能的算法,分析和理解用户可能的查询意图,给予多个主题的"搜索提示",在用户查询和搜索引擎返回结果的人机交互过程中,引导用户更快速准确地定位自己所关注的内容,帮助用户快速找到相关搜索结果,并可在用户搜索时,给予用户未曾意识到的主题提示。

搜狗搜索的问世是搜索技术发展史上的重要里程碑。

2005 年搜狐公司收购"图行天下(Go2map)"之后,将其丰富的地图数据和多年积累的应用经验成功引入搜狗搜索,在国内率先推出全新搜索服务功能——地图搜索。截至 2019 年,搜狗搜索地图数据覆盖全国 400 多个城市 3000 个区县,数千万 poi 信息点,是国内首屈一指的地图查询平台。

搜狗搜索还提供微信内容搜索，这是其他搜索引擎所不具备的。

2.3 图像类

常见的图片素材检索工具有摄图网、千图网、花瓣网、站酷等，可以在这些网站上搜集所要使用的图片素材。常见的图像处理软件有 Photoshop、美图秀秀、光影魔术手等。随着网络的普及，互联网上也出现了在线处理图片的网站，如美图秀秀的在线网站，可以在线上对图片进行编辑。

1. Photoshop

Photoshop 是 Adobe 公司旗下最为出名的图像处理软件之一，集图像扫描、编辑修改、图像制作、广告创意、图像输入与输出于一体，深受用户喜爱。

从功能上看，Photoshop 具有图像编辑、图像合成、校色调色及特效制作等功能。Photoshop 界面图像编辑是图像处理的基础，既可以对图像进行各种如放大、缩小、旋转、倾斜、镜像、透视等处理，也可以进行复制、祛除斑点、修补、修饰图像的残损等操作。这在人像处理制作中有非常大的用场，可以去除人像上不满意的部分，进行美化加工，得到自己满意的效果。

图像合成则是将几幅图像通过图层操作、工具应用合成完整的、意义明确的图像。Photoshop 提供的绘图工具让图像与创意的完美融合成为可能，从而使图像的合成浑然天成。

校色调色是 Photoshop 深具威力的功能之一，既可方便快捷地对图像的颜色进行明暗、色彩调整和校正，也可在不同颜色当中进行切换以满足图像在网页设计、印刷、多媒体等不同领域中的应用。

特效制作在 Photoshop 中主要由滤镜、通道及工具综合应用完成。包括图像的特效创意和特效字的制作，如油画、浮雕、石膏画、素描等常用的传统美术技巧都可由 Photoshop 特效完成。而能制作各种特效字是很多美术设计师热衷于使用 Photoshop 的原因。

滤镜可用来实现图像的各种特殊效果，其在 Photoshop 中具有非常神奇的作用。所有的滤镜在 Photoshop 中都按类放置在菜单中，使用时只需从菜单中执行命令即可。滤镜通常需要同通道、图层等联合使用。网络上有多种免费滤镜，可以提供许多特效功能。

2. 美图秀秀

美图秀秀是一款简便的图片美化软件，其操作简单，上手快。美图秀秀为用户提供了美化图片、人像美容、文字、抠图、拼图、贴纸、边框、批处理、证件照设计、九宫切图、动态照片等功能。

(1)美化图片。包括亮度、对比度、色彩饱和度、色调、黑白色、反色、怀旧、全彩、柔和、锐化、电视线、柔光、浮雕、报纸、智能绘色、渐变等，还有各种滤镜实时更新。

(2)人像美容。包括皮肤美白、祛痘祛斑、染发、眼睛放大、自然美妆、瘦身瘦脸、消除红眼等。

(3)全能修图。具有编辑、加边框、贴纸、马赛克等很多美化功能。

(4)潮趣拼图。拼贴方式灵活，有各类模板可供选择。

3. 光影魔术手

光影魔术手是一款对数码照片画质进行改善及效果处理的软件。其不仅简单、易用，而且完全免费，是摄影作品后期处理、图片快速美容、数码照片冲印整理时必备的图像处理软件。

2.4　音频类

目前常用的音频处理制作软件包括 Adobe Audition、Cool Edit Pro、讯飞语音云·录音宝、变声实验室、字说等。这里只简要介绍 Adobe Audition。

Adobe Audition 是一款专业音频编辑软件，其专为音频和视频制作专业人员设计，可提供先进的音频混合、编辑、控制和效果处理功能。最多混合 128 个声道，可编辑单个音频文件。Adobe Audition 是一个完善的多声道录音室，可提供灵活的工作流程并且使用简便。无论你是录制音乐、无线电广播，还是为录像配音，使用 Adobe Audition 中的工具均可以制作出高质量的音响。

Adobe Audition 可以在普通声卡上同时处理多达 64 轨的音频信号，具有极其丰富的音频处理效果，并能进行实时预览和多轨音频的混缩合成。

2.5　视频类

目前常用的视频处理制作软件包括 Windows 10 自带编辑软件、Movie Maker、会声会影、剪映等，专业的视频软件编辑系统有 Adobe Premiere、索贝、大洋、AVID 等。这里简要介绍几种。

1. Windows 10 自带编辑软件

在 Windows 10 中使用操作系统自带的“照片”功能可以编辑创建视频。打开“照片”，然后依次选择“新建视频”→“带有音乐的自动视频”或“带有音乐的自定义视频”，应用其中的视频编辑器可以创建将音乐、文本等融入照片和视频的视频幻灯片。你还可以添加火花或烟花等动画 3D 效果。

2. 会声会影

会声会影是一款操作简单、功能强悍的 DV、HDV 影片剪辑软件。其不仅具有符合家庭或个人所需的影片剪辑功能，甚至可以挑战专业级的影片剪辑软件。

会声会影成批转换功能与捕获格式完整支持，让剪辑影片更快、更有效率；画面特写镜头与对象创意覆叠，可制作出新奇百变的创意效果；配乐大师与杜比 AC3 支持，让影片配乐更精准、更立体；128 组影片转场、37 组视频滤镜、76 种标题动画等丰富效果，让影片精彩有趣。

3. 剪映

剪映是一款高效快捷、全能易用的剪辑软件，适用于很多剪辑场景。AI 语音识别字幕、多轨道编辑、曲线变速、多类蒙版等专业功能满足高阶剪辑需求。海量免费 BGM、大片滤镜特效、花字气泡等强大素材库让视频画面更丰富。支持 4K 分辨率、60 高帧率，3 档码率可调整，高清画质带来极致体验。

4. Adobe Premiere

Adobe Premiere 是一款常用的视频编辑软件，现在常用的版本有 CS4、CS5、CS6、CC2014、CC2015、CC2017、CC2018、CC2019 以及 CC2020。Adobe Premiere 是一款编辑画面质量比较好的软件，有较好的兼容性，且可以与 Adobe 公司推出的其他软件相互协作。这款软件广泛应用于广告制作和电视节目制作中。

Premiere Pro 是视频编辑爱好者和专业人士必不可少的视频编辑工具，它可以提升你的创作能力和创作自由度，是易学、高效、精确的视频剪辑软件。Premiere 提供了采集、剪辑、调色、美化音频、字幕添加、输出、DVD 刻录的一整套流程，并和其他 Adobe 软件高效集成，可以满足制作高质量作品的要求。

5. 索贝

索贝是一款非线性视频编辑处理软件，采用 CPU＋GPU＋IO 技术，为用户提供完善的视频编辑功能和直观的操作流程，广泛地应用于各类节目的后期制作、影视的编辑等领域。索贝支持 MPEG、IMX、WMV9 和 DVD 等视频格式，并拥有多格式实时混合编辑等功能，在广电领域应用广泛。

2.6 动画类

常用的动画处理软件有 Maya、3D Studio Max 等。

1. Maya

图 2-1　Maya 软件界面

Maya 是 Autodesk 公司出品的三维动画软件。由于 Maya 功能更为强大，体系更为完善，国外视觉设计领域多数人员都在使用 Maya，国内很多三维动画制作人员也开始使用 Maya，很多传播公司开始利用 Maya 作为主要创作工具。许多好莱坞电影的动画场景都是用 Maya 制作的。

2. 3D Studio Max

3D Studio Max，常简称为 3ds Max 或 MAX，是 Autodesk 公司开发的基于 PC 系统的三维动画渲染和制作软件。

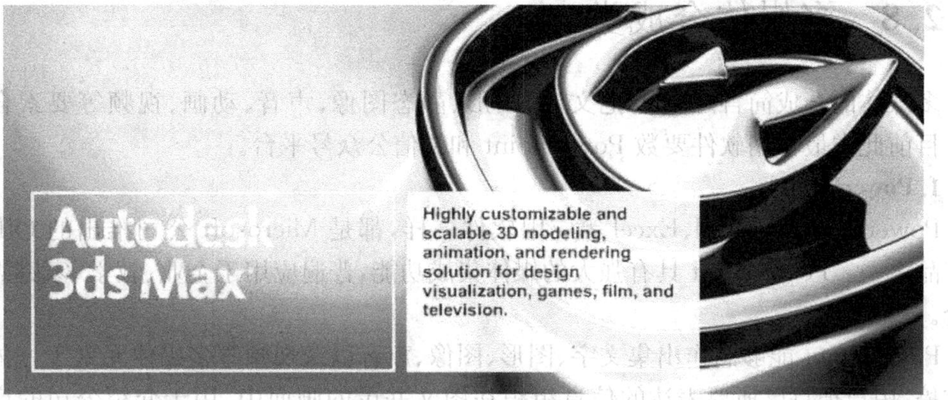

图 2-2　3D Studio Max 软件界面

3D Studio Max 被广泛应用于广告、影视、工业设计、建筑设计、多媒体制作、游戏、辅助教学以及工程可视化等领域。在国内发展得相对比较成熟的建筑效果图和建筑动画制作中，3D Studio Max 的使用率占据了绝对优势。行业不同，对 3D Studio Max 的应用也不同，建筑方面的应用只涉及比较简单的动画，影视特效方面的应用则把 3D Studio Max 的功能发挥到了极致。

2.7　数据类

常见的数据收集类软件包括百度指数、微信指数、清博大数据、微指数等，表单工具有麦客表单、问卷星、问卷网、表单大师、金数据等。这里只简要介绍百度指数和麦客表单。

1. 百度指数

百度指数是一款互联网趋势统计分析工具。通过它可以快速查看某个关键词在百度的搜索规模有多大，一段时间内的涨跌态势，关注这些词的网民的特征，以及他们同时还搜了哪些相关的词，等等。产品运营人员可以利用它来优化数字营销，同时还可以利用它作竞品追踪、受众分析、传播效果查询等。

2. 麦客表单

麦客 CRM 是一款免费用来对用户信息进行收集管理以及拓展新用户的轻态表单工具。你可以在麦客 CRM 里设计表单，收集结构化数据，轻松进行客户管理。

运营人员常常需要在微信公众号发起活动，与用户进行各种类型的互动。麦客表单就很适用于进行活动报名、用户调研、吐槽反馈、微信下单、投票调查等各种场景，生成的表单链接可以直接添加到微信菜单栏或者进行朋友圈、微博的转发和分享，方便传播。

用麦客表单收集到的数据会自动生成数据报表。相较其他在线表单制作工具而言，麦客表单能够将收集到的信息与客户的“联系人信息”打通，非常有利于有效数据的沉淀。

2.8 多媒体合成类

多媒体的合成简言之就是把文本、图形、静态图像、声音、动画、视频等要素合成使用。目前此类最常用软件要数 PowerPoint 和微信公众号平台。

1. PowerPoint

PowerPoint 和 Word、Excel 等应用软件一样，都是 Microsoft 公司推出的 Office 系列产品之一。PowerPoint 具有强大的媒体集成功能，普遍应用于企业、教学、家庭娱乐等场合。

PowerPoint 能够制作出集文字、图形、图像、声音以及视频等多媒体元素于一体的演示文稿，用户把自己所要表达的信息组织在图文并茂的画面中，用于介绍公司的产品或展示自己的学术成果等。用户不仅可以在投影仪或者计算机上进行演示，还可以将演示文稿应用到更广泛的领域中。

2. 微信公众号平台

微信公众号平台，简称公众号。利用公众号可以开展自媒体活动，简单来说就是进行一对多的传播活动。微信公众号是开发者或商家在微信公众号平台上申请的应用账号，在微信公众号平台上可以实现和特定群体的文字、图片、语音、视频的全方位沟通、互动。微信公众号平台分为服务号、订阅号、小程序、企业微信等。

2.9 电子书籍类

“电子书代表人们所阅读的数字化出版物，从而区别于以纸张为载体的传统出版物。电子书是利用计算机技术将一定的文字、图片、声音、影像等信息，通过数码方式记录在以光、电、磁为介质的设备中，借助于特定的设备来读取、复制、传输 ”。电子书的主要格式有 PDF、EXE、CHM、UMD、PDG、JAR、PDB、TXT、BRM 等。

常用的电子书制作软件有 eBook Workshop、iebook 超级精灵、友益文书等。

1. eBook Workshop

eBook Workshop 是将 HTML 页面文件、图片、Flash 等捆绑成 EXE 电子文档的制作软件。该软件吸收了其他同类软件的优点，采用文件流技术，所有文件都在内存中释放和读取，不产生垃圾文件；软件采用界面外壳，制作时可以选择界面，界面优美且可以不断升级；制作的电子书可以部分或全部加密，从而保护制作者的利益。

2. iebook 超级精灵

iebook 超级精灵是电子杂志（商刊）制作推广软件，适合专业的电子杂志制作公司、广告设计型、网络营销型公司或者个人使用。它直接生成单独的 EXE 文件或者直接上传在线杂志直接浏览，操作界面风格简约，突出了软件界面空间的利用。类似视窗系统的操作界面风格更切合用户习惯，让用户能迅速掌握使用。

3. 友益文书

友益文书是一款操作简单、功能实用的电子图书制作利器、资料管理助手、帮助文件制作的好工具、简易实用的多媒体课件制作软件。支持批量导入网页 Htm、Word、Excel、幻灯片、PDF、CHM、EXE、TXT、RTF 等格式的文件。友益文书是一款绿色软件，不需安装即可直接使用。用该软件制作的电子文书可直接生成可执行文件在任何计算机上阅读。该软件采用视窗风格，目录树结构管理，所见即所得的设计理念，不需要复杂的转换、编译；操作方便，可以自由地添加、删除目录树，可以随意地编辑文档内容，改变字体大小和颜色。该软件在功能及设计上都具有创新性，采用混合索引算法，数据存储采用自带的压缩格式，具有多重文本超链接功能，对导入的网页仍可进行编辑，支持 Word 文档、网页、文本等多种格式文档之间的转换。采用多级分布式加密算法，界面支持皮肤等个性化设计。生成可执行文件后文书仍可修改。

2.10　即时通讯类

即时通讯（Instant Messenger，简称 IM）是指能够即时发送和接收互联网消息等的业务。即时通讯自 1998 年面世以来，发展迅速，功能日益丰富，逐渐集成了电子邮件、博客、音乐、电视、游戏和搜索等多种功能。即时通讯不再是一款单纯的聊天工具，它已经发展成集交流、资讯、娱乐、搜索、电子商务、办公协作和企业客户服务等于一体的综合化信息平台，是一种终端联网即时通讯网络的服务。即时通讯不同于E-mail之处就在于它的交谈是即时的。大部分的即时通讯服务提供了状态信息的特性——显示联络人名单、联络人是否在线与能否与联络人交谈。

常用的即时通讯类软件有微信、QQ 等。

1. 微信

微信（WeChat）是腾讯公司于 2011 年推出的一个为智能终端提供即时通讯服务的免费应用程序，由张小龙所带领的腾讯广州研发中心产品团队打造。微信支持跨通信运营商、跨操作系统平台，通过网络免费（需消耗少量网络流量）快速发送语音短信、视频、图片和文字，同时，也可以使用通过共享流媒体内容的资料和基于位置的社交插件“摇一摇”“漂流瓶”“朋友圈”“公众号平台”“语音记事本”等服务插件。

截至 2019 年 9 月，微信月活跃账户数 11.51 亿。微信提供公众号平台、朋友圈、消息推送等功能，用户可以通过“摇一摇”“搜索号码”“附近的人”、扫二维码等方式添加好友和关注公众号平台，可将内容直接分享给好友或分享到微信朋友圈。

2. QQ

QQ，是腾讯 QQ 的简称，是一款基于互联网的即时通信软件。QQ 前身是 OICQ，OICQ 是模仿 ICQ 而来的。

QQ 已经覆盖了 Windows、macOS、iPadOS、Android、iOS、Windows Phone、Linux 等多种主流平台，支持在线聊天、视频通话、点对点断点续传文件、共享文件、网络硬盘、自定义面板、QQ 邮箱等多种功能，并可与多种通讯终端相连。

2.11 在线教学类

2020 年受新型冠状病毒性肺炎疫情的影响，教育部宣布延迟开学，不少学校借助各种在线教学工具，开展线上教学。在线教学工具主要包括钉钉、腾讯课堂、腾讯会议、对分易、慕课等。这里简要介绍钉钉和腾讯课堂。

1. 钉钉

钉钉(DingTalk)是阿里巴巴集团打造的沟通和协同的多端平台，是一个智能移动办公平台，提供 PC 版、Web 版、Mac 版和手机版，支持手机和电脑间文件互传。钉钉虽然是服务于企业的软件，但在疫情期间其推出的在线课堂功能，有力地支持了线上教育。

2. 腾讯课堂

腾讯课堂是腾讯公司推出的专业在线教育平台，聚合了大量优质教育机构和名师，下设职业培训、公务员考试、托福雅思、考证考级、英语口语、中小学教育等众多在线学习精品课程，打造老师在线上课教学、学生及时互动学习的课堂。腾讯课堂作为国内最大的在线职业教育平台，一端连接有学习需求的用户，一端连接有好内容的教育机构或老师，聚合 IT 互联网、设计创作、语言留学等多领域的职业教育课程，帮助广大学员提升职业和就业技能。

第3章 数字传播基础应用入门

3.1 搜索引擎的使用及技巧

在互联网上，最常用、最重要的搜索工具，是搜索引擎。人们经常把人工编辑的网站分类目录也叫作搜索引擎，但真正意义上的搜索引擎指的是网页全文搜索引擎。网页全文搜索引擎，其实是个大的索引表，记录了每个网页上出现过哪些关键词，当你输入某个关键词进行搜索的时候，所有含有这个关键词的网页就被找出来，并按一定顺序排列。网页全文搜索引擎的信息量大、准确性高、功能强、搜寻资料的速度也快。想要很好地使用搜索引擎工具协助我们的学习、工作，需要掌握一定的使用技巧。

常用的搜索引擎有百度、360 搜索、搜狗搜索等。下面介绍几种最基本也是最有效的搜索技巧。这里主要以中国人使用频度最高的百度为例。

1. 了解什么是关键词

关键词，就是你输入搜索框中的文字，也就是你命令搜索引擎寻找的相关内容。

你可以命令搜索引擎寻找任何内容，所以关键词的内容可以是人名、网站、新闻、单位、小说、软件、游戏、工作、购物、论文…… 关键词可以是任何中文、英文、数字，或中文英文数字的混合体。例如，你可以搜索“新闻传播”“book”“建党一百周年”“国庆阅兵”，等等。

关键词可以输入一个，也可以输入两个、三个、四个，你甚至可以输入一句话。当然，输入的关键词越普通你获得的信息就越多，无用信息(信息垃圾)也就越多。例如，你可以搜索“新闻传播学”“后浪”“蓦然回首，那人却在灯火阑珊处”。(多个关键词之间必须留一个空格)

2. 搜索之前先思考

搜索引擎虽然功能非常强大，但它无法搜索到网上没有的内容。所以在使用搜索引擎之前，应该先思考一下，需要搜索的资料所在网页上会含有哪些关键词。一次成功的搜索由两个部分组成:正确的关键词，有用的搜索结果。在你点击任何一条搜索结果之前，快速地分析一下你的搜索结果的标题、网址、摘要，会有助于你选出更准确的结果，帮你节省大量的时间。当然,到底哪一个是你需要的内容,取决于你在寻找什么,评估网络内容的质量和权威性是搜索的重要步骤。先用简单的关键词测试,别忙着仔细查看各条搜索结果,先从搜索结果页面里寻找更多的信息,再设计更好的关键词重新搜索。这样重复多次以后,就能设计出很有用的关键词,也就能搜索到满意的结果。

目前常用的几种搜索引擎各有特点,我们搜索时需要根据搜索内容选择合适的搜索工具。

3. 学会使用多个关键词进行搜索

比如,如果你想了解安徽旅游方面的信息,就输入"安徽 旅游",只有这样才能获取与安徽旅游有关的信息;如果你想了解安徽新能源汽车的信息,可以输入"安徽　新能源汽车"进行搜索。如果你要查的关键词较为冗长,可以将它拆分成几个关键词,词与词之间用空格隔开。

4. 学会使用减号"—"

"—"的作用是去除无关的搜索结果,提高搜索结果相关性。有的时候,虽然你在搜索结果中能见到一些想要的结果,但也会发现很多不相关的结果,这时你可以找出那些不相关结果的特征关键词,把它减掉。

比如,你要找火箭方面的专业知识时,输入"火箭"却找到一大堆 NBA 火箭队的新闻,在发现这些新闻的共同特征是"NBA"后,输入"火箭 —(NBA)"来搜索,就能够屏蔽大量的有关 NBA 火箭队的体育新闻,从而提高自己搜索的质量,如图 3-1。(百度中要屏蔽某个关键词,需要给关键词加上括号)

图 3-1　使用"—"搜索界面

5. 善于改正错误

如果使用过很多方法,依然没有找到合适的搜索结果,这个时候就需要认真检查搜索过程。

下面是初学者搜索时容易犯的几种错误及其解决方法，一旦认识到这些错误并及时改正，将很容易搜索到想要的东西。

(1)错别字。搜索引擎工具根据你输入的字符进行搜索，所以要求“一字不差”。例如分别输入“法制”和“法治”，搜索结果是不同的。分别输入“电脑”和“计算机”，搜索结果也是不同的。所以每当你觉得某种内容网上应该有不少却搜索不到结果时，你应该先检查一下是否有错别字。

(2)关键词太常见。搜索引擎对常见词的搜索存在不足，因为这些词曝光率太高了，以至于出现在成千上万的网页中，使得它们事实上不能被用来帮你找到什么有用的内容。比如，搜索“高考”，有许多网站提供跟“高考”相关的信息。所以当搜索结果太多太乱的时候，你应该尝试使用更多的关键词或者减号来搜索，不要使用过于通用的词汇来搜索，设计一个类似“安徽 高考招生”这样特殊的搜索关键词，会给你真正有用的结果。

(3)多义词。我们在搜索时有时候关键词是多义词，输入关键词后，搜索出来的往往不是想要的内容，因为搜索引擎目前还不能辨别多义词。如何快速准确地找到自己想要的内容呢？我们可以通过设置多个关键词来解决，比如你搜索“包袱”，包袱既指用布包起来的包儿，还比喻某种负担，也指相声、快书等曲艺中的笑料，我们如果只是输入“包袱”一个词，那就会找到很多和上面“包袱”含义相关的内容。想要快捷地找到自己想要的内容，可以使用多个关键词解决，比如搜索相声中的包袱段子，你可以搜索“相声 包袱”，这样，相声包袱段子内容就会很快搜索出来。

(4)不是输入关键词，而是直接输入问题。搜索失败还有一个常见原因是类似这样的搜索：“新安晚报在合肥的发行情况”“上海到北京的飞机时刻表”等。问题在于，或许没有哪个网页上会含有“新安晚报在合肥的发行情况”和“上海到北京的飞机时刻表”这样的关键词，所以搜索引擎找不到这样的网页。真正含有你想找的内容的网页，应该含有的关键词是“新安晚报”“合肥”“发行”“上海”“北京”“飞机时刻表”，所以你应该这样搜索：“新安晚报 合肥 发行”“上海 北京 飞机 时刻表”。

不要用你心中想的语言去搜索，当搜索结果太少甚至没有的时候，你应该输入更简单的关键词来搜索，猜测你找的网页中可能含有的关键词，然后用那些关键词进行搜索。

6. 使用高级搜索功能

(1)并行搜索。使用“A | B”来搜索或者包含关键词 A 或者包含关键词 B 的网页。例如你要查询“图片”或“写真”的相关资料，无须分两次查询，只要输入 “图片|写真”进行搜索即可。搜索引擎会提供跟“|”前后关键词相关的网站和资料。

(2)相关搜索。如果你无法确定输入什么关键词才能找到相关的资料，百度相关搜索可以帮助你。你先输入一个简单词语进行搜索，然后，百度会为你提供“其他用户搜索过的相关搜索词”作参考。点击任何一个相关搜索词，都能得到该相关搜索词的搜索结果。我们以在百度中搜索“安徽大学”为例，可以看到百度所给出的相关搜索结果，如图 3-2。

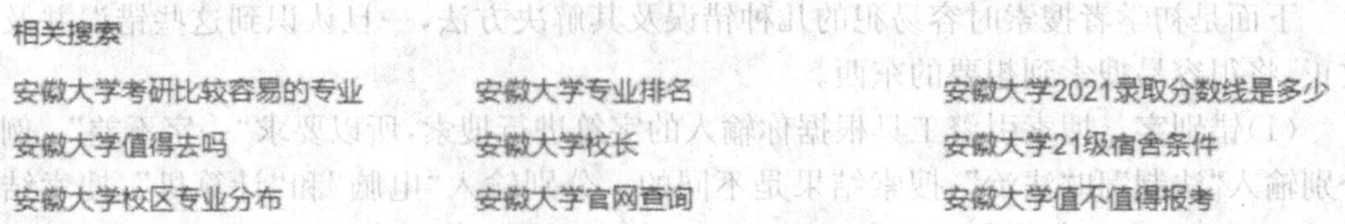

图 3-2　百度相关搜索结果页面

(3)百度快照。我们在上网的时候有时会遇到“该页无法显示”的情况，出现这种情况的原因有很多，百度快照能很好地解决这个问题。

百度已先预览各网站，拍下网页的快照，为用户储存大量网页。当你不能打开所需网站时，可以用百度暂存的网页救急，通过百度快照寻找资料比使用常规链接的速度快。

(4)图片搜索。百度图片搜索(image. baidu. com)，只需输入关键词，就可以搜到各种图片。常见的图片素材检索工具还有摄图网(699pic. com)、千图网(www. 58pic. com)、花瓣网(huaban. com)、站酷(www. zcool. com)等。

(5)在指定网站内搜索。在一个网址前加“site:”，可以限制只搜索某个具体网站、网站频道或某域名内的网页。例如“电话 site: www. zhenzhi. org”表示在 www. zhenzhi. org(真知网)网站内搜索和“电话”相关的资料。

需要注意的是，搜索关键词在前，site:及网址在后，关键词与 site:之间须留一空格隔开;site 后的冒号可以是半角，也可以是全角，百度会自动辨认。“site:”后不能有“http://”前缀或“/”后缀，网站频道只局限于“频道名. 域名”方式，不能是“域名/频道名”方式。

(6)在标题中搜索。在一个或几个关键词前加“intitle:”，可以限制只搜索网页标题中含有这些关键词的网页。例如“intitle: 电子书”表示搜索标题中含有关键词“电子书”的网页，“intitle: 百度 互联网”表示搜索标题中含有关键词“百度”和“互联网”的网页。

(7)在 url 中搜索。在“inurl:”后加 url 中的文字，可以限制只搜索 url 中含有这些文字的网页。例如“inurl: 网页”表示搜索 url 中含有“网页”的网页，“inurl: China news”表示搜索 url 中含有“China”和“news”的网页。

7. 其他探索

(1)广告创意案例搜索。ADGuider 是最全面、最智能的广告创意案例搜索工具，可以按时间＋行业＋品牌＋节日＋明星＋类型等组合词智能搜索。涵盖 2800 个行业，包含 63000 个品牌，热门节日 97 个，23 个搜索维度，以让广告人轻松、高效获得灵感为使命。

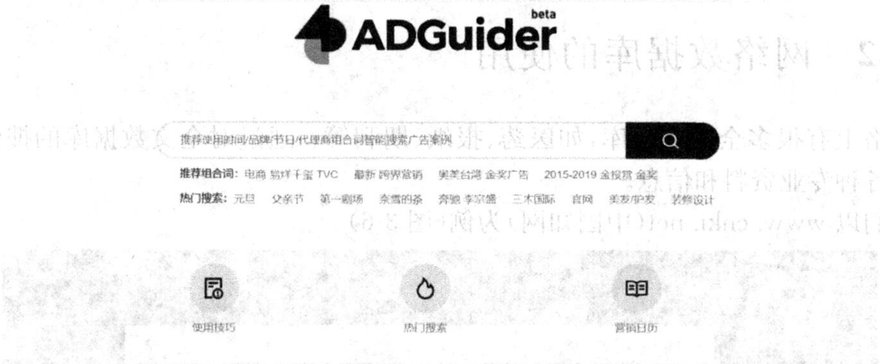

图 3-3　ADGuider 搜索界面

(2)图标搜索下载。easyicon 是以分享图标下载为功能的网站。它提供了超过 60 万个图标供大家选择使用，可按关键词搜索图标，支持图标素材下载，具有在线图标转换功能。

图 3-4　图标搜索下载界面

(3)广告人的网址导航。addog 是一站式搜索引擎，文案、设计、营销策略大全网址导航。

图 3-5　Addog 搜索界面

3.2 网络数据库的使用

网络上有很多全文数据库，如医药、报纸、期刊等。通过对全文数据库的搜索、查找能获取各种专业资料和信息。

我们以 www. cnki. net(中国知网)为例(图 3-6)。

图 3-6　中国知网首页

进入中国知网，如果你是收费用户，将能查看全文和下载，如果不是收费用户，只能进行文章名和摘要的查询。

媒体从业人员要善于从网络数据库中查找、搜集背景资料、专业知识等，为工作服务。

3.3 数据收集与处理

1. 数据收集工具

在数字传播的过程中，我们会用到各种各样的数据，因此数据的收集与处理也是我们必须要掌握的技能。数据收集的工具有很多，如百度指数、清博大数据、问卷星等，接下来我们就以问卷星为例，介绍如何进行数据收集。

问卷星是一个专业的在线问卷调查、测评、投票平台，专注于为用户提供功能强大、人性化的在线设计问卷、采集数据、自定义报表、调查结果分析系列服务。与传统调查方式和其他调查网站或调查系统相比，问卷星具有快捷、易用、低成本的明显优势，已经被大量企业和个人广泛使用。其典型应用包括：

企业：客户满意度调查、市场调查、员工满意度调查、企业内训、需求登记、人才测评、培训管理。

高校：学术调研、社会调查、在线报名、在线投票、信息采集、在线考试。

个人：讨论投票、公益调查、博客调查、趣味测试。

图 3-7　问卷星首页

问卷星的使用步骤：

(1)在线设计问卷：问卷星提供了所见即所得的设计问卷界面，支持多种题型以及信息栏和分页栏，并可以给选项设置分数（可用于量表题或者测试问卷），可以设置跳转逻辑，同时还提供了数十种专业问卷模板供用户选择。

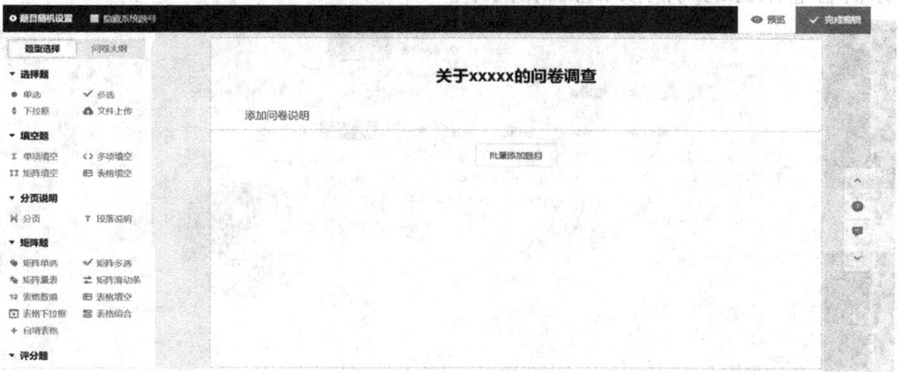

图 3-8　设计问卷界面

(2)发布问卷并设置属性：问卷设计好后可以直接发布并设置相关属性，例如问卷分类、说明、公开级别、访问密码等。

图 3-9　发布问卷的属性界面

(3)发送问卷:通过发送邀请邮件,或者用 Flash 等方式嵌入公司网站或者通过 QQ、微博、邮件等方式将问卷链接发给调查对象填写。

图 3-10　发送问卷界面

(4)查看调查结果:可以通过柱状图或饼状图等查看统计图表,选择卡片式查看答卷详情,分析答卷来源的时间段、地区和网站。

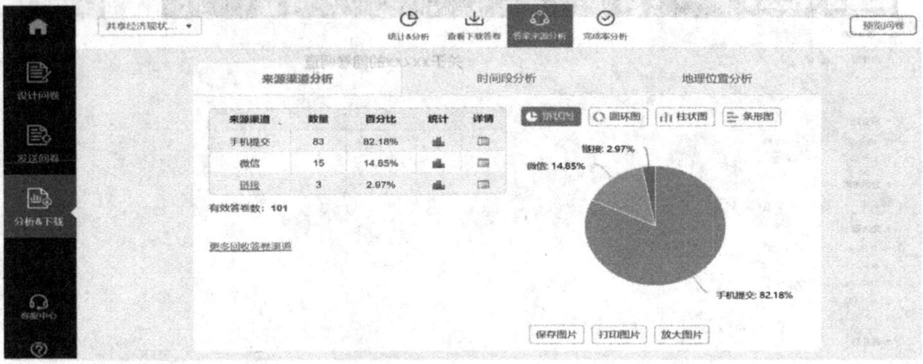

图 3-11　查看问卷调查结果界面

(5)创建自定义报表:自定义报表中可以设置一系列筛选条件,不仅可以根据答案来作交叉分析和分类统计,还可以根据填写问卷所用时间、来源地区和网站等筛选出符合条件的答卷集合。

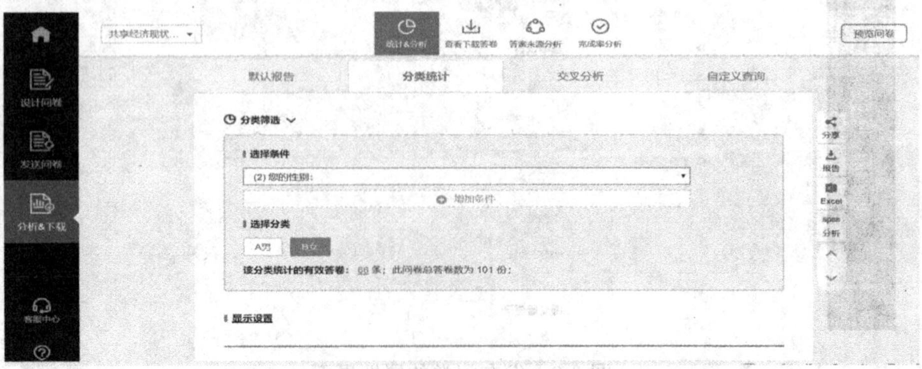

图 3-12　创建自定义报表界面

(6)下载调查数据：调查完成后，可以下载统计图表到 Word 文件中进行保存、打印，或者下载原始数据到 Excel 中然后导入 SPSS 等调查分析软件作进一步分析。

图 3-13　下载调查数据界面

2. 数据处理工具

在收集到所需要的数据后，我们也可以借助数据处理软件进行分析和处理。这类软件有很多，如数据观、阿里云、Excel、SPSS 等。我们以 SPSSAU 为例。SPSSAU，也称“在线 SPSS”，是一款网页版数据科学算法平台系统，提供“拖曳点一下”的极致体验和智能化分析结果，是比 Excel 更易用、比传统商业智能软件(BI)更高效的在线数据分析云服务平台。

下面介绍 SPSSAU 的使用方法：

(1)搜索“SPSSAU”，点击官网，进行登录。

图 3-14　SPSSAU 官网首页

(2)点击右上角“我的数据”，可以上传、下载、查看或删除数据。

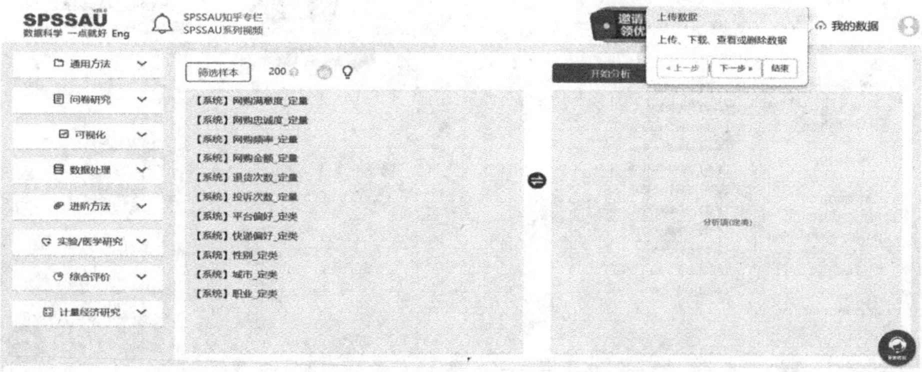

图 3-15　我的数据界面

(3)点击左侧工具栏，选择“分析方法”。有通用方法、问卷研究、可视化和数据处理等分析方法。

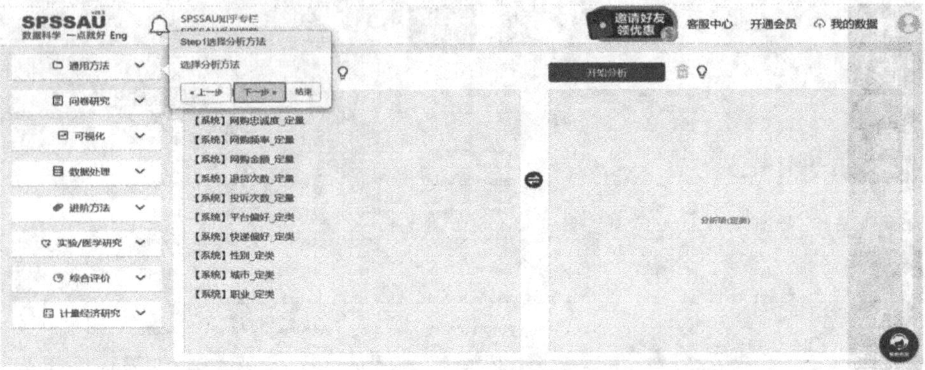

图 3-16 分析方法界面

(4)筛选样本时，将左侧框中需要分析的项拖曳到右侧框中，按 Ctrl 或 Shift 键，可同时选中多项。

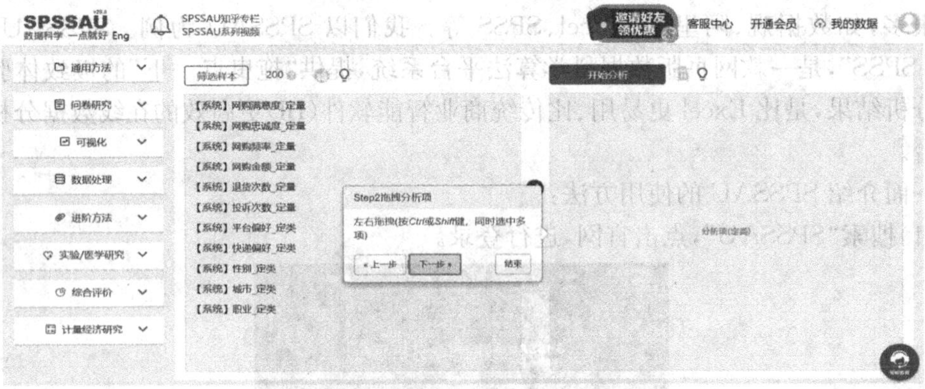

图 3-17 筛选样本界面

(5)分析项拖曳完成后，点击右侧框上方按钮开始分析。

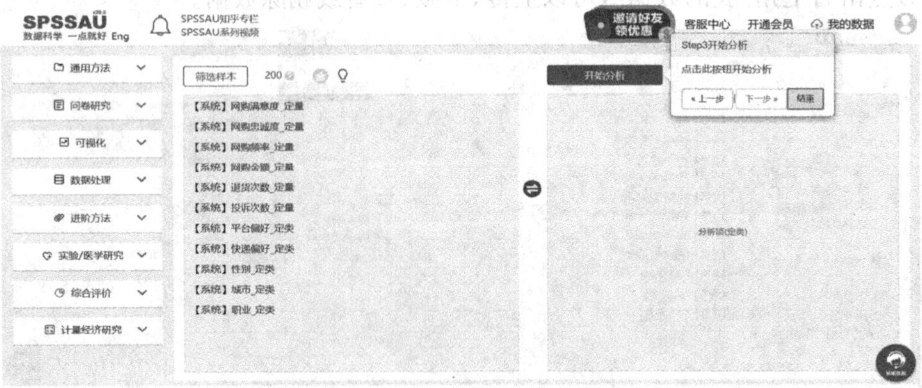

图 3-18 开始分析界面

(6)得出分析结果,可导出 Excel 表格、PDF 结果、所有图形或者直接分享结果。

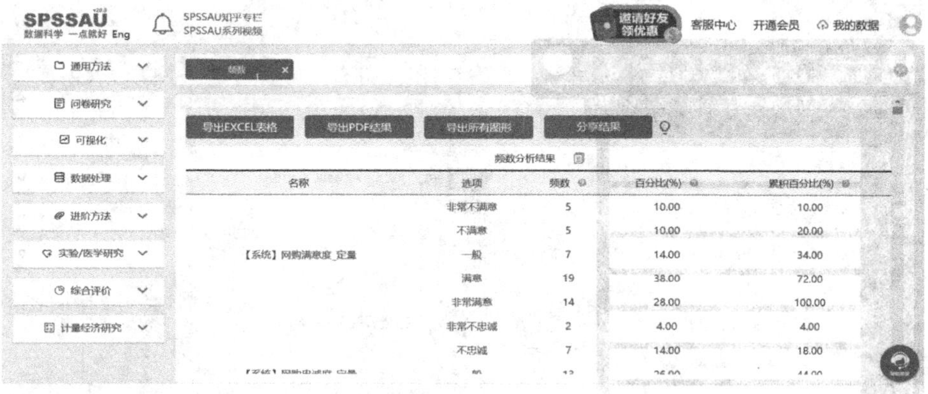

图 3-19 分析结果界面

3.4 图文编辑软件的使用

1. 图文排版编辑器的使用

现在微信公众号越来越多,获取用户的难度也越来越大。要想让自己的公众号从数百万个公众号里脱颖而出,借助一些公众号运营辅助工具非常必要,常用的软件有秀米编辑器、135 编辑器、i 排版、96 编辑器等。我们以秀米编辑器为例,来介绍图文编辑排版。

秀米是一款基于微信公众平台的图文编辑和排版工具,可作日常微信排版和 H5 制作,为用户提供个性化工具与服务,偏向移动端内容的制作。它比微信自带的编辑器多了很多排版功能和美化工具,同时也自带了很多系统模板,包括标题、正文、图片、卡片、标题卡片模板等。它的使用方法非常简单:在秀米上将内容编辑排版之后,将内容直接复制粘贴到公众号后台即可。

秀米编辑器的使用方法:

(1)先选择账号进行登录,登录后,点击“新建一个图文”。

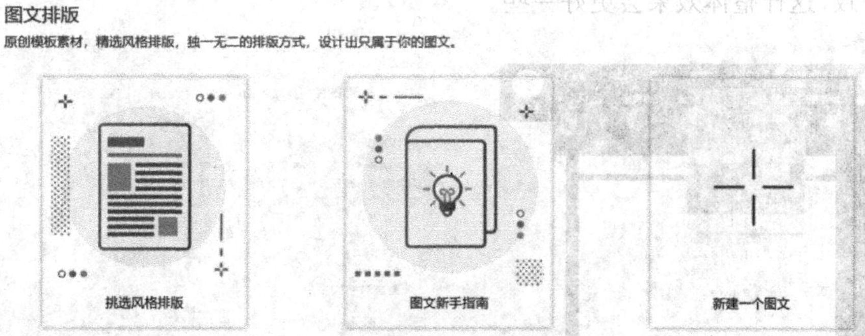

图 3-20 秀米编辑器新建图文界面

(2)在秀米的编辑器中,有标题、图片、卡片等排版的模板,我们可以根据文章的内容形式选择不同的模板类型。

图 3-21　选择模板界面

(3)例如选择标题的排版样式,选中一个模板,在编辑的时候,可以修改模板的颜色、字体大小、文字间距、模板的定位等信息,根据文字的整体内容来调整。

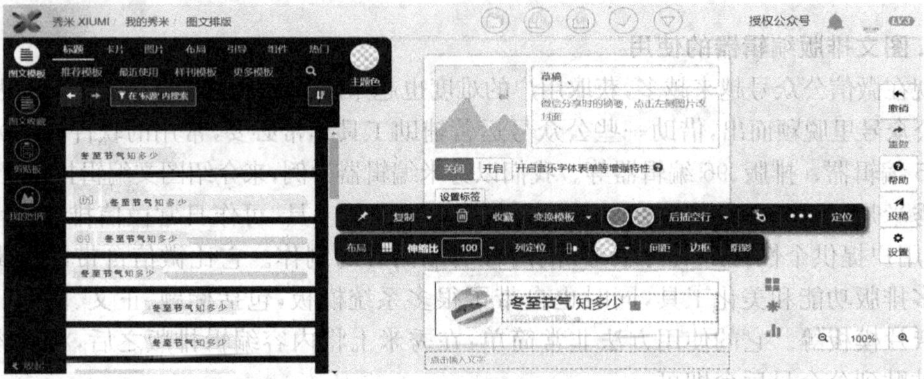

图 3-22　修改模板的属性界面

(4)一般正文的内容,文字较多的可以运用卡片的形式排版,整篇文章的样式颜色应该保持一致,这样整体效果会更好一些。

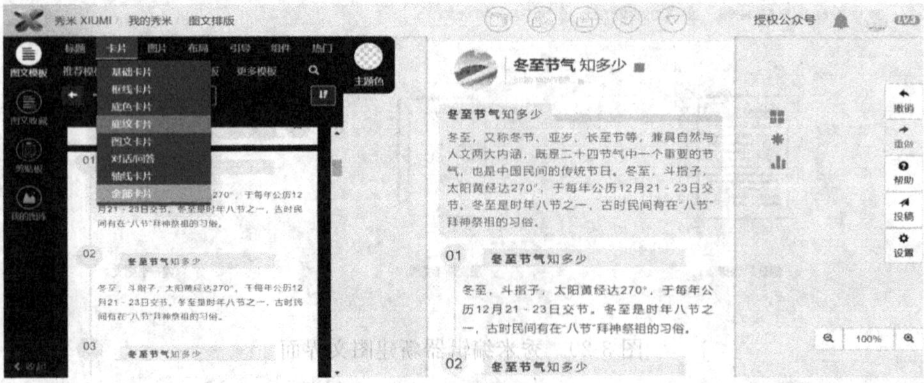

图 3-23　卡片菜单栏

(5)若选择的模板不喜欢想换掉，可以用鼠标选中模板，然后选择删除。若需要在模板的前面或者后面插入一行，可选择前插空行或者后插空行。

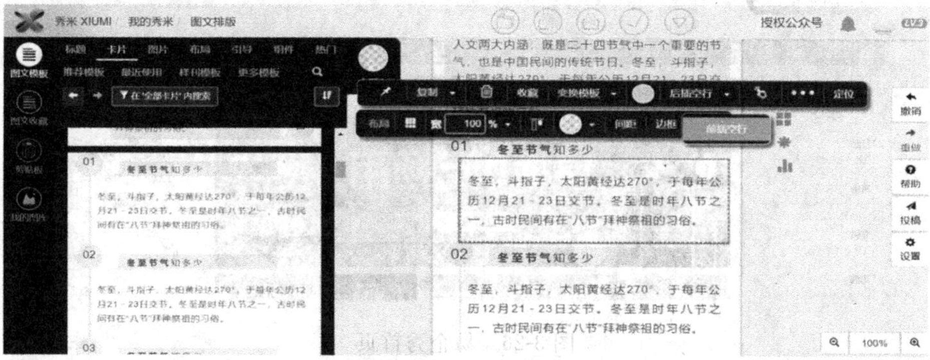

图 3-24　选中已选择的模板界面

(6)内容全部排版好之后，可以选择上面的预览按钮进行预览查看效果，若没有要修改的地方，再选择复制按钮，将排版后的图文粘贴到微信公众号的后台。

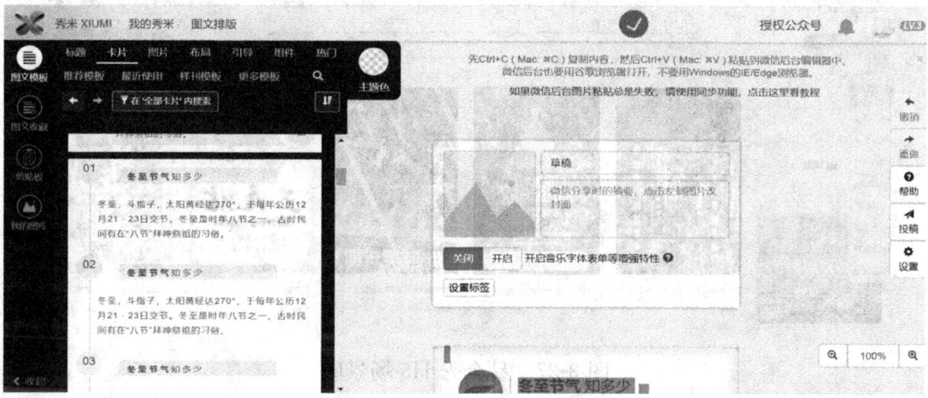

图 3-25　预览按钮、复制按钮

2. H5 制作工具的使用

H5 页面是目前非常流行的传播工具，精美的 H5 页面究竟是怎么做出来的呢？常用的 H5 制作工具有易企秀、点点客、有赞、秀米等，我们以易企秀为例，介绍如何制作 H5 页面。

使用易企秀，你可以制作基于 H5 手机的幻灯片页面。它有多种动态模板，能实现文本和图片的滑动、隐现、放大缩小等动态效果。易企秀还与主流社会化媒体打通，方便了内容的分享与传播。易企秀还有统计功能，你可以随时了解 H5 页面的传播效果。企业宣传、收集反馈、微信增粉和网站导流等工作都能在易企秀上轻松完成。

易企秀的使用方法：

(1)点击登录/注册。易企秀支持第三方账号，可以使用微信或者 QQ 账号直接登录然后补充信息。

图 3-26 易企秀首页

(2)默认进入首页,点击“H5”,进入场景库。搜索关键词即可找到心仪的模板推荐,点击下方心仪的模板,选择右侧“立即使用”即可进入模板的编辑界面。或者使用“空白创建”来创建一个新的空白场景。

图 3-27 易企秀 H5 场景库

(3)在模板的编辑区选中需要调整的内容,即可对选中的元素进行样式动画等基础设置。在编辑器左侧有元素模板,可插入文本图片,以及推荐的图文素材、模板等。单页模板,可在整体的模板中插入封面、时间轴等推荐的多种单页样式。

图 3-28 模板的编辑区界面

(4)在编辑器的顶部,除了常规的文本图片背景音乐自主设置,组件中还包含了大量的富媒体内容可以有效增强与用户之间的交互能力,例如跳转外部链接、地图一键导航、采集用户的微信头像等。插入表单用于采集用户的信息,插入特效可以让开屏的效果更加生动有趣。

图 3-29　编辑器的顶部“组件”菜单栏

(5)在编辑器右侧可以对页面进行复制、页面添加、页面的图层管理以及页面深层次的属性调整。如果作品中插入了表单用于会议和活动邀请,可点击提交按钮组件设置中的开启短信通知、活动签到以及用户报名通知。

图 3-30　编辑器右侧界面

(6)为更加高效,在右上角,批量创建可以针对同一内容的细节区别,为不同用户生成专属的邀请函。如果需要多人收集表单数据跟进客户,可以使用协作共享数据和表单,还能一键复制作品。

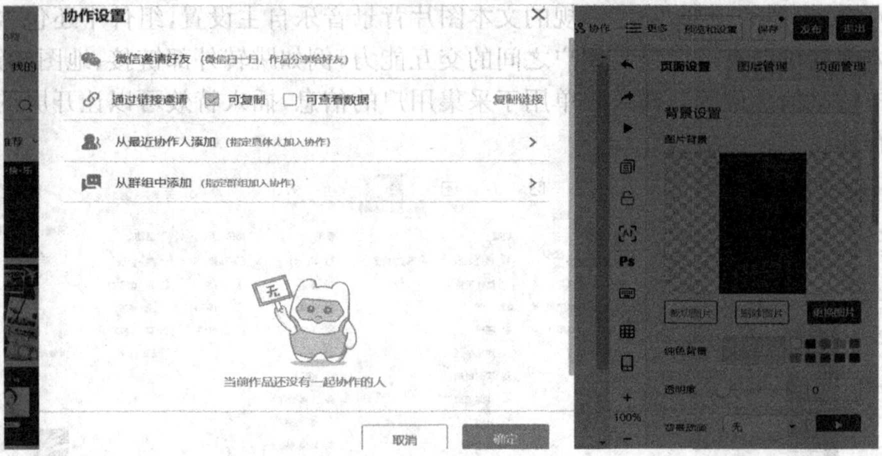

图 3-31　协作设置界面

(7)当内容制作完成后选择预览，设置可以修改作品的标题描述以及封面选择发布作品，可选择二维码小程序链接、海报等多种形式进行作品的分享传播。

图 3-32　发布作品设置界面

图 3-33　作品分享设置界面

(8)回到作品列表,点击作品的预览可再次回到作品的分享页,点击数据可查看作品的传播数据以及收集的表单数据,通过传播数据分析可以查看用户画像及地域分布,完成基础的传播分析,如需精准的用户画像可升级会员解锁查看。点击左侧查看数据,可以表格形式导出用户数据。

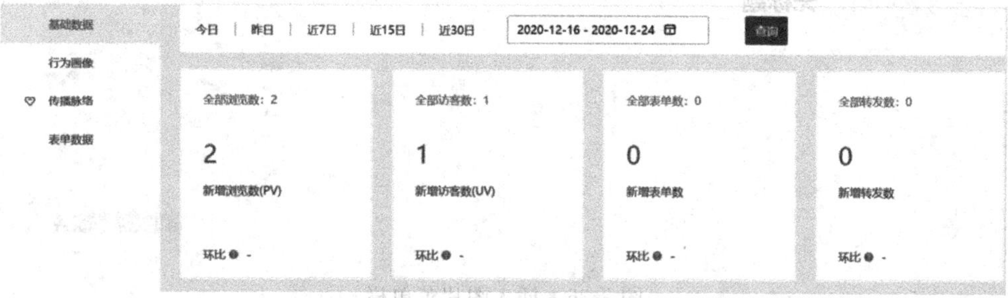

图 3-34 作品数据界面

3. 文档写作与协作工具的使用

我们以石墨文档为例。石墨文档是一款在线协作文档,支持多人同时在线编辑同一个文档。运营人员可以用它来多人协作撰写文案、一起制定运营规划和开展头脑风暴等。你可以对文档的某一细节内容进行评论,其他人可以一起参与讨论。这样一来,团队运营人员可直接在一个文档里完成方案讨论和稿件校对等需要多人协作的工作。所有文档都是实时保存在云端的,所以无须担心文档内容会丢失。石墨文档同时拥有网页端和微信端,即使你不在电脑前,在手机上也可以处理工作。

石墨文档的使用方法:

(1)首先打开石墨文档,登录后点击右端新建图标,在弹出的菜单中选择新建文档、表格或者文件夹。

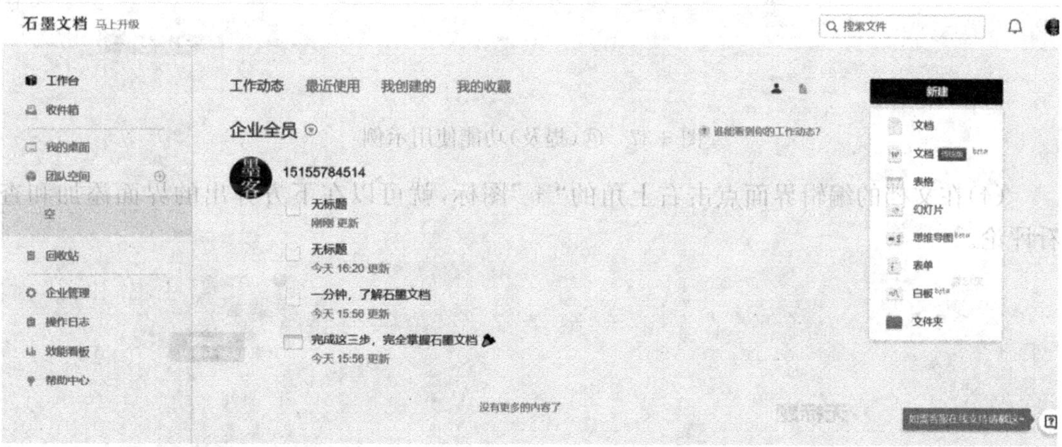

图 3-35 新建界面

(2)上传图片:在文档的编辑界面点击右上方的"插入",再选择上传本地图片或搜索网络图片即可。

图 3-36　插入图片菜单栏

(3)@(提及)功能:在文档里输入@后,选择要@的同伴或文档名称,即可提及一个人或文档。

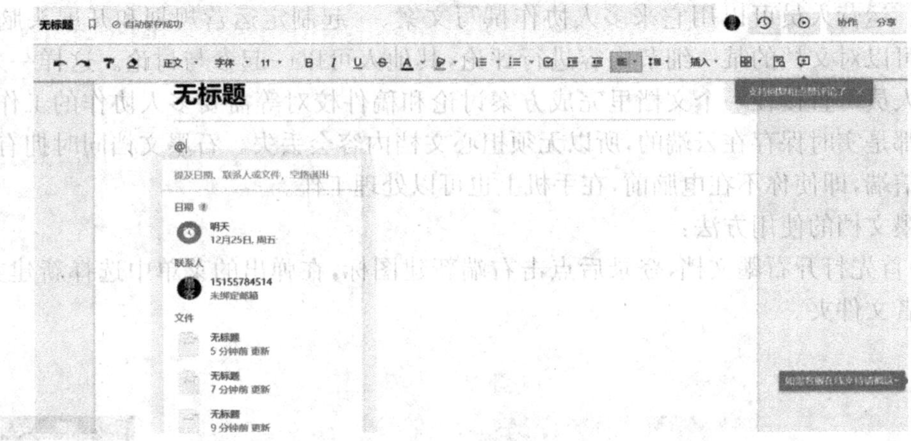

图 3-37　@(提及)功能使用示例

(4)在文档的编辑界面点击右上角的“+”图标,就可以在下方弹出的界面添加和查看评论。

图 3-38　“+”图标按钮

（5）添加超链接：在文档的编辑界面点击右上角的“插入”，再点击“超链接”，输入要插入的链接即可。

图 3-39　添加超链接菜单栏

图 3-40　输入链接界面

（6）分享与协作：打开文档后，点击文档右上方的“分享”按钮，此时文档权限默认是私有的，然后选择协作者的访问权限，再选择一种方式分享即可。

图 3-41　分享设置界面

4. 在线图形设计工具的使用

我们以创客贴为例。创客贴是一款线上图形设计工具，提供丰富的图片、模板等素材，通过简单的拖拉拽操作就可以设计出精美的海报、邀请函、信息图和名片等。创客贴解决了大多数人设计图片的痛点，让不会使用专业制图软件的运营人员也能快速制作出自己想要的图片。你既可以将作品直接分享给他人，也可以将作品导出为 PNG、PDF 等格式的文件。

创客贴的使用方法：

(1)在搜索引擎上搜索“创客贴”，点击创客贴网页，然后点击右上角登录/注册，任选一种方式注册后登录。

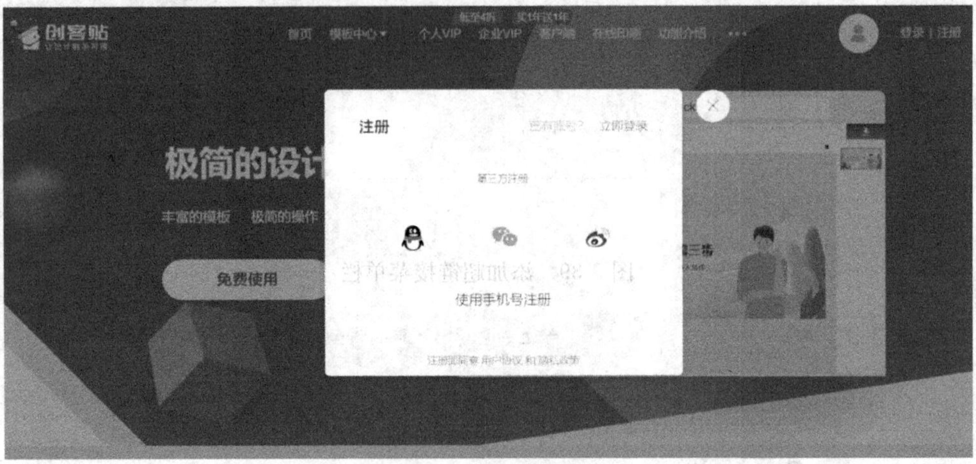

图 3-42　创客贴登录界面

(2)点击模板中心，选择你想要设计的场景及类型，也可以根据关键词进行搜索，寻找符合风格需求的模板。

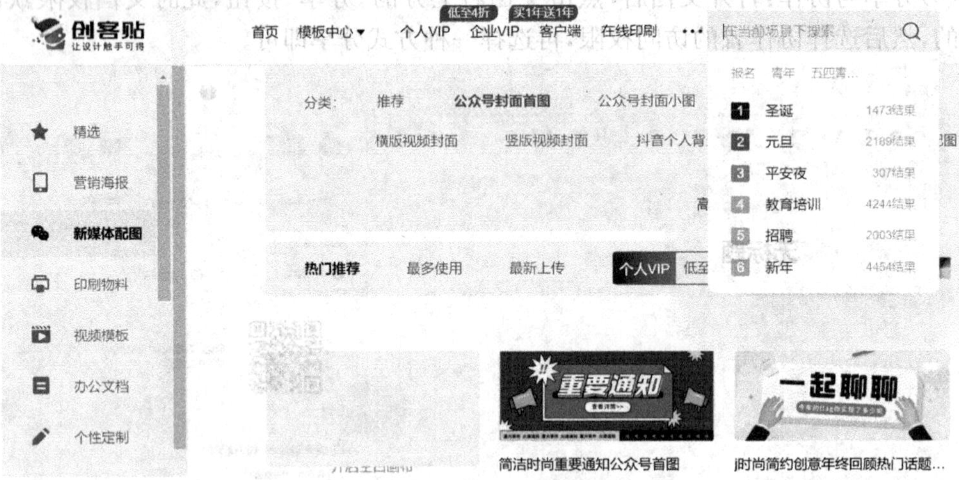

图 3-43　搜索模板窗口

(3)点击选择模板后，进入编辑页面，可以修改文字和图片，编辑元素信息，直接拖曳就可以，非常简单。

图 3-44　模板编辑页面

(4)编辑完成后,保存。然后点击右上角下载,选择文件类型,可以直接下载到手机,下载后可直接使用。

图 3-45　下载界面

5. 二维码制作工具的使用

我们以草料二维码为例。草料二维码是一个二维码在线服务网站,提供二维码生成、美化、印制、统计、管理等技术支持和行业解决方案。帮助用户在不同行业、不同场景下,通过二维码减少信息沟通成本,提升营销和管理效率。

草料二维码的使用方法:

(1)首先,在搜索栏搜索"草料二维码",并点击草料二维码生成器。

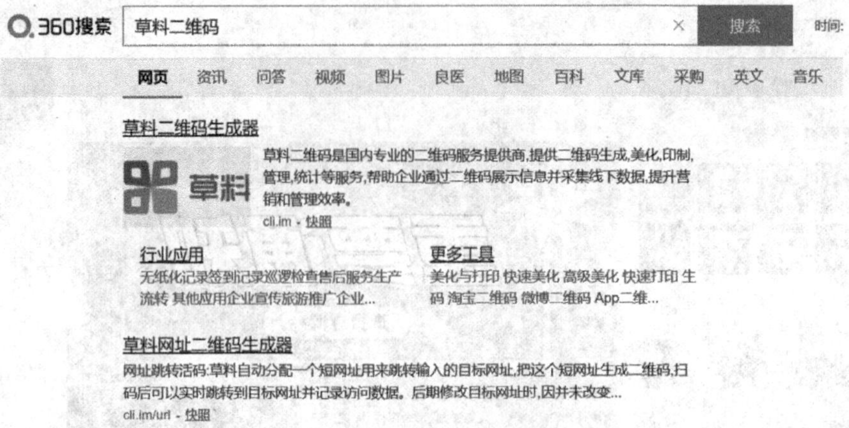

图 3-46　搜索草料二维码界面

(2)可以看到,该网站有很多功能,可以生成多种不同的二维码。

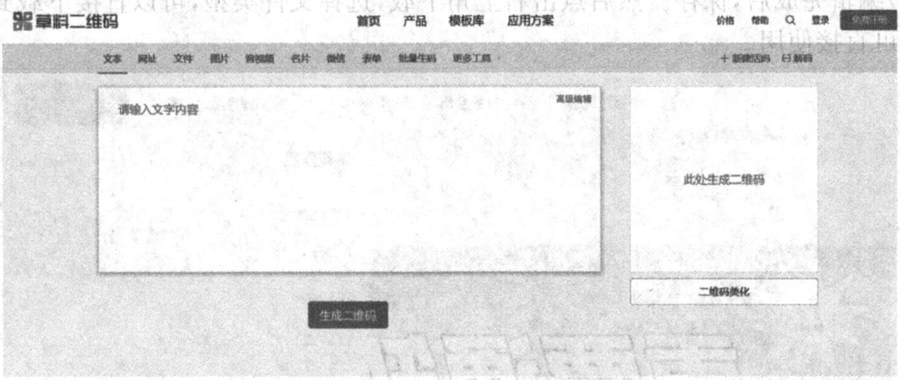

图 3-47　草料二维码首页

(3)接下来,以文本内容为例生成一个最简单的二维码。在输入框输入文字内容,输入完成后,点击“生成二维码”。还可以使用草料二维码生成个人名片二维码。

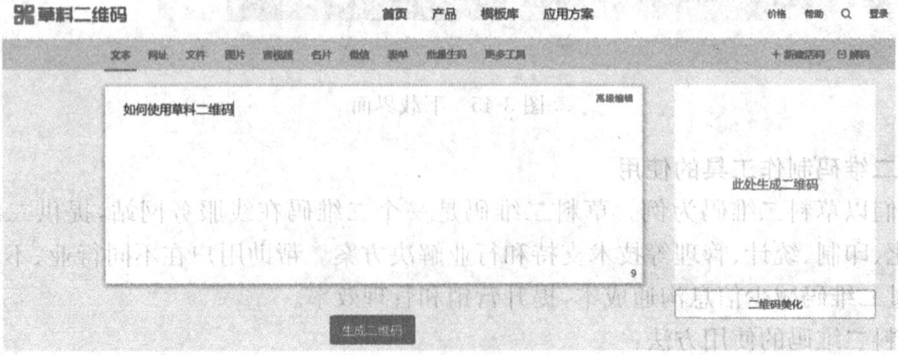

图 3-48　输入文字内容界面

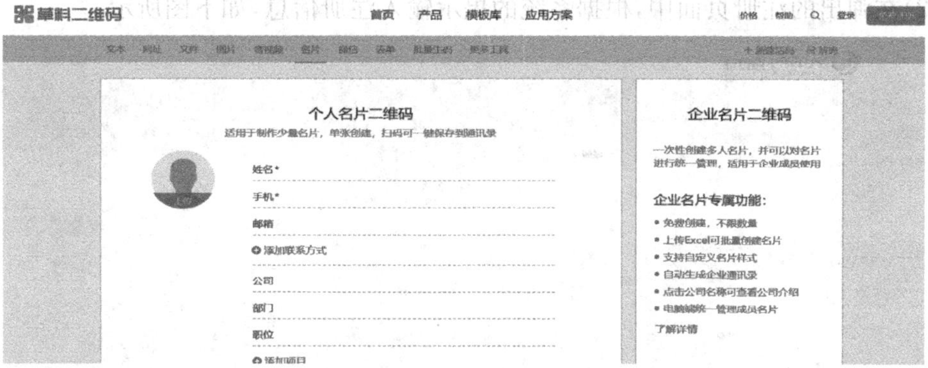

图 3-49　生成个人名片二维码界面

(4)生成后的效果如下。可以点击“保存图片”，保存刚刚生成的二维码。

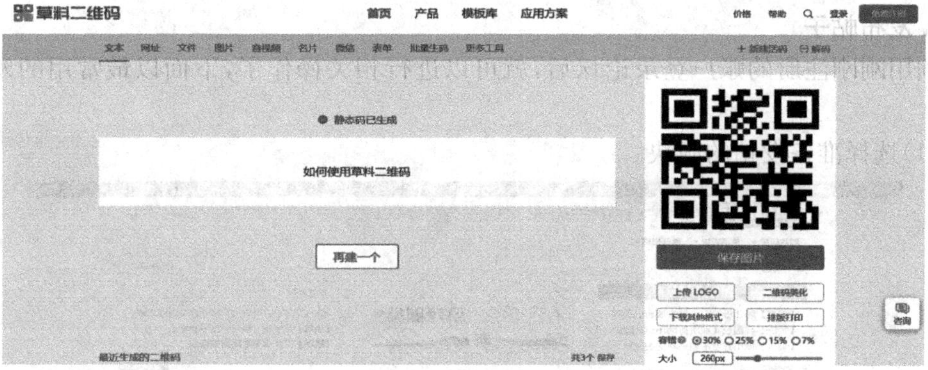

图 3-50　保存生成的二维码界面

3.5　论坛的使用

论坛(forum)，是 Internet 上一种交互性强、内容丰富、交流及时的电子信息服务系统。它提供一块公共电子白板，用户可以在上面发布信息、提出看法、聊天等。

下面就以人民网强国论坛为例，来说明 Web 版本的论坛的使用。

一、发帖

1. 注册成为会员

(1)如果想要浏览和参与论坛的讨论，首先需要注册成为某 BBS 的会员，一般论坛的首页都会有明显的注册标识，如下图所示。

图 3-51　论坛注册标识

(2)在弹出的注册页面中，根据系统的提示输入注册信息，如下图所示。

图 3-52　注册界面

(3)填写完成后即完成了注册。

2. 发布帖子

利用刚刚注册的账户登录论坛后，就可以进行相关操作了，下面以最常用的发帖来举例。

(1)选择准备发帖的版块。

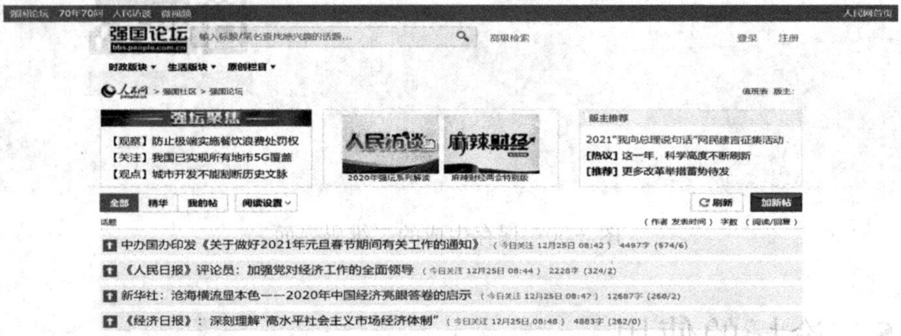

图 3-53　发布帖子的界面

(2)进入发布版块以后，点击右侧“加新帖”按钮，弹出发帖页面。

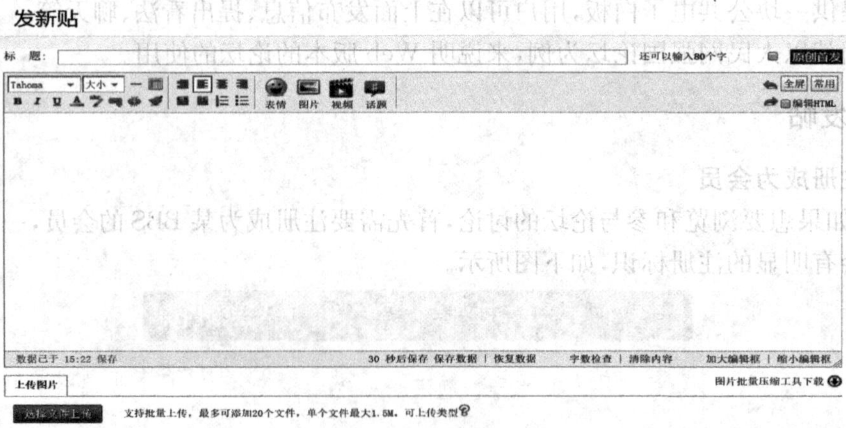

图 3-54　发帖页面

(3)输入帖子标题、内容,添加附件后,点击“发表帖子”。在发表前,可以对帖子内的文字进行设置颜色、字体、对齐等操作,还可以插入图片、视频、表情等。

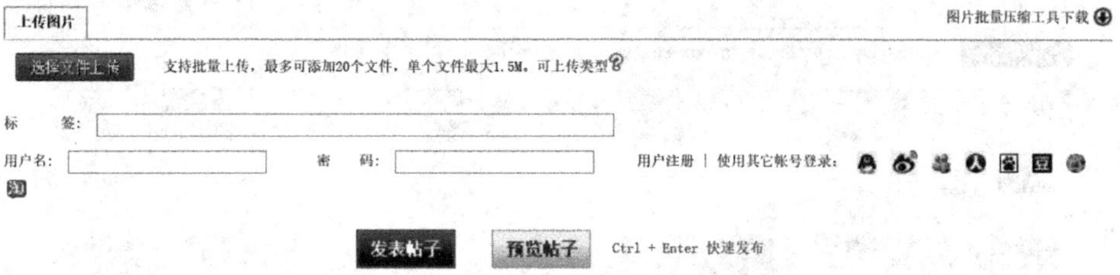

图 3-55　插入图片界面

二、上传图片和文件

论坛插入图片的方法:一是直接上传本机图片,二是链接网上的图片。

1. 上传本机图片

上传图片是指从本地的硬盘、移动存储设备、数码相机等中获取图片上传至论坛。具体步骤如下:

(1)在发帖页面点击“上传文件”。

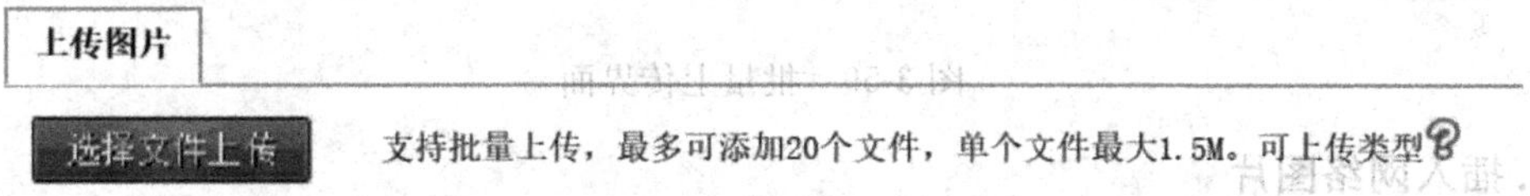

图 3-56　上传本机图片界面

(2)在弹出的窗口中,选择需要添加的图片文件。

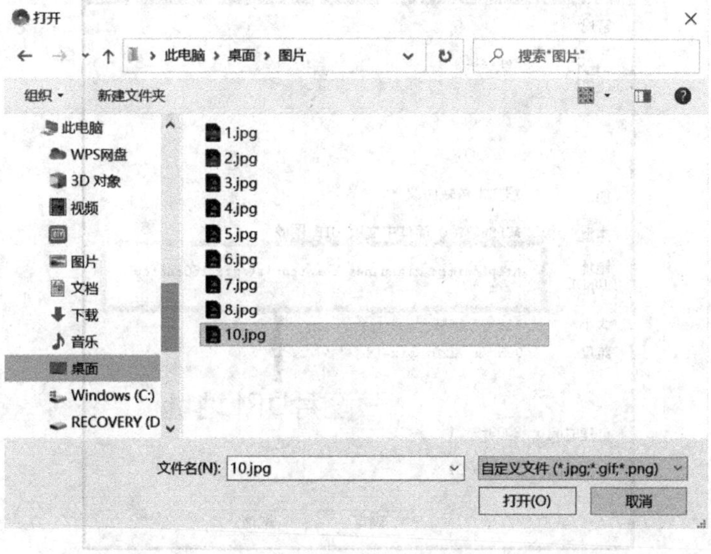

图 3-57　选择图片文件

(3)添加后,在发帖页面会看到已经选择图片的名称。单击“插入”可将图片插入帖子。

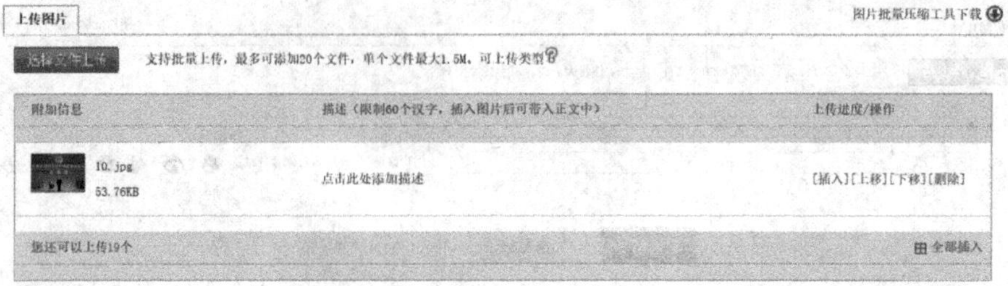

图 5-58　插入图片界面

(4)如果需要同时上传多个图片文件,可以选择“批量上传”,如下图所示。

图 3-59　批量上传界面

2. 插入网络图片

首先在网上找到要链接的图片,点击鼠标右键查看图片属性,然后将图片 URL 地址复制,如下图所示。

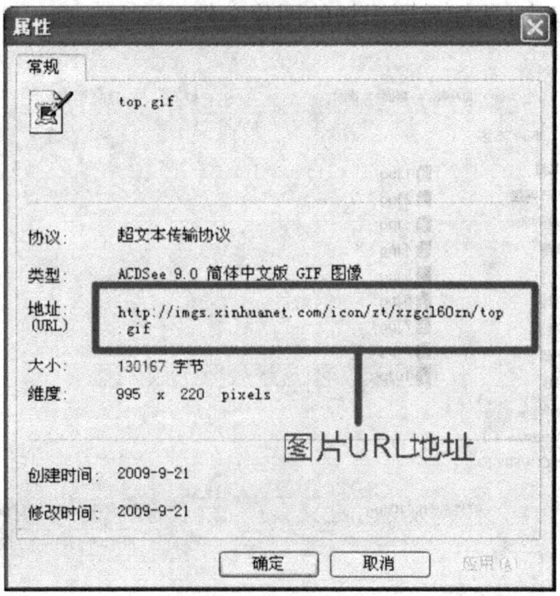

图 3-60　图片属性窗口

（1）在发帖页面点击，在弹出的窗口中将刚刚复制的图片 URL 地址粘贴进去，单击“提交”，插入网络图片。

Tahoma
大小
表情
图片
视频
话题
网络图片
请输入图片地址
宽(可选)
高(可选)
提交

图 3-61　图片地址窗口

（2）提交以后，就可以看到效果了。

为进一步服务地方，增强与高中学校的联系和互动，12月8日，学校招生办公室开展了“高中优秀学子进校园”活动。合肥第六中学、寿县一中、北师大附中蚌埠分校的部分优秀学生走进新闻传播实验教学示范中心进行了研学活动。

图 3-62　插入图片效果图

3. 上传文件

论坛虽然可以上传文件，但是考虑到安全问题会对文件格式作一些限制。文件一般要先压缩成. rar 格式才支持上传。上传文件方法和上传本机图片方法一样，如下图所示。

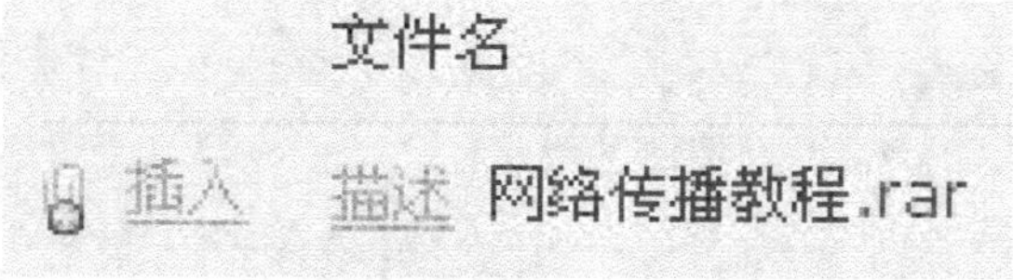
文件名
插入
描述
网络传播教程.rar

图 3-63　上传文件窗口

如果你在网上找到一些好的资源想和其他人共享，可以直接把下载地址链接过来：

图 3-64　地址链接窗口

三、投票

论坛还有投票功能,可以利用它进行网络调查。这对新闻从业人员来说是十分有用的,可以利用投票调查的功能来协助自己的新闻采访工作,为新闻报道提供素材。步骤如下:

(1)单击发帖,选择发布投票。

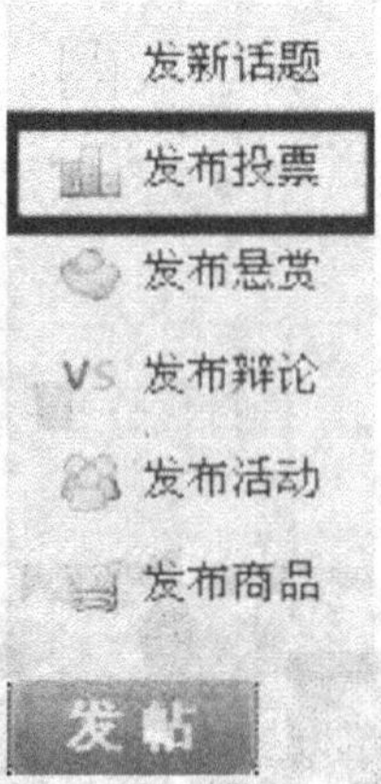

图 3-65　发布投票窗口

(2)在发布投票页面输入投票的相关内容。

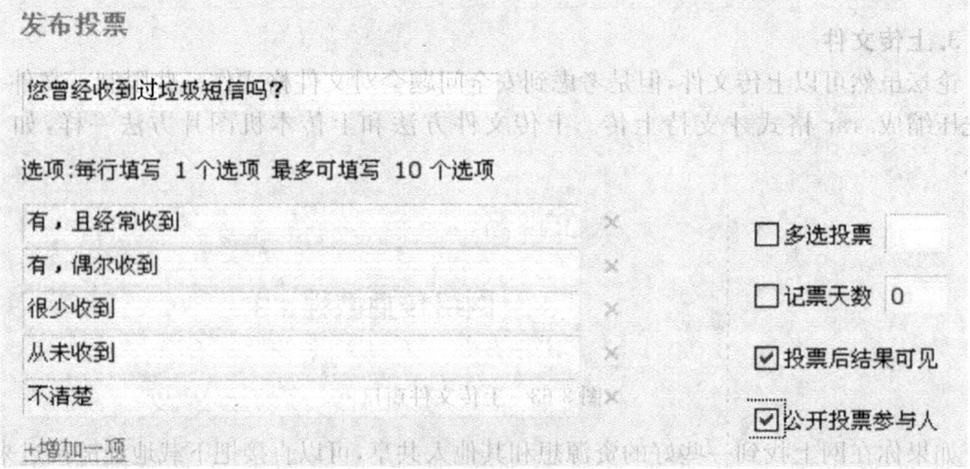

图 3-66　编辑投票相关内容界面

(3)内容输入完后，只要点击“发布投票”，就可以将投票发布出去供用户参与，如下图所示。

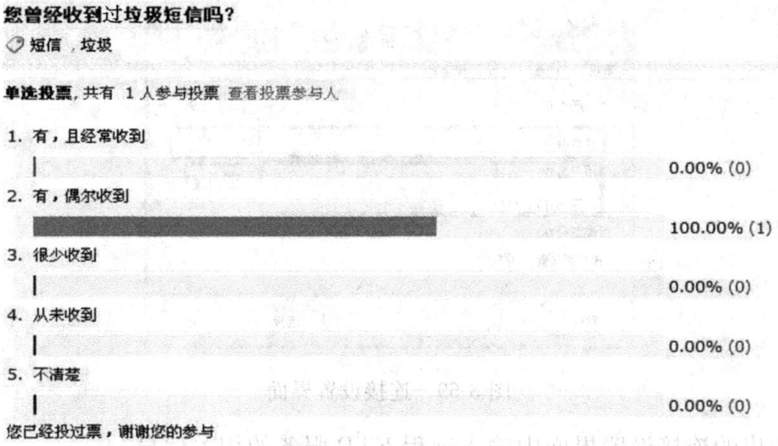

图 3-67　投票发布结果

3.6　文件传输软件的使用

FTP 的全名是 File Transfer Protocaol(文件传输协议)，本章主要介绍如何使用 FTP 软件进行文件上传 (upload)和下载(download)。虽然 FTP 软件使用群体人数在下降，但在很多高校、科研机构、公司内部都建有 FTP 服务器供内部共享资源使用。下面我们以 FlashFXP 软件为例，介绍 FTP 软件的使用。

1. 了解软件界面

安装完成以后，单击 FlashFXP 图标，启动程序。会出现程序主界面：

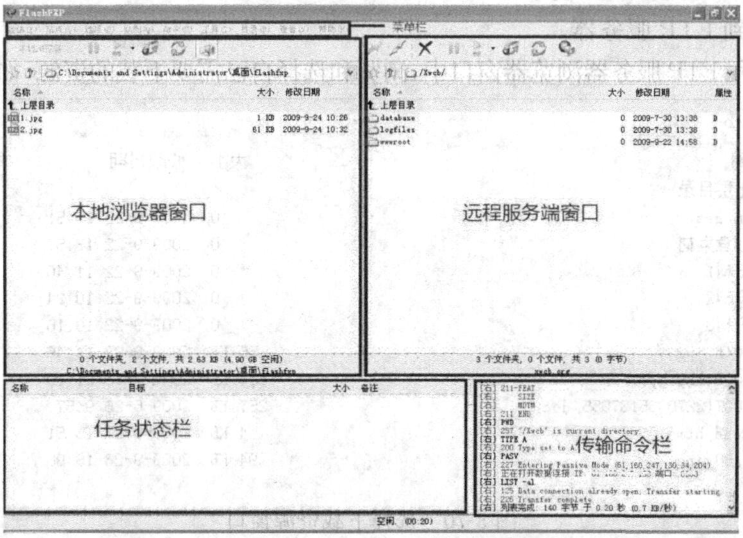

图 3-68　FlashFXP 程序主界面

2. 连接远程 FTP 服务器

(1)单击快速连接按钮，弹出连接设置界面：

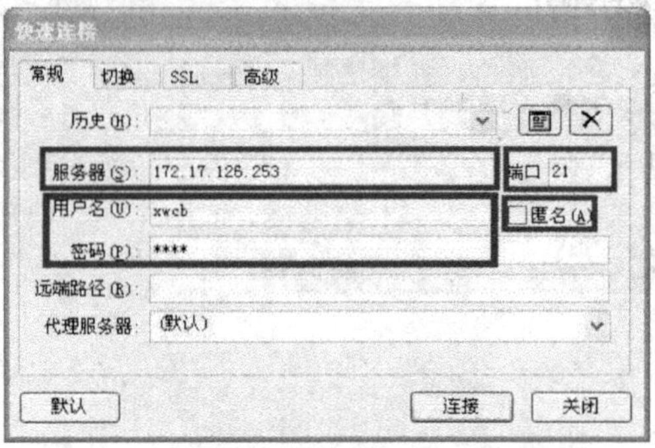

图 3-69　连接设置界面

(2)在弹出的连接设置界面中输入远程 FTP 服务的相关信息：

①服务器：FTP 服务的 IP 地址或域名。

②端口：此 FTP 服务器开放的 FTP 服务端口，一般默认是 21。

③用户名：登录此 FTP 服务器所需要的用户名和密码，需要 FTP 服务器管理员提供。

④匿名：如果 FTP 允许匿名登录，则直接选择此选项登录，不需要输入用户名和密码。

⑤远端路径：连接到的 FTP 服务器文件夹，位于此 FTP 服务器的目录路径。此项功能多在拥有子账户和子目录的 FTP 服务器中。

⑥代理服务器：如果通过代理连接 FTP 服务器，需要在此进行选择。(代理需要预先设置)

⑦历史：通过历史选项，能够快速选择已经连接过的 FTP 服务器。(如果在公共场所使用 FTP 软件，建议在关闭软件前，删除历史记录)

3. 下载 FTP 服务器上的资源

(1)连接到 FTP 服务器。

(2)在远程 FTP 服务器浏览器窗口中，浏览和选择自己需要下载的资源，如下图所示。

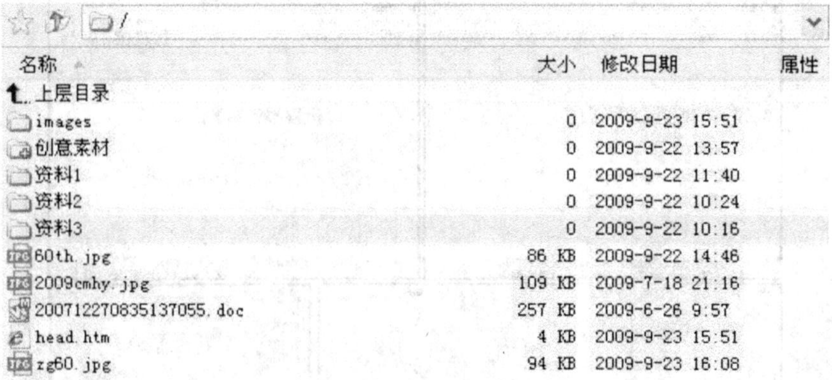

图 3-70　选择下载资源窗口

(3)选中需要下载的资料后，需要在本地浏览器窗口选择下载资料保存的位置。确定保存位置以后，可以对着选中文件或文件夹单击鼠标右键，选择"传送"就可以了。也可直接将文件从 FTP 浏览器中拖放到本地浏览器窗口的保持位置。

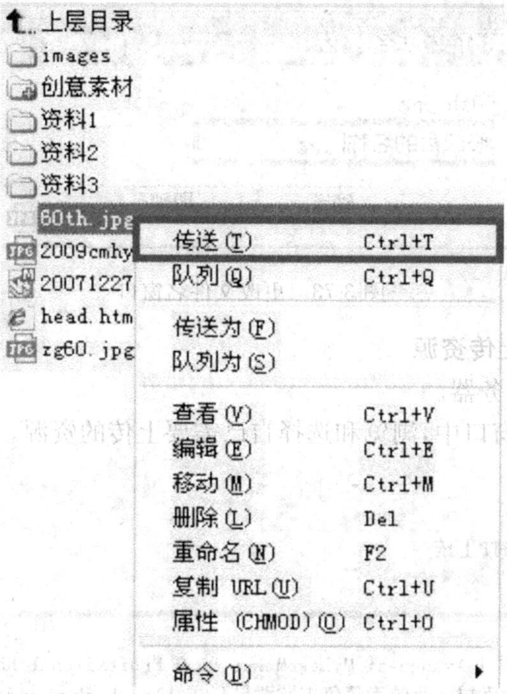

图 3-71　选择"传送"界面

(4)如果选中一部分资料以后暂时不想下载，而是想继续选择资料，我们可以选择"队列"，让要下载的文件在传送列表中暂时排队。需要下载时，只需点击队列中的文件选择"传送队列"即可。

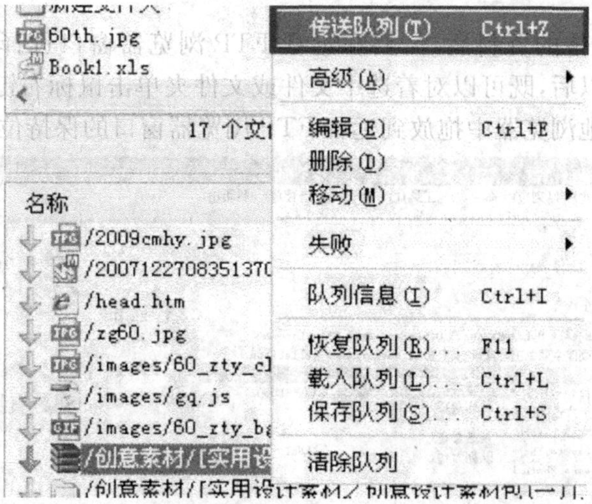

图 3-72　选择"传送队列"界面

(5)如果想在下载文件的同时更改文件名,可以选择"传送为"或"队列为"选项,在弹出的窗口中输入想更改为的名称。

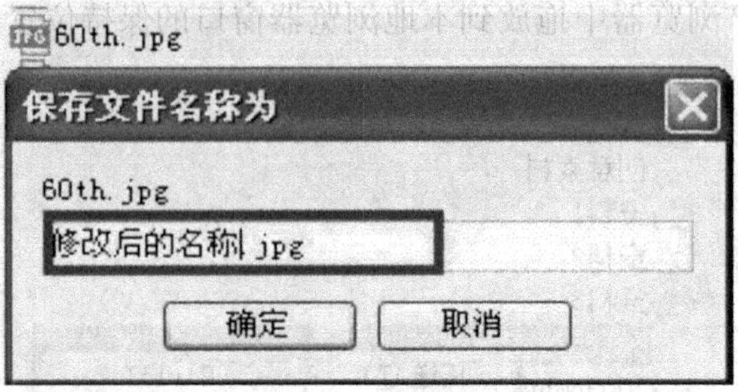

图 3-73　更改文件名窗口

4. 向 FTP 服务器上传资源

(1)连接到 FTP 服务器。

(2)在本地浏览器窗口中,浏览和选择自己需要上传的资源。

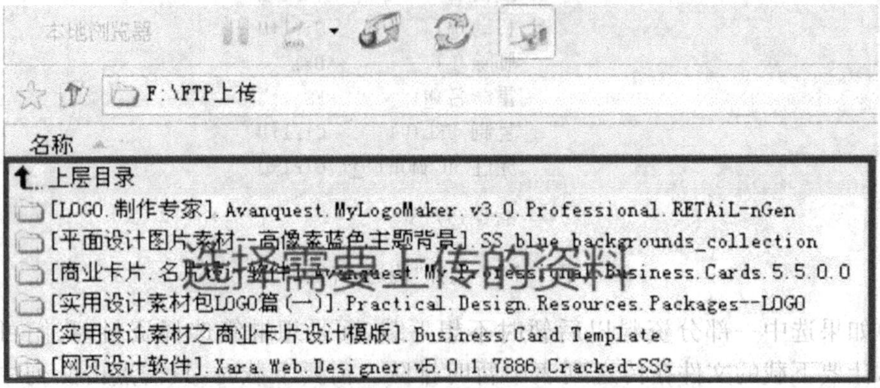

图 3-74　选择上传资源窗口

(3)选中需要上传的资料后,需要在远程 FTP 浏览器窗口选择上传资料保存的位置。确定保存位置以后,既可以对着选中文件或文件夹单击鼠标右键,选择"传送",也可以直接将文件从本地浏览器中拖放到远程 FTP 浏览器窗口的保持位置。

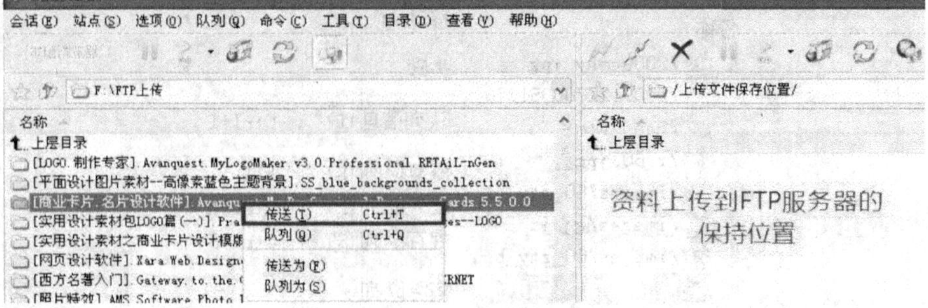

图 3-75　选择"传送"界面

如果你权限足够的话，可以在远程 FTP 服务器上建立一个属于自己的文件夹，将自己的资料保存在里面。步骤很简单，只需要在远程 FTP 浏览器窗口中单击鼠标右键，在弹出的菜单中选择“建立文件夹”即可，如下图所示。

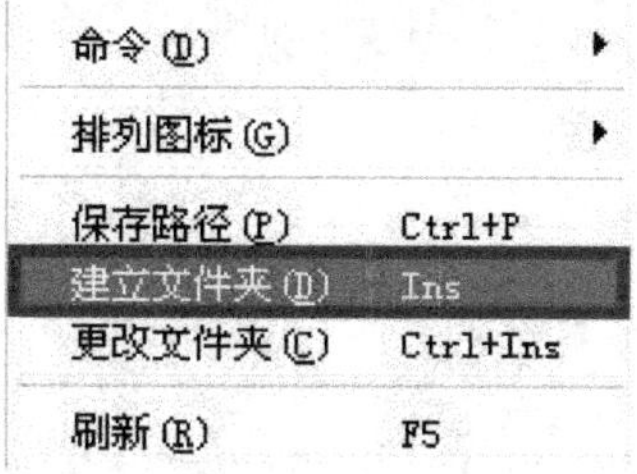

图 3-76　选择“建立文件夹”界面

(4)如果选中一部分资料以后暂时不想上传，而是想继续选择资料，我们可以选择“队列”，让要上传的文件在传送列表中暂时排队。需要上传时，只需点击队列中的文件选择“传送队列”即可。

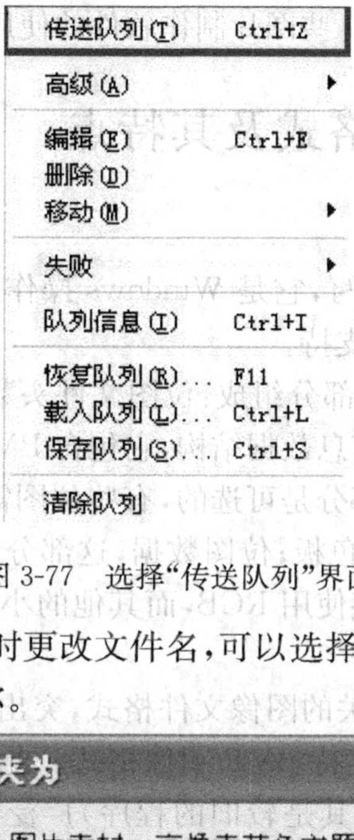

图 3-77　选择“传送队列”界面

(5)如果想在上传文件的同时更改文件名，可以选择“传送为”或“队列为”选项，在弹出的窗口中输入想更改为的名称。

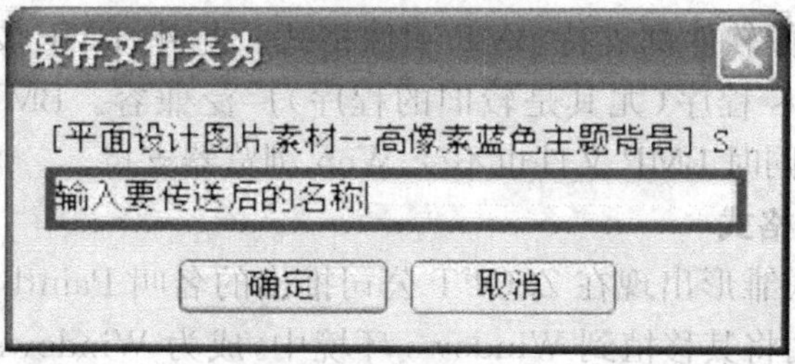

图 3-103　更改文件名界面

第 4 章 图片制作

图片是数字传播的一个重要内容，无论是新闻图片、电脑设计作品，还是个人的摄影作品等，都可以通过互联网进行传播，与他人分享。当然，要想图片呈现出好的效果，除了要具有较高的拍摄水平，掌握一些图片制作软件的使用方法也是很重要的。

4.1 常见的图片格式及其特点

1. BMP 图像文件格式

BMP 是 Bitmap（位图）的简写，它是 Windows 操作系统中的标准图像文件格式，能够被多种 Windows 应用程序所支持。

典型的 BMP 图像文件由四部分组成：位图文件头数据结构，它包含 BMP 图像文件的类型、显示内容等信息；位图信息数据结构，它包含 BMP 图像的宽、高、压缩方法，以及定义颜色等信息；调色板，这个部分是可选的，有些位图需要调色板，有些位图，比如真彩色图（24 位的 BMP）就不需要调色板；位图数据，这部分的内容根据 BMP 位图使用的位数不同而不同，在 24 位图中直接使用 RGB，而其他的小于 24 位的使用调色板中颜色索引值。

BMP 是一种与硬件设备无关的图像文件格式，突出优点是使用范围广泛，Windows 环境中运行的图形图像软件都支持 BMP 图像格式。此外，BMP 支持 1 位到 24 位颜色深度，与现有 Windows 程序（尤其是较旧的程序）广泛兼容。BMP 的缺点是不支持压缩，造成文件非常大，同时 BMP 文件也不受 Web 浏览器支持。

2. PCX 图像文件格式

最先的 PCX 格式雏形出现在 ZSOFT 公司推出的名叫 Paintbrush 的用于绘画的软件包中，后来微软公司将其移植到 Windows 环境中，成为 Windows 系统中一个子功能。随着 Windows 的流行、升级，加上强大的图像处理能力，PCX 同 GIF、TIFF、BMP 图像文件格式一起，被越来越多的图形图像软件工具支持，也越来越得到人们的重视。

PCX 图像文件是由 Wiindows 系统支持的格式，由文件头和实际图像数据构成。文件头由 128 字节组成，描述版本信息和图像显示设备的横向、纵向分辨率，以及调色板等信息，在实际图像数据中，表示图像数据类型和彩色类型。PCX图像文件中的数据都是用PCXREL技术压缩后的。

目前PCX文件已成为PC机上较为流行的图像文件。对存储绘图类型的图像（例如大面积非连续色调的图像）合理而有效，而对于扫描图像和视频图像，其压缩方式可能是低效率的。

3. GIF文件格式

GIF（Graphics Interchange Format）意思是"图像互换格式"，是CompuServe公司开发的图像文件格式。GIF文件的数据，是一种基于LZW算法的连续色调的无损压缩格式，其压缩率在50%左右。几乎所有相关软件都支持它，公共领域有大量的软件在使用GIF图像文件。

GIF图像文件的数据是经过压缩的，而且采用了可变长度等压缩算法，所以GIF的图像深度从1bit到8bit，最多支持256种色彩的图像。GIF格式还有一个特点是其在一个GIF文件中可以存多幅彩色图像，如果把存于一个文件中的多幅图像数据逐幅读出并显示到屏幕上，就可构成一种最简单的动画。

GIF解码较快，因为采用隔行存放的GIF图像，在边解码边显示的时候可分成四遍扫描。第一遍扫描虽然只显示了整个图像的1/8，第二遍扫描后也只显示了1/4，但这已经把整幅图像的概貌显示出来了。在显示GIF图像时，隔行存放的图像会让你感觉它的显示速度似乎要比其他图像快一些，这是隔行存放的优点。

4. JPEG文件格式

JPEG是Joint Photographic Experts Group（联合图像专家组）的缩写，文件后辍名为".jpg"或".jpeg"，是最常用的图像文件格式，由国际标准化组织（ISO）制订。

JPEG是一种有损压缩格式，能够将图像压缩在很小的储存空间，图像中重复或不重要的资料会丢失，因此容易造成图像数据的损伤。尤其是使用过高的压缩比例，将使最终解压缩后恢复的图像质量明显降低，如果追求高品质图像，就不宜采用过高压缩比例。

但是JPEG压缩技术十分先进，它用有损压缩方式去除冗余的图像数据，在获得极高的压缩率的同时能获得十分丰富生动的图像。而且JPEG是一种很灵活的格式，具有调节图像质量的功能，允许用不同的压缩比例对文件进行压缩，支持多种压缩级别，压缩比率通常在10∶1到40∶1之间。JPEG格式压缩的主要是高频信息，对色彩的信息保留较好，适合应用于互联网，可减少图像的传输时间，可以支持24bit真彩色，也普遍应用于需要连续色调的图像。

JPEG格式的应用非常广泛，目前各类浏览器均支持JPEG格式，因为JPEG格式的文件尺寸较小，下载速度快。

JPEG2000作为JPEG的升级版，其压缩率比JPEG高30%左右，同时支持有损和无损压缩。JPEG2000格式有一个极其重要的特征是它能实现渐进传输，即先传输图像的轮廓，然后逐步传输数据，不断提高图像质量，让图像由朦胧到清晰显示。此外，JPEG2000还支持所谓的"感兴趣区域"特性，可以任意指定影像上感兴趣区域的压缩质量，还可以选择指定的部分先解压缩。

JPEG2000和JPEG相比优势明显，且向下兼容。JPEG2000既可应用于传统的

JPEG 市场，如扫描仪、数码相机等，又可应用于新兴领域，如网络传输、无线通讯等。

5. PSD 文件格式

PSD(Photoshop Document)是 Photoshop 图像处理软件的专用文件格式，文件扩展名是.psd，可以支持图层、通道、蒙版和不同色彩模式的各种图像特征，是一种非压缩的原始文件保存格式。扫描仪不能直接生成该种格式的文件。虽然 PSD 文件有时容量会很大，但因为可以保留所有原始信息，所以对于尚未制作完成的图像，选用 PSD 格式进行保存是最佳的选择。

6. PNG 图像文件格式

PNG(Portable Network Graphics)意思是“可移植性网络图像”。PNG 格式有 8 位、24 位、32 位三种形式，其中 8 位 PNG 支持两种不同的透明形式(索引透明和 alpha 透明)，24 位 PNG 不支持透明，32 位 PNG 在 24 位基础上增加了 8 位透明通道，因此可展现 256 级透明程度。

PNG 的特性有体积小、无损压缩、索引彩色模式、更优化的网络传输显示、支持透明效果等。PNG 能够提供长度比 GIF 小 30%的无损压缩图像文件。Photoshop 可以处理 PNG 图像文件，也可以用 PNG 图像文件格式存储。

4.2 图片处理软件的使用

一、简单易用图片处理工具——光影魔术手

很多人用数码相机拍照后，不能熟练地使用 Photoshop 等软件进行后期处理，因为其专业要求高，难度大，操作比较复杂。但对数码照片进行后期处理非常必要。比如调整照片某些部位的曝光过度或不足，改变一下色调、尺寸、角度，来个缩放和剪辑，调整白平衡，增加文字说明或打上一个水印，加个边框，等等。

光影魔术手是一款对数码照片画质进行改善及效果处理的软件。因为其采用了一些特殊的算法，所以功能强大，而且其操作简单，不需要任何专业的图像技术，就可以获得专业胶片摄影的色彩效果。

图 4-1　光影魔术手软件

光影魔术手追求的理念:简单、优秀。它的出现给图片处理的初学者带来了福音,使初学者可以很快地上手处理数码图片并可以作出高质量的图片。

(一)光影魔术手界面

光影魔术手安装后,界面非常简洁。最上面是菜单,包括了所有的操作、设置和信息。第二行是工具栏,工具栏按钮的图标比较大,好处是选择的时候很方便点击,有些按钮还带下拉菜单,便于选择性操作。

界面中部是图片显示区,光影魔术手把尽可能大的页面空间留给显示数码照片,便于对照片进行观察和修饰。建议屏幕分辨率设置为 1024×768,或者更大。色彩设置一定需要 16 位色以上。

界面最下面是状态栏,显示图像文件名称和分辨率、拍摄相机、参数等。

右面是信息栏,其中右上是直方图,右下的栏目一共三层:

图 4-2　光影魔术手界面

(1)有详细显示拍摄信息的 EXIF,光影魔术手特别之处还在于能显示出单反相机拍摄时所使用的镜头信息;

(2)有显示当前光标所在位置有关数据信息的色彩,它随光标位置改变而变化;

(3)还提供了便于操作的右工具栏,它和上面工具栏的区别:在这个工具栏中的操作不是一键式的,列出了参数可供仔细调整。

所有这些信息栏、菜单、工具栏和状态栏，都可以在“查看”下拉菜单中进行设置，确定是显示还是隐藏。

（二）光影魔术手功能介绍

“反转片效果”：模拟反转片的效果，令照片反差更鲜明，色彩更亮丽。

“正片负冲”：模拟反转负冲的效果，色彩诡异而新奇。

“黑白效果”：模拟多类黑白胶片的效果，在反差、对比方面，和数码相片完全不同。

“数码补光”：对照片中曝光不足的部位进行后期补光，易用、智能，过渡自然。

“数码减光”：对照片中曝光过度的部位进行后期减光，增加层次感，操作简单实用。

“自动曝光”：智能调整照片的曝光范围，令照片更适合视觉欣赏。

“数字点测光”：模仿相机中的“点测光”功能软件，自动迅速将该点的亮度修正为 18 度灰，并相应调整全图。

“白平衡一指键”：修正数码照片的色彩偏差，还原自然色彩，可以手工微调——没有调不准的照片。

“自动白平衡”：智能校正白平衡不准确的照片的色调。

“严重白平衡错误校正”：对于偏色严重的照片纠正有特效，色彩溢出亦可追补。

“组合图制作”：可以把多张照片组合排列在一张照片中，适合网络卖家陈列商品。

“证件照排版”：证件照片排版，一张 6 寸照片上最多排 16 张 1 寸身份证照片，一键完成，极为简便。

“高 ISO 降噪”：可以去除数码相机高 ISO 设置时照片中的红绿噪点，并且不影响照片锐度。

“柔光镜模拟”：模拟柔光镜片，给人像带来朦胧美。

“人像美容”：人像磨皮的功能，使人的皮肤像婴儿一样细腻白皙，不影响头发、眼睛的锐度。

“人像褪黄”：校正某些肤色偏黄的人像数码照片，一键操作，效果明显。

“影楼风格人像”：模仿影楼照片的风格，冷调、高光溢出、柔化。

“去红眼”：有效地去除红眼，操作简单，立竿见影。

“褪色旧相”：模仿老照片的效果，色彩黯淡，怀旧情调。

“黄色滤镜”：使用黄色滤镜模仿老照片的效果，产生一种比较颓废的暖色色调。

“负片效果”：模拟负片的高宽容度，增加相片的高光层次和暗部细节 。

“晚霞渲染”：对天空、朝霞晚霞类明暗跨度较大的相片有特效，色彩艳丽，过渡自然。

“夜景抑噪”：对夜景、大面积暗部的相片进行抑噪处理，去噪效果显著，且不影响锐度。

“包围曝光三合一”：把包围曝光拍摄产生的三张不同 EV 的照片轻易合成为一张高宽容度的照片。

“CCD 死点修补”：对 CCD 上有死点的相机，一次设定以后，就可以修补它拍摄的所有照片上的死点，极方便有效。

“红饱和衰减”：针对CCD对红色分辨率差的弱点设计，有效修补红色溢出的照片（如没有红色细节的红花）。

“LOMO”：模仿LOMO风格，四周颜色暗角，色调可调，方便易用。

“色阶、曲线、通道混合器”：多通道调整，操作同PS。

“自动处理”：可设置一系列处理动作，分别保存，按需选择使用，一按即自动完成所有操作。

“批量自动处理”：支持批量缩放、批量正片、文件更名等，适合大量照片的处理。

“文字标签”：用户可设定5个签名及背景，文字背景还可以任意设定颜色和透明度。

“图片签名”：在照片的任意位置印上自己设计的水印，支持PNG、PSD等半透明格式的文件，水印随心所欲。

“轻松边框”：轻松制作多种相片边框，如胶卷式、白边式等等，有一千多种边框素材。

“花样边框”：软件论坛中有网友创作的上千种生动有趣的边框素材，可供下载使用。也可自行制作边框。

“变形校正”：校正线条严重变形的照片，操作简单，效果立现。

“IE魔术图”：神奇的IE魔术图，可以在网页应用中，使照片产生奇妙的变化。

“EXIF”：更为完整的EXIF信息，如果是单反机，可以提供使用镜头的信息。

调整项目的设置还包括锐化、模糊、噪点、亮度、对比度、Gamma调整、反色、单色、RGB色调调整等等。

可以对照片进行任意缩放、自由旋转、裁剪和打印。

对所有特效处理用户可以自由调整参数，以获得满意的效果。

可以在照片的任意位置上打印EXIF信息内容（如拍摄日期、光圈、快门等）。

操作过程中照片的EXIF信息不受损。

可以无限次撤销操作和重新操作，一直到满意再“确认”。

除了编辑，还可以用作照片浏览器，支持鼠标飞轮、键盘热键，一边浏览一边编辑，简单易用。

可以幻灯式浏览照片，可全屏幕查看。

可以查看解读Nikon、Canon的RAW格式，编辑PSD、GIF、JPG、PNG、PCX、TIF等30多种常见格式的图像文件。

（三）光影魔术手使用方法

光影魔术手以简单、便捷著称，故其用法也具有简单、上手快等特点。这里以光影魔术手4.4.1.304版本为例，介绍它的一些简单操作。

1. 人像美容

（1）打开一幅人物照片“文件→打开”，如下图4-3。

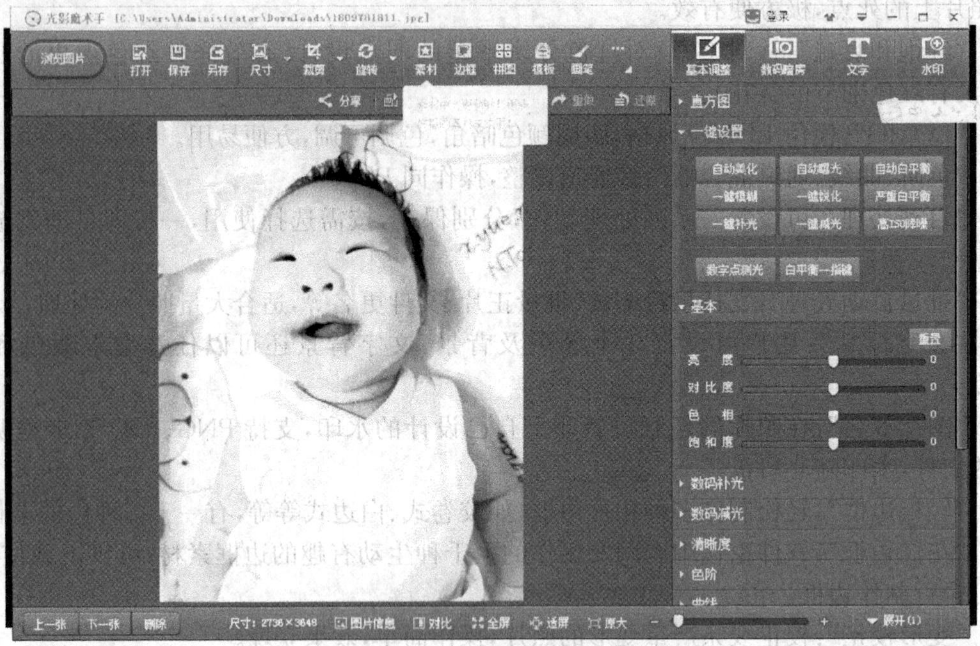

图 4-3　导入照片

(2)选择数码暗房中人像里的“人像美容”效果，如图 4-4。

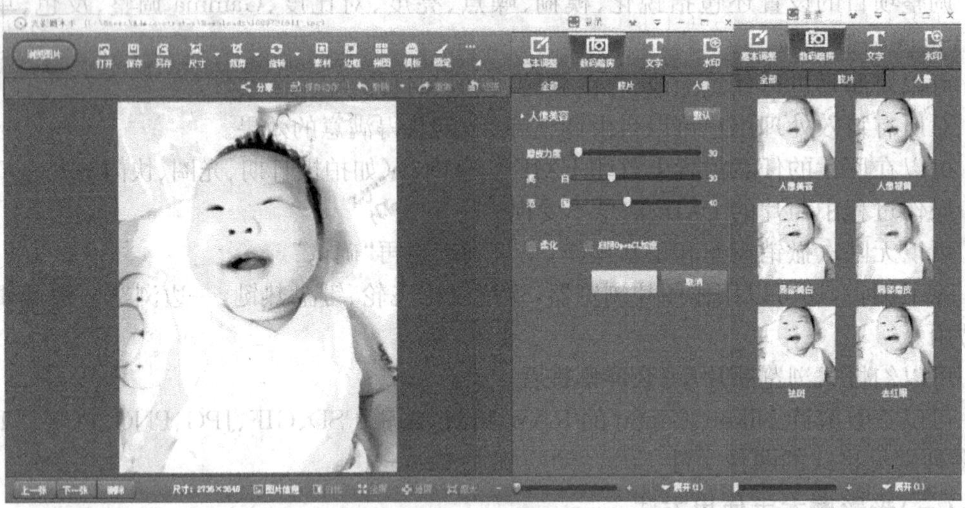

图 4-4　使用人像美容效果

(3)设定具体的磨皮力度、亮白、范围参数，在取景框内浏览效果，直到自己满意为止，按下“确定”保存图像。

2. 花样边框

光影魔术手可以快速地给图片加上各种各样的边框，具体边框可以到光影魔术手官方网站上下载安装。

(1)打开一幅图片,效果如图 4-5。

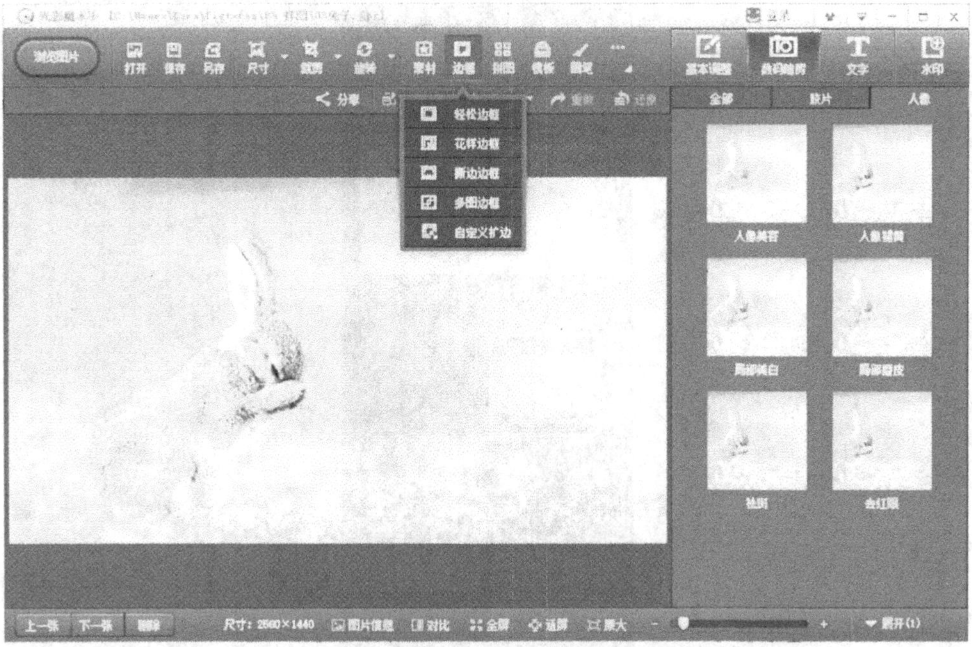

图 4-5　边框位置

(2)选择工具栏上的“边框图标”,在下拉选项中选择“多图边框”,效果如图 4-6。

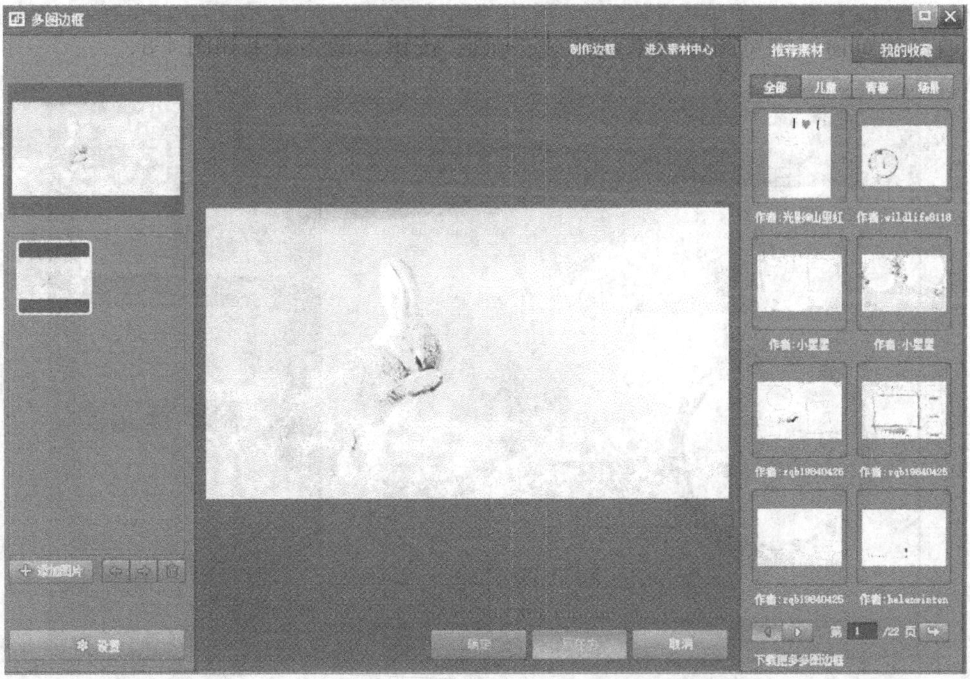

图 4-6　进入边框编辑模式

(3)选择一种边框样式,可以通过左边的选项框对边框样式进行设置。

图 4-7　边框可选参数

通过预览窗口浏览图片效果,最后按“确定”按钮。最终效果如图 4-8。

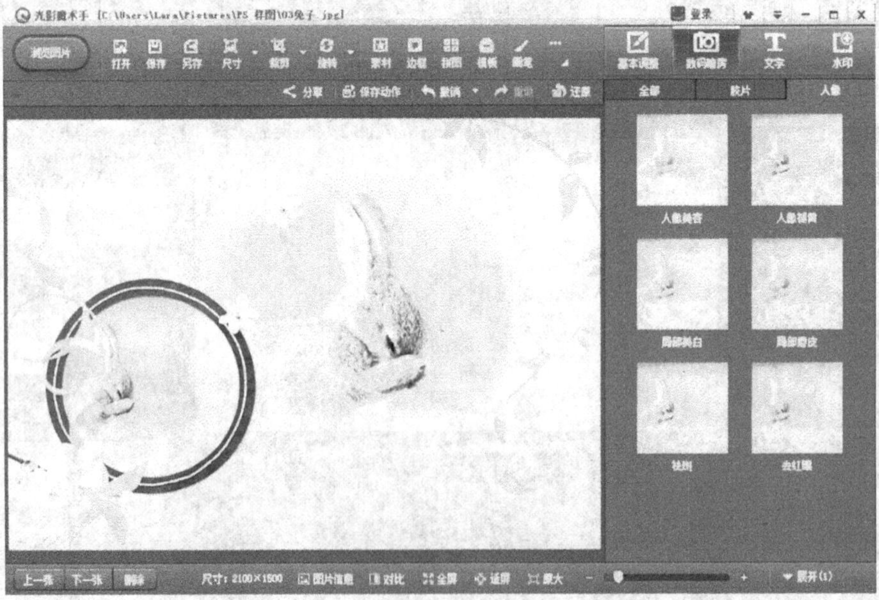

图 4-8　最终效果

光影魔术手的用法具有举一反三的效果，利用它来处理照片方法简单直观。但是它的缺点也很明显，它在宏观上处理照片可以说是很强大的，但在微观处理上却很难把握，如果想进一步处理相片，Photoshop 系列软件是不错的选择。本章第二部分将介绍 Photoshop CC2020 软件的具体应用。

图 4-9　Photoshop 软件

二、优秀的专业图片处理工具——Adobe Photoshop

Photoshop 是 Adobe 公司推出的一款优秀的图像处理软件，一直占据着图像处理软件的领袖地位，是平面设计、建筑装修设计、三维动画制作及网页设计的必用软件。它强大的功能也引起广大业余图像处理爱好者的强烈兴趣。

(一)Photoshop 主要功能

(1)图像编辑：可以对图像作各种变换，如放大、缩小、旋转、倾斜、镜像、透视等，也可进行复制、去除斑点、修补、修饰图像的残损等。

(2)图像合成：将几幅图像通过图层操作、工具应用合成完整的、传送明确意义的图像。

(3)校色调色：是深具威力的功能之一，可方便快捷地对图像的颜色进行明暗、色编的调整和校正，也可在不同颜色间进行切换以满足图像在不同领域如网页设计、印刷、多媒体等方面的应用。

(4)特效制作：主要由滤镜、通道及工具综合应用完成。包括图像的特效创意和特效字的制作，如油画、浮雕、石膏画、素描等常用的传统美术技巧都可借此特效完成。而各种特效字的制作更是很多美术设计师热衷于 Photoshop 研究的原因。

(二)Photoshop 用法

我们这里以其最新的 Photoshop CC2020 版本为例，结合我们新闻图片处理常用的一些工具介绍其用法。启动 Photoshop 后的界面如图 4-10：

图 4-10　Photoshop 软件基本界面

窗口上端是标题栏和菜单栏，下端在打开文件后会出现状态栏，中间为工作区。工作区左边为工具箱，右上为导航器、信息、直方图控制面板组，右中为颜色、色板、样式控制面板组，右下为图层、通道、路径控制面板组，中部为字符、段落控制面板组。

1. 打开图片文件

打开图片文件可以通过文件菜单中的“打开”命令，单击打开命令后跳出“打开”文件对话框，如图 4-11。我们以系统提供的例子文件“瑜伽”为例，选中文件后单击打开，文件就显示在窗口的工作区中了。

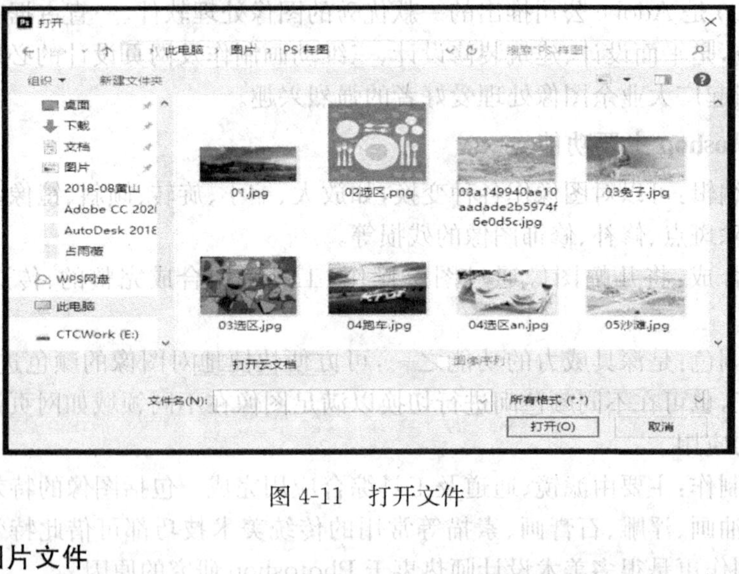

图 4-11　打开文件

2. 新建图片文件

点击文件菜单中的“新建”命令，系统跳出新建文件对话框，如图 4-12。在这个对话框中，你需要对要新建文件的名称、大小、模式、内容进行设置，这将确定系统给你展开的画布的大小和属性，完成后单击“确定”，在窗口工作区就会出现一个符合你设定属性的工作窗口，里面有一块空白的画布，你就可以在这块画布上开始你的工作了。

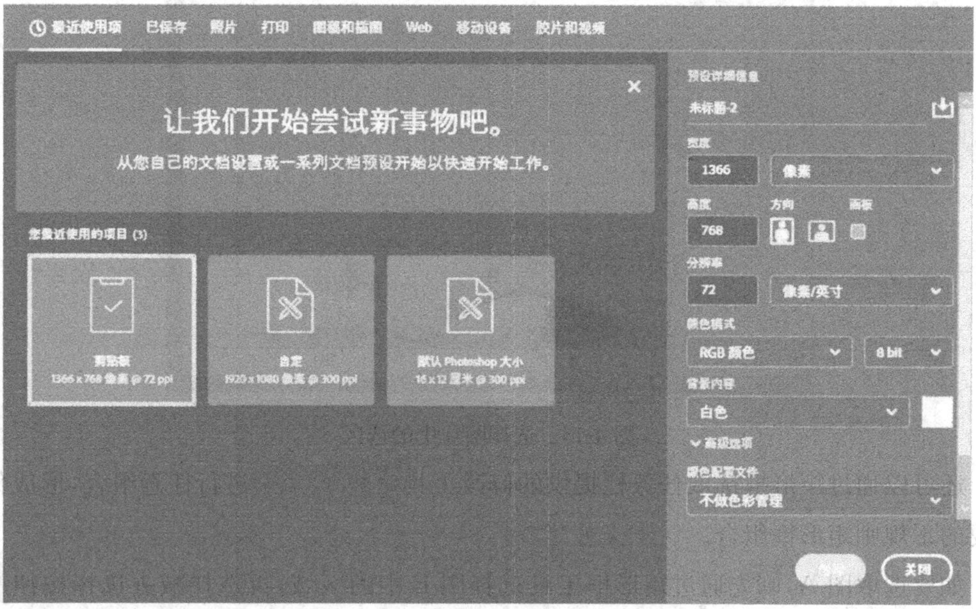

图 4-12　新建文档

3. 选择图片的某一区域

在编辑图像时，通常需要对图片的局部进行调整，在调整之前我们就需选取目标区域，在 Photoshop 中选中的区域会用沿顺时针转动的黑白线（也称作浮动的蚂蚁线）表示。选取区域就是用来编辑的范围。在不取消选择的情况下，一切命令只对选取区域有效，下面我们介绍一下选区里的工具，如图 4-13 所示。

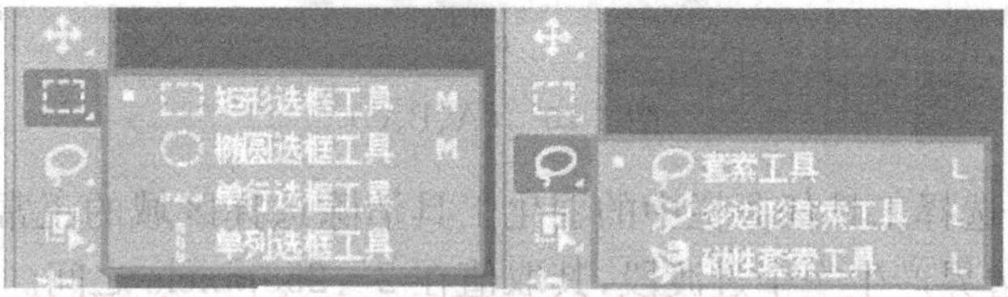

图 4-13　选区内各工具

（1）规则图片的选区内工具——矩形和椭圆选取工具。

①矩形选取工具：按钮为 ，它可以用鼠标在图层上拉出矩形选框。先单击 ，鼠标在图片上变为"＋"字形，这时在选项菜单栏中出现如下的矩形选取工具任务栏：

图 4-14　选区工具属性栏

用鼠标拖动在图像中画出一个矩形。所选中区域的线变为高亮虚线。即可进一步对选中区域进行其他操作。

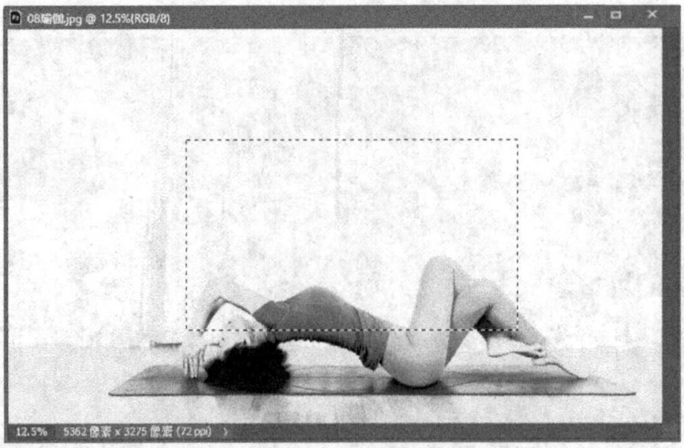

图 4-15　选择图片中的选区

还可以通过矩形框选取任务栏提供的修改工具进行任意组合，形成你所想要的不规则矩形框组合。

如要选取图 A，则先通过矩形框工具选择图 B 中的区域，再选择减去选择按钮，在旧的选择区域中，减去新的选择区域与旧的选择区域相交的部分，如图 C，形成最终的选区。

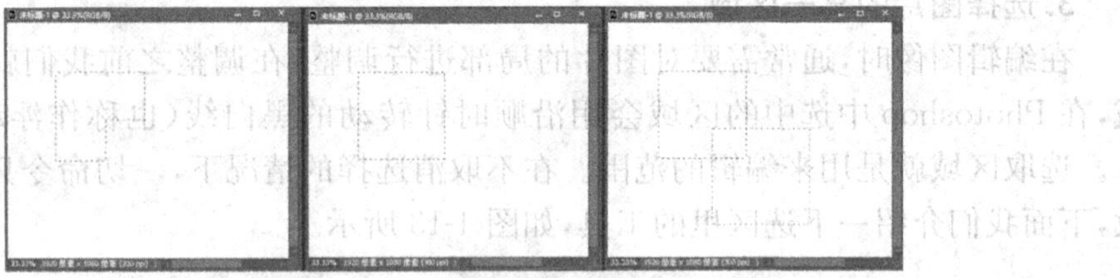

A　B　C

图 4-16　（A、B、C）

你还可以使用选择工具任务栏中的羽化工具消除选择区域的正常硬变边界，对其进行柔化，也就是使边界产生一个过渡段，其取值在 2－255pixels 之间。

图 4-17　羽化边缘

②椭圆选取工具:其操作与矩形选取工具大致相同。如果你想选取的图片形态是不规则的,就需要利用 Photoshop 的套索和魔棒工具。

(2)不规则形态图片的选取工具——套索工具、魔棒工具。

①套索工具是以手画的方式描绘出不规则形状的选取区域(图 4-19)。套索选项面板如图 4-18 所示。

图 4-18 拉索工具属性栏

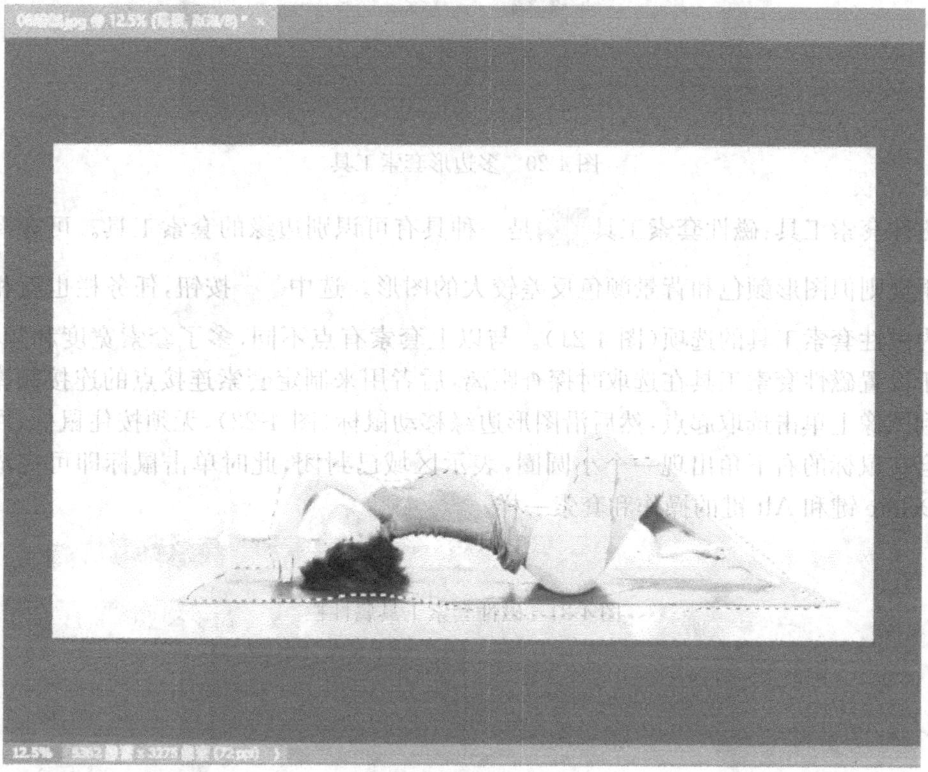

图 4-19 套索工具选区

如果选取的曲线终点和起点未重合,则 Photoshop 会自动封闭成完整的曲线。在按下 Alt 键的同时拖动鼠标,也能形成任意曲线,只需在起点和终点单击就会以直线相连。

套索工具:按住鼠标左键,拖动套索工具,沿所需要的图形移动鼠标,当回到起点时会形成闭合的曲线。

多边形套索工具:多边形套索工具 ,可以在图像中选取出不规则的多边图形。将鼠标移到图像点处单击,然后再单击每一顶点,来确定每一条直线。当回到起点时,光标下就会出现一个小圆圈,表示选择区域已封闭,再单击鼠标即完成此操作(图 4-20)。

图 4-20　多边形套索工具

磁性套索工具：磁性套索工具是一种具有可识别边缘的套索工具。可在图像中选出不规则但图形颜色和背景颜色反差较大的图形。选中按钮，任务栏也就相应地显示为磁性套索工具的选项(图 4-21)。与以上套索有点不同，多了套索宽度和频率，前者用于设置磁性套索工具在选取时探查距离，后者用来制定套索连接点的连接频率。鼠标移到图像上单击选取起点，然后沿图形边缘移动鼠标(图 4-22)，无须按住鼠标，回到起点时会在鼠标的右下角出现一个小圆圈，表示区域已封闭，此时单击鼠标即可完成此操作。Delete 键和 Alt 键的操作和套索一样。

图 4-21　磁性套索工具属性栏

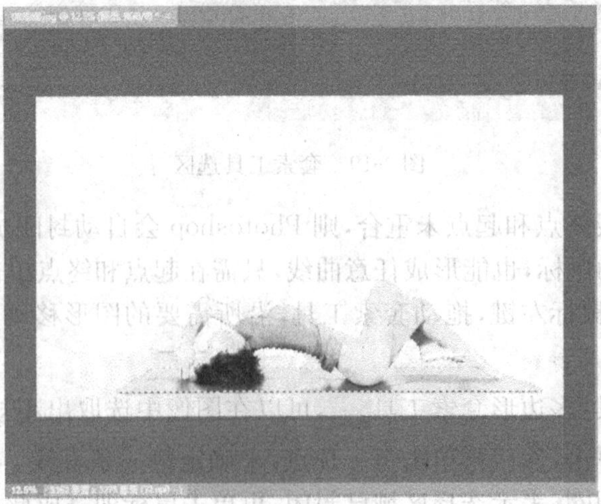

图 4-22　磁性套索工具

②魔术棒。魔术棒 是一种神奇的选取工具，可以用来选取图像中颜色相似的区域（图 4-23）。当用魔术棒单击某个点时，与该点颜色相似和相近的区域将被选中，可以在一些情况下节省大量的精力来获得意想不到的结果。

图 4-23　魔术棒工具

魔术棒的任务栏包括选取方式、羽化与消除锯齿、容差，应用所有图层。容差用来控制颜色的误差范围，值越大，选择区域越广。数值范围在 0～255 之间，系统默认为 32。

在选取区域后，这部分是画布上唯一被激活了的内容，就能够在上面进行所需要的操作。但是如果要转到其他区域，必须先取消该选取区域。取消选取区域只需要用任何一种选取框工具单击选取区域以外的任何地方，或者单击鼠标右键，在跳出的快捷菜单中选择“取消”。

选取区域之后，你还可以改变选取区域的大小。首先选取该对象或要改变大小的图像。在选取框处于激活状态时，依次点击“编辑”→“变换”→“缩放”，这时在选取的对象周围出现一个类似于裁切框的窗口，拖动方框四周任何一处的一个控制手柄即可改变选取对象的大小。如果拖动插槽的同时按住 Shift 键，还可以改变对象的高宽比例。如果拖动方框侧面的手柄，即可相应拉伸或缩小选择区域的高度或宽度。

4. 重新设置图像的尺寸

要重新设置图像的尺寸，可以点击“图像”菜单中的“图像大小”选项，弹出如图 4-24所示的对话框。在这里重新设置后点击确定就会回到工作窗口，看见改变尺寸后的图片。

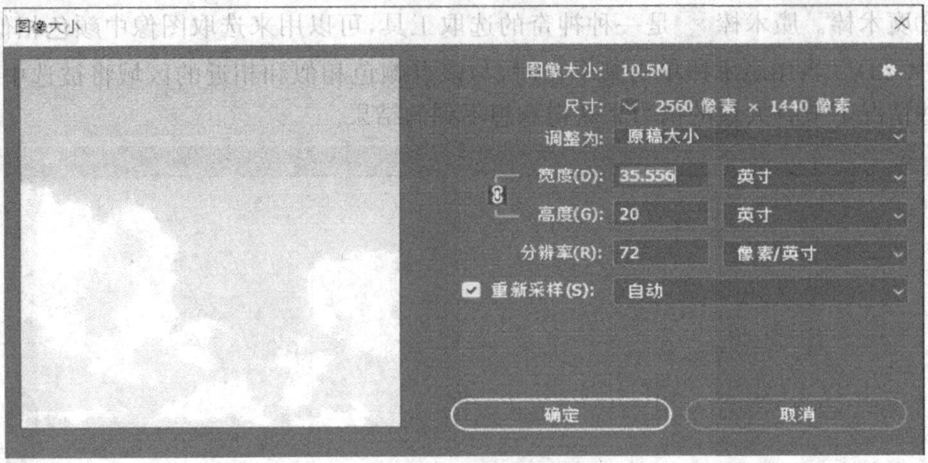

图 4-24　改变图像大小

(1)像素大小——它显示的初始值是当前图像的大小,可以通过重新设置图像的宽度和高度来改变图像的大小。如果选择了约束比例选项,会出现右边的链条这样的标志,表示图像的宽度和高度将始终保持原始比例。

(2)文档大小——在这里,可以查看图像的物理尺寸以应用打印,也可以通过调整宽度、高度和分辨率来改变打印尺寸。可以选择的单位有百分比、英寸、厘米、派卡、列、点。若保持图像的分辨率不变,改变像素大小和文档大小其中一个选项组的宽度或高度设置时,另一个选项组的宽度和高度也会发生改变。

(3)重定图像像素——改变图像尺寸时,Photoshop 会将原图的像素颜色按一定的内插方式重新分配给新的像素。两次立方是最精确的分配方式。

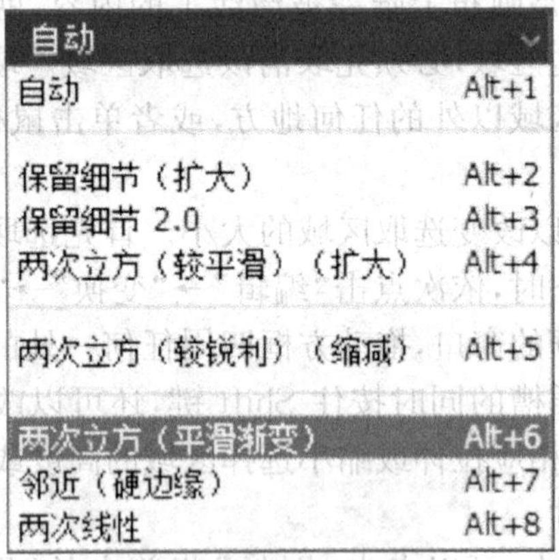

图 4-25　重定图像像素

5. 重新设置画布大小

画布尺寸大小命令可以让用户修改当前图像周围的工作空间,即画布尺寸的大小。也可以通过减小画布尺寸来裁剪图像。画布尺寸放大后,新添加的空间将会用当前的背景色来填充。因此在改变画布的大小之前要先确定工具箱中的背景色是所需要的颜色。白色是常用的颜色。

点击“图像”菜单中的“画布大小”选项，弹出如图 4-26 所示的对话框。

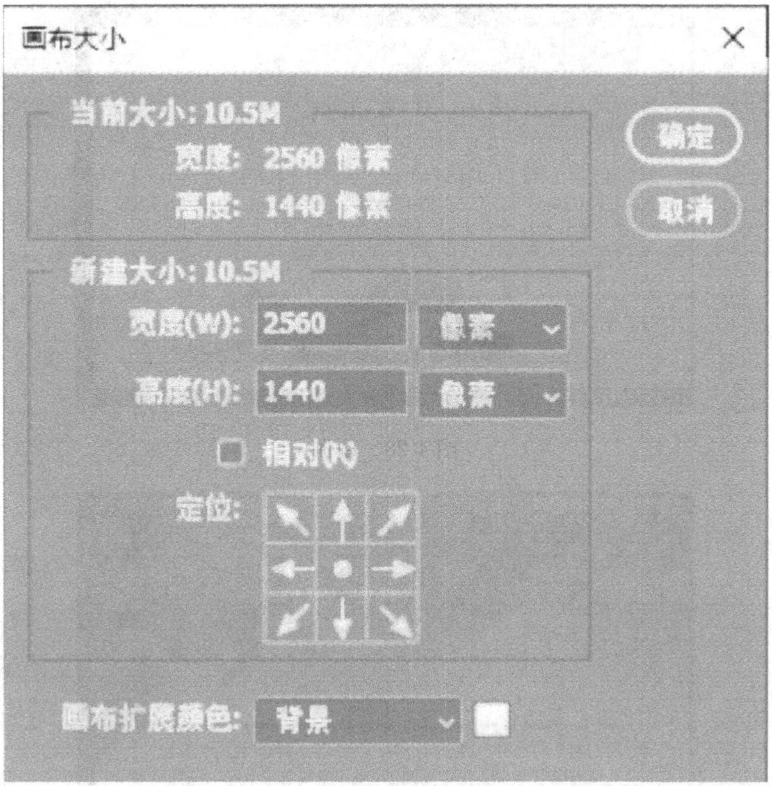

图 4-26　改变画布大小

你可以从弹出的对话框中选择自己喜欢的度量系统，输入要改变后的画布尺寸大小，点击“确定”即可。你还可以利用对话框中定位锚点(图 4-27)来决定把图像放置在画布的什么位置。如单击右上角，图中的图像会置于画布的右上角去。

图 4-27　定位

6. 图片的剪切、复制与粘贴

依次点击“编辑”→“剪切”或“拷贝”，可以将当前操作层上的选取区域剪下来或者复制下来，Photoshop 自动将选取内容复制到计算机剪贴板中，再点击“粘贴”，就会将剪贴板上的内容拷贝到当前工作文件中并放到一个新的图层上。

（1）打开两张图片瑜伽和沙滩，如图 4-28、图 4-29。

图 4-28　瑜伽

图 4-29　沙滩

（2）使用魔棒工具，依次点击“选择”→“反向”，将瑜伽图中的人物选中，并用橡皮擦工具擦掉人物外的其他内容，如图 4-30 所示。

图 4-30　擦除不需要的部分

图 4-31　复制图层到新的背景并调整大小

(3)依次点击“编辑”→“剪切”或“拷贝”，点击风景照为当前工作文件，再点击“粘贴”，将刚才复制的图像粘贴过来，如图 4-31 所示。

(4)选择图层的移动工具，将人物移动到合适位置。

7. 图片裁剪

裁剪在 Photoshop 中可以看作特殊的选取工具。具体操作步骤如下：

(1)选中裁剪工具。

(2)在任务栏中确定好裁剪工具的属性，如图 4-32 所示。

图 4-32　裁剪工具属性栏

(3)在所需剪裁的图像上，用鼠标拖拉出剪切区间框，如图 4-33 所示。

图 4-33　选择裁剪区域

(4)对剪切框进行调节,获得预想效果。

(5)按 Enter 键或在框内双击进行剪切,如图 4-34 所示。

可以通过设定“裁剪”工具的选项来设定剪裁后的图像的大小和分辨率。

图 4-34　进行裁剪

8. 图片的移动、变换

(1)使用移动工具可以对图层进行选择、变换、排列和分发,它的任务栏如图 4-35 所示。

图 4-35　移动工具属性栏

选择图层可以在任务栏中勾选

,用鼠标在图像上单击,可自动选择鼠标所在的非透明图像的那一层。变换图层勾选

,用鼠标单击图像后,可对已选中的一个或多个图层进行变换。选中边框后单击鼠标右键会出现下拉菜单,在菜单中可选择变换方式,如图 4-36 所示。

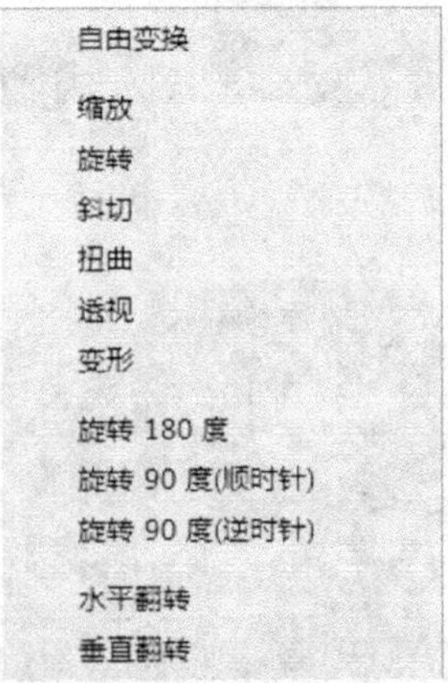

图 4-36　变换图层选项

(2)变换选取对象。上面的变换方式既可以针对整个画布也可以针对所选取的对象。下面我们介绍只对所选取的对象起作用的一些变换方式。

选取好区域后，依次点击“编辑”→“变换”，下拉菜单如图 4-37 所示。

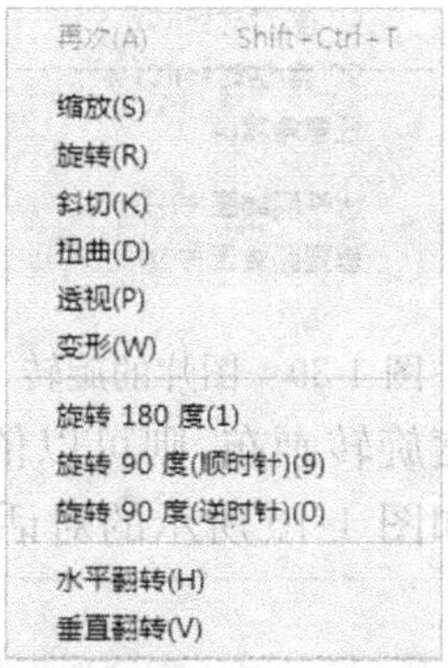

图 4-37　变化选取对象

选中缩放，图像四周出现控制点，直接拖动这些控制点能改变图像的大小，若在按住 Shift 键的同时拖动控制点，图像将按长和宽等比例改变大小。

选中旋转，将光标移至选中区域外部，光标变成旋转光标后，拖动鼠标即可旋转所选区域。

选中斜切，这个命令不仅是将图片区域倾斜一定的角度，它还可以把图像扭曲、伸展和变形。就好像一块橡皮泥一样，可以任意变换。它可以使选取对象在所有可能的方向上扭曲，我们只需拖动控制手柄并拖动选取区域就能够完成这种操作。完成后按回车键即可。

扭曲命令不改变图像的尺寸，而是挤压和拉伸图形。

透视命令，要创建近大远小效果的图像，透视工具就有了用武之地。它的运动非常直观。当拖住某个顶角处的控制手柄时，它的对角会做镜像运动——单击一个控制手柄并从选取区域向外拖动鼠标时对角的镜像手柄也将向相反方向做镜像运动。反之，如果向选取区域内拖动锚点，对角的镜像手柄也会向内运动，如图 4-38 所示。

图 4-38　对画面进行扭曲

9. 图片的旋转、镜像

(1)旋转。图像在处理的时候，为了更有效方便地操作，需要旋转。Photoshop 中提供了强大的精确旋转工具。依次点击“图像”→“旋转画布”，它的菜单如图 4-39 所示。

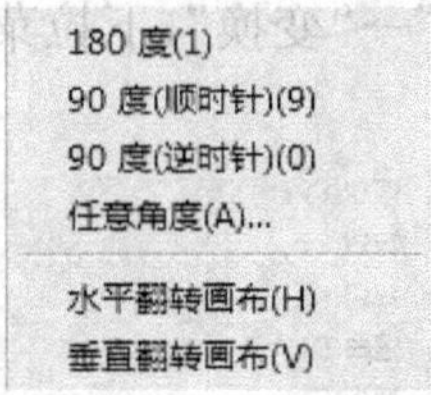

图 4-39　图片的旋转

如果不按菜单提供的固定角度旋转画布，则可以依次点击“图像”→“旋转画布”→任意角度，自行设置旋转角度，打开如图 4-40 所示的对话框。

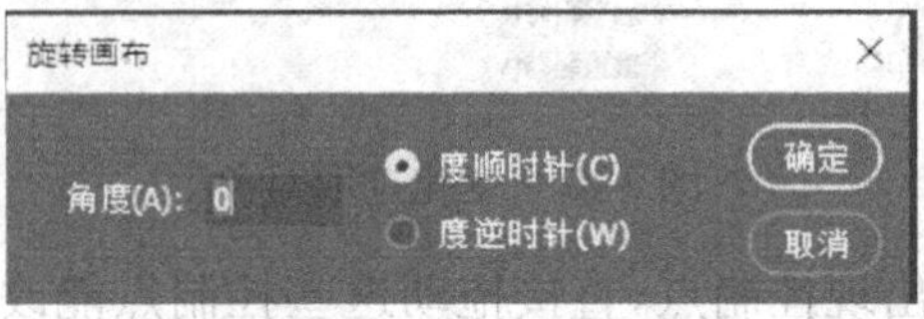

图 4-40　旋转方向设定

在对话框中输入要旋转的角度值，单击“确定”完成。

(2)水平翻转、垂直翻转。这两种翻转实际上是图片的镜像翻转，即像照镜子一样，可以水平翻转即以垂直轴为中心水平翻转图像，也可以垂直翻转即以水平轴为中心垂直翻转图像。

10. 图片的颜色调整

Photoshop 有着强大的颜色调整功能，如图 4-41 菜单所示，我们选择几个加以介绍。

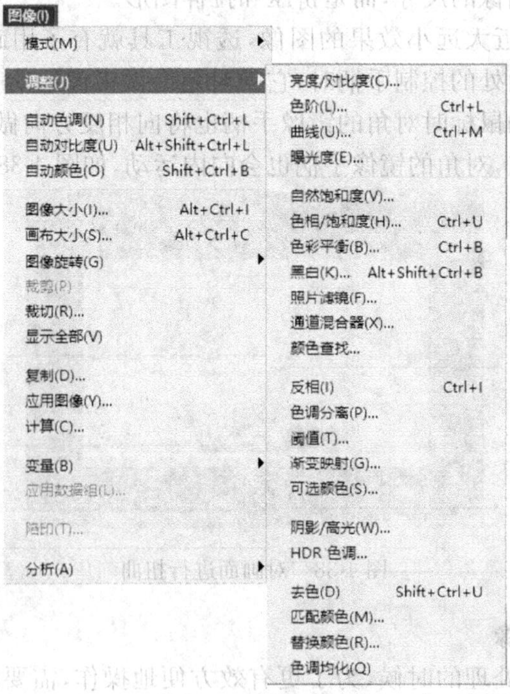

图 4-41　图像调整模式

(1)用色彩平衡调整。在进行调整时,效果最显著的变化就是直接比较图像调整前后的差异。Photoshop 中,执行这种操作的命令就是变化,是颜色调整菜单中的最后一项。变化实际上是由几个图像调整工具组合而成的一个容易使用的系统。可以用该命令调节图像的色相和亮度,通过缩略图来观察对比效果,然后用鼠标单击最满意的那个缩略图。打开一幅彩色图像,依次点击“图像”→“调整”→“色彩平衡”,对话框如图 4-42 所示。

图 4-42 色彩平衡调整画面

对话框左下方的选项分别是选择对阴影、中间调还是对高光内容进行调整,然后移动颜色的偏色,对画面的颜色进行调节。

调整方法:如果要在图像中添加颜色,只需将颜色偏移到相应的颜色上就可以了。

(2)用亮度/对比度调整。亮度/对比度选项主要用以调节图像的亮度和对比度。利用它可以对图像的色调范围进行简单调节。对话框如图 4-43 所示。

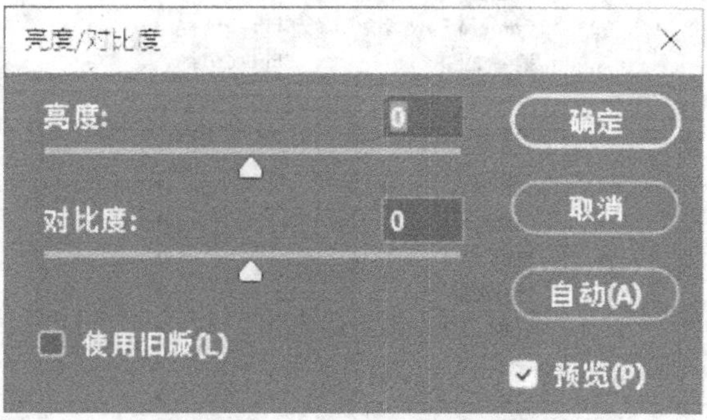

图 4-43 亮度、对比度调整

拖动对话框中三角形滑块就可以调整亮度和对比度:向左拖动,图像亮度和对比度降低;向右拖动,亮度和对比度增加(每个滑块的数值显示有亮度或对比度的值,范围为—0～100)。调整至合适后,单击“确定”完成。

(3)用反相调整。反相命令能对图像进行反相，运用它可以将图像转化为阴片，或将阴片转换为图像。不过，反相命令对扫描的彩色胶片无效。反相命令没有对话框，执行时，通道中每个像素的亮度值会被直接转换为颜色刻度上的相反的值：白色变为黑色，其他的中间像素值取其对应值(255－原像素值＝新像素值)。

效果如下面两图所示。

图 4-44　原始画面

图 4-45　反向后画面

(4)增加图像局部亮度。使用工具箱中的减淡工具可将图像局部加亮，打开一个需要进行局部加亮处理的图像文件，用选择工具选取图像中某个需要增亮的区域；用鼠标选取工具箱中的减淡工具，单击减淡工具使选取的图像局部加亮，直到达到满意的效果为止。

11. 使用滤镜

使用滤镜可以修饰照片，能够为图像提供素描或印象派绘画外观的特殊艺术效果，还可以使用扭曲和光照效果创建独特的变换。Adobe 提供的滤镜显示在“滤镜”菜单中。第三方开发商提供的某些滤镜可以作为增效工具使用。在安装后，这些增效工具滤镜出现在“滤镜”菜单的底部。

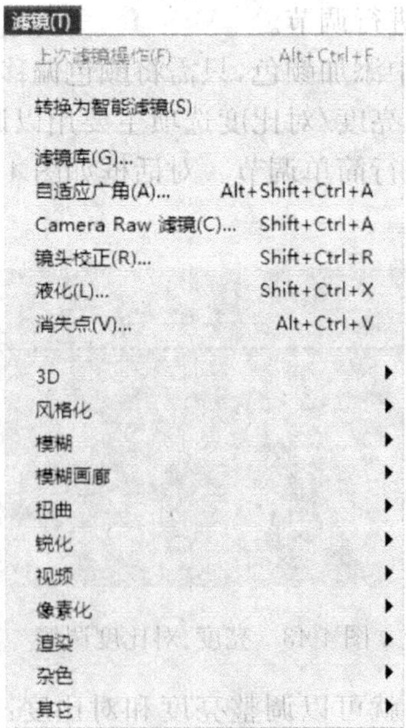

图 4-46　滤镜菜单

单击菜单中的“滤镜”按钮，便可看到一系列的滤镜菜单，其中比较常用的是模糊和锐化。

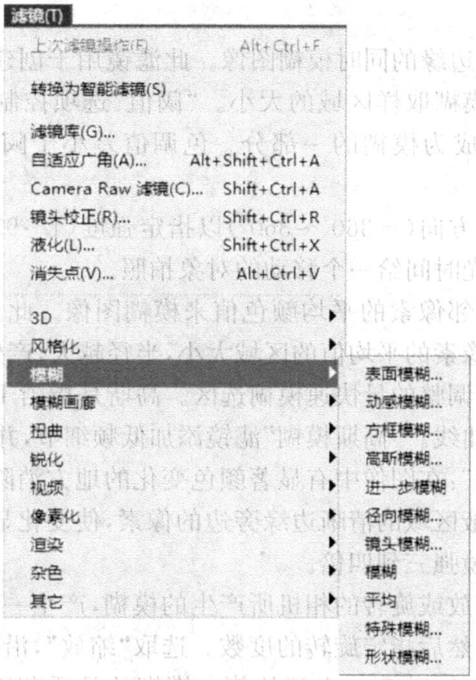

图 4-47　模糊滤镜

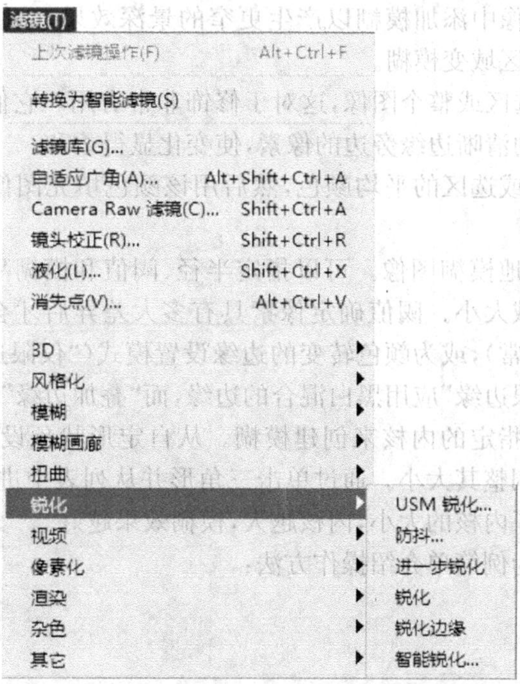

图 4-48　锐化滤镜

如图所示，模糊和锐化下有一系列的不同程度不同模式的效果选项，以下就模糊和锐化分别讲解。

(1)模糊。

“表面模糊”：在保留边缘的同时模糊图像。此滤镜用于创建特殊效果并消除杂色或粒度。“半径”选项指定模糊取样区域的大小。“阈值”选项控制相邻像素色调值与中心像素值相差多大时才能成为模糊的一部分。色调值差小于阈值的像素被排除在模糊之外。

“动感模糊”：沿指定方向(－360°～360°)以指定强度(1～999)进行模糊。此滤镜的效果类似于以固定的曝光时间给一个移动的对象拍照。

“方框模糊”：基于相邻像素的平均颜色值来模糊图像。此滤镜用于创建特殊效果。可以调整用于计算给定像素的平均值的区域大小，半径越大，产生的模糊效果越好。

“高斯模糊”：使用可调整的量快速模糊选区。高斯是指当 Photoshop 将加权平均应用于像素时生成的钟形曲线。“高斯模糊”滤镜添加低频细节，并产生一种朦胧效果。

“模糊和进一步模糊”：在图像中有显著颜色变化的地方消除杂色。“模糊”滤镜通过平衡已定义的线条和遮蔽区域的清晰边缘旁边的像素，使变化显得柔和。“进一步模糊”滤镜的效果比“模糊”滤镜强三到四倍。

“径向模糊”：模拟缩放或旋转的相机所产生的模糊，产生一种柔化的模糊。选取“旋转”，沿同心圆环线模糊，然后指定旋转的度数。选取“缩放”，沿径向线模糊，好像是在放大或缩小图像，然后指定 1 到 100 之间的值。模糊的品质范围从“草图”到“好”和“最好”。通过拖动“中心模糊”框中的图案，指定模糊的原点。

“镜头模糊”：向图像中添加模糊以产生更窄的景深效果，以便使图像中的一些对象在焦点内，而使另一些区域变模糊。

“模糊”滤镜柔化选区或整个图像，这对于修饰非常有用。它们通过平衡图像中已定义的线条和遮蔽区域的清晰边缘旁边的像素，使变化显得柔和。

“平均”：找出图像或选区的平均颜色，然后用该颜色填充图像或选区以创建平滑的外观。

“特殊模糊”：精确地模糊图像。可以指定半径、阈值和模糊品质。半径值确定在其中搜索不同像素的区域大小。阈值确定像素具有多大差异后才会受到影响。也可以为整个选区设置模式(正常)，或为颜色转变的边缘设置模式(“仅限边缘”和“叠加”)。在对比度显著的地方，“仅限边缘”应用黑白混合的边缘，而“叠加边缘”应用白色的边缘。

“形状模糊”：使用指定的内核来创建模糊。从自定形状预设列表中选取一种内核，并使用“半径”滑块来调整其大小。通过单击三角形并从列表中进行选取，可以载入不同的形状库。半径决定了内核的大小，内核越大，模糊效果越好。

以下以高斯模糊为例简单介绍操作方法：

高斯模糊的操作界面如图 4-49 所示，其中，最大部分是预览框，给操作者提供操作结果的实时预览，勾选右侧的预览框便可实现这一效果；下边是对预览框的显示百分比的调整，可以放大查看细节，也可以缩小查看模糊效果。最下边是模糊半径的调整，半径越大，模糊效果越明显。

图 4-49　高斯模糊

(2)锐化。“锐化”滤镜通过增加相邻像素的对比度来聚焦模糊的图像。

“锐化和进一步锐化”：聚焦选区并提高其清晰度。“进一步锐化”滤镜比“锐化”滤镜有更强的锐化效果。

“锐化边缘和 USM 锐化”：查找图像中颜色发生显著变化的区域，然后将其锐化。“锐化边缘”滤镜只锐化图像的边缘，同时保留总体的平滑度。使用此滤镜在不指定数量的情况下锐化边缘。对于专业色彩校正，可使用“USM 锐化”滤镜调整边缘细节的对比度，并在边缘的每侧生成一条亮线和一条暗线。此过程将使边缘突出，造成图像更加锐化的错觉。

“智能锐化”：通过设置锐化算法或控制阴影和高光中的锐化量来锐化图像。

以下以“USM 锐化”和“智能锐化”为例简单介绍操作方法：

①使用“USM 锐化”进行锐化处理。

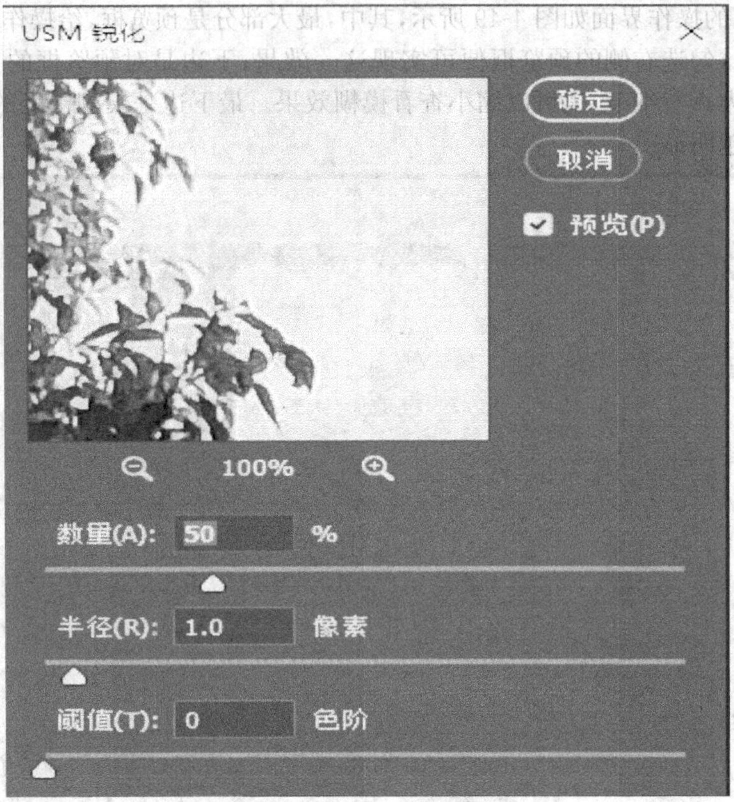

图 4-50　USM 锐化

“USM 锐化”通过增加图像边缘的对比度来锐化图像。“USM 锐化”不检测图像中的边缘。相反，它会按你指定的阈值找到值与周围像素不同的像素。然后，它将按指定的量增强邻近像素的对比度。因此，对于邻近像素，较亮的像素将变得更亮，而较暗的像素将变得更暗。另外，你可以指定每个像素相比较的区域半径。半径越大，边缘效果越明显，如图 4-51 所示。

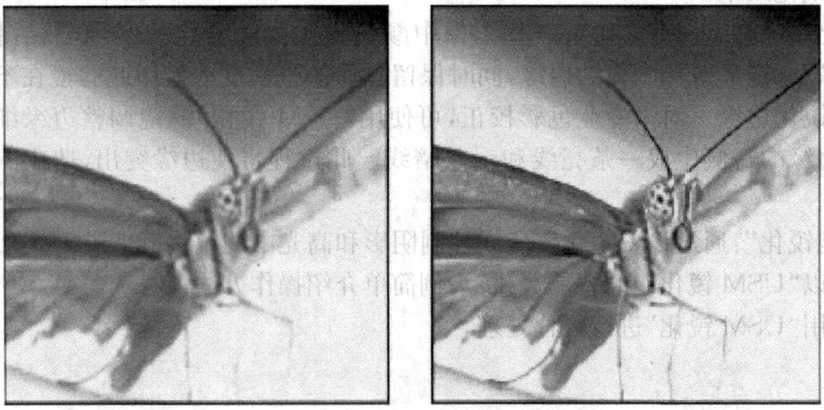

图 4-51　原图像和应用了“USM 锐化”的图像

应用到图像的锐化程度通常取决于个人的喜好。但是，如果对图像进行过度锐化，则会在边缘周围产生光晕效果，如图 4-52 所示。

图 4-52 锐化过度

“USM 锐化”滤镜的效果在屏幕上比在高分辨率输出时显著得多。如果最终的目的是打印，要试验确定最适合图像的设置。

如果你的图像是多图层图像，要选择包含想锐化的图像的图层。即使这些图层是链接图层或组合图层，也只能一次向一个图层应用“USM 锐化”。在应用“USM 锐化”滤镜之前，可以合并图层。

依次点击“滤镜”→“锐化”→“USM 锐化”，确保“预览”选项已被选中。

在预览窗口中单击图像，并按住鼠标查看图像在未锐化时的外观。在预览窗口中拖动，查看图像的不同部分，然后单击“＋”号或“－”号放大或缩小。

拖动“半径”滑块或输入一个值，确定边缘像素周围影响锐化的像素数目。半径值越大，边缘效果的范围越广，锐化也就越明显。半径值随主体、最终复制品的大小以及输出方法的不同而不同。对于高分辨率图像，通常建议使用 1 和 2 之间的半径值。较低的数值仅锐化边缘像素，较高的数值则锐化范围更宽的像素。这种效果在打印时没有在屏幕上时明显，因为 2 像素的半径在高分辨率输出图像中表示更小的区域。

拖动“数量”滑块或输入一个值，确定增加像素对比度的数量。对于高分辨率的打印图像，建议使用 150％ 和 200％ 之间的数量。

拖动“阈值”滑块或输入一个值，确定锐化的像素必须与周围区域相差多少，才被滤镜看作边缘像素并被锐化。例如，如果阈值为 4，则会按 0 到 255 的比例影响色调值差异为 4 或更多的所有像素。因此，如果相邻像素的色调值为 128 和 129，那么它们将不会受到影响。为了避免带入杂色或出现海报化效果（举例来说，在色调较饱和的图像中），请使用边缘蒙版，或尝试用 2 和 20 之间的“阈值”进行试验。默认的阈值（0）将锐化图像中的所有像素。

②使用“智能锐化”进行锐化处理。

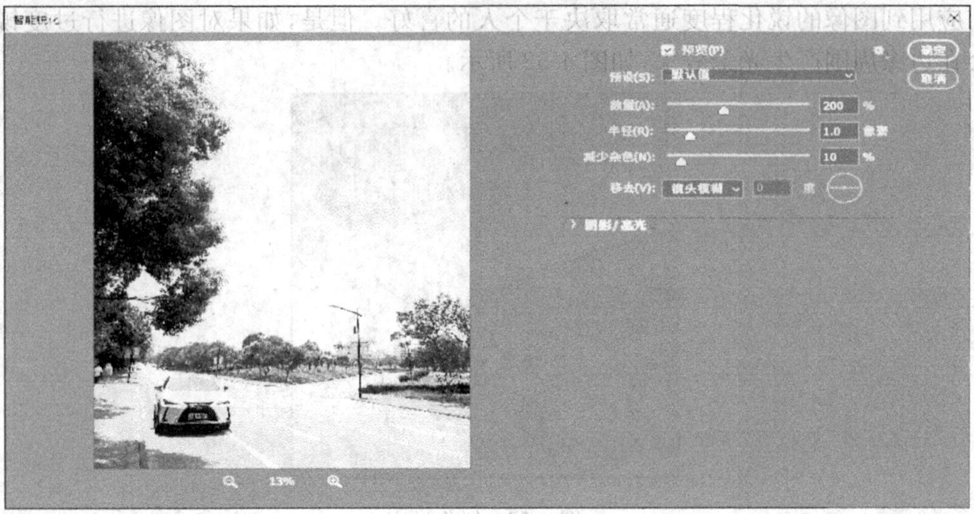

图 4-53　智能锐化

“智能锐化”滤镜具有“USM 锐化”滤镜所没有的锐化控制功能。你可以设置锐化算法，或控制在阴影和高光区域中进行的锐化量。可以将文档窗口缩放到 100%，以便精确地查看锐化效果。

依次点击“滤镜”→“锐化”→“智能锐化”。设置“锐化”选项卡中的控件：

数量：设置锐化量。较大的值将会增强边缘像素之间的对比度，从而看起来更加锐利。

半径：决定边缘像素周围受锐化影响的像素数量。半径值越大，受影响的边缘就越宽，锐化的效果也就越明显。

移去：设置用于对图像进行锐化的锐化算法。

“高斯模糊”是“USM 锐化”滤镜使用的方法。“镜头模糊”将检测图像中的边缘和细节，可对细节进行更精细的锐化，并减少了锐化光晕。“动感模糊”将尝试减少由于相机或主体移动而导致的模糊效果。如果选取了“动感模糊”，需设置“角度”控件。

角度：为“移去”控件的“动感模糊”选项设置运动方向。更加准确、用更慢的速度处理文件，以便更精确地移去模糊。使用“阴影”和“高光”选项卡调整较暗和较亮区域的锐化。（单击“高级”按钮可显示这些选项卡。）如果暗的或亮的锐化光晕看起来过于强烈，可以使用这些控件减少光晕，这仅对于 8 位/通道和 16 位/通道的图像有效。

渐隐量：调整高光或阴影中的锐化量。

色调宽度：控制阴影或高光中色调的修改范围。向左移动滑块会减小“色调宽度”值，向右移动滑块会增加该值。较小的值会限制只对较暗区域进行阴影校正的调整，并只对较亮区域进行“高光”校正的调整。

半径：控制每个像素周围的区域的大小，该大小用于决定像素是在阴影还是在高光中。向左移动滑块会指定较小的区域，向右移动滑块会指定较大的区域，单击“确定”。

(3)马赛克滤镜。

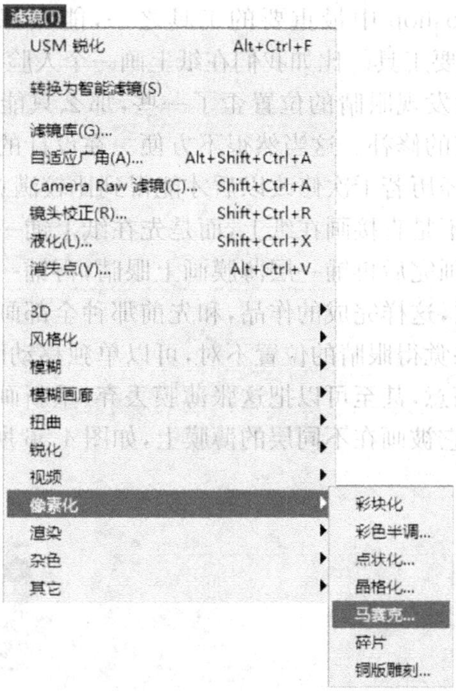

图 4-54　像素化滤镜

马赛克滤镜将图像分解成各种颜色的像素块。最终效果就是大家常见的马赛克效果。在滤镜菜单里其位置见图 4-54。马赛克滤镜在处理某些不适宜公开发布的图片部分内容时具有很大作用。掌握它的使用方法对新闻图片编辑具有很大帮助。

图 4-55　马赛克滤镜

对话框中,最大部分是预览框,可以实时查看滤镜执行效果。勾选右边的预览可以在原图上看到整体效果。下边的单元格大小定义了组成马赛克的小方格的大小,其数值越大马赛克越明显,细节越不明显。

12. 图层的使用

图层可以说是 Photoshop 中最重要的工具之一，能熟练掌握图层的使用是检验 Photoshop 使用水平的重要工具。比如我们在纸上画一个人脸，先画脸庞，再画眼睛和鼻子，然后是嘴巴，画完以后发现眼睛的位置歪了一些，那么只能把眼睛擦除掉重新画，并且还要对脸庞作一些相应的修补。这当然很不方便。在设计的过程中也是这样，很少有一次成型的作品，常常是经历若干次修改以后才能得到比较满意的效果。

想象一下，如果我们不是直接画在纸上，而是先在纸上铺一层透明的塑料薄膜，把脸庞画在这张透明薄膜上，画完后再铺一层薄膜画上眼睛，再铺一张画鼻子，将脸庞、鼻子、眼睛分为三个透明薄膜层，这样完成的作品，和先前那种全部画在一张纸上的作品，在视觉效果上是一样的。如果觉得眼睛的位置不对，可以单独移动眼睛所在的那层薄膜以达到修改的效果。如果不满意，甚至可以把这张薄膜丢弃，重新画一张。而其余的脸庞、鼻子等部分不受影响，因为它被画在不同层的薄膜上，如图 4-56 所示。

图 4-56　图层的概念

这种方式极大地提高了后期修改的便利度，最大可能地避免重复劳动。因此，将图像分层制作是明智的。

在 Photoshop 中我们也可以使用类似这样“透明图像”的概念来处理图像。通过调用图层调板“F7”可以察看和管理 Photoshop 中的图层。图层调板是最经常使用的调板之一，它通常与通道和路径调板整合在一起，一幅图像中至少必须有一个层存在，如图 4-57 所示。

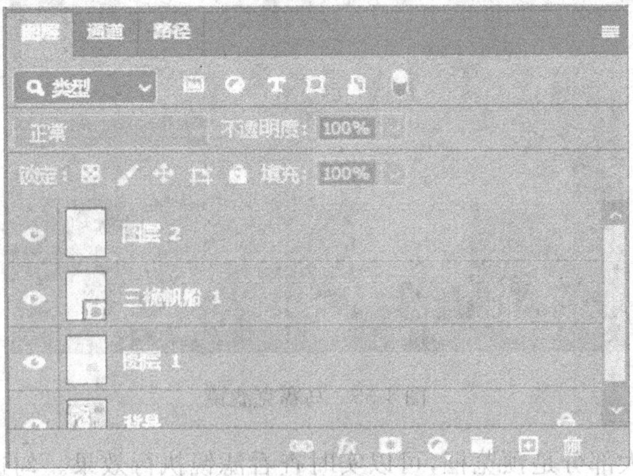

图 4-57　图层调板

所谓图层混合模式是指一个层与其下图层的色彩叠加方式，在这之前我们所使用的是正常模式，除了正常模式，还有很多种混合模式，它们都可以产生不同的合成效果。

混合模式的工作原理，类似把上层亮度减去下层亮度结果的绝对值乘以 2 再开方等。可见图层混合模式的原理是比较复杂的。可以在 Photoshop 中打开帮助文件“F1”，点击“搜索”，填入“混合模式”查找相关的内容。

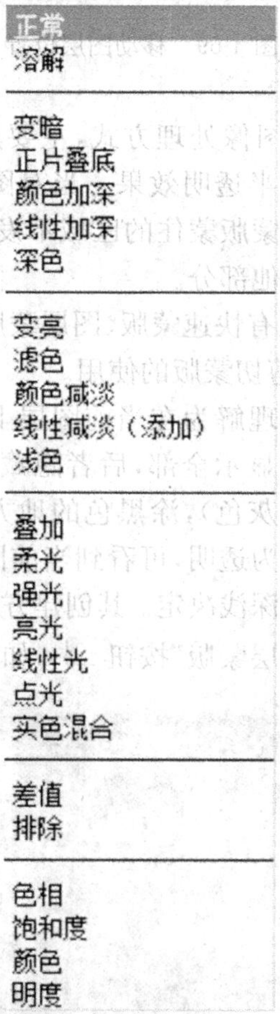

图 4-58　图层混合模式

在前面的部分我们已经提到了图像中的各个图层间，彼此是有层次关系的，层次效果的最直接体现就是遮挡。位于图层调板下方的图层层次是较低的，越往上层次越高。就好像从桌子上渐渐往上堆叠起来的一样。位于较高层次的图像内容会遮挡较低层次的图像内容。

改变图层层次的方法是在图层调板中按住图层拖动到上方或下方，拖动过程可以一次跨越多个图层。

现在我们把云彩图层移动到背景图层的下方，那么云朵就会被背景遮住了，如下图4-59，注意拖动的目的地要位于背景图层的下方（图中蓝色线条处）才可以。

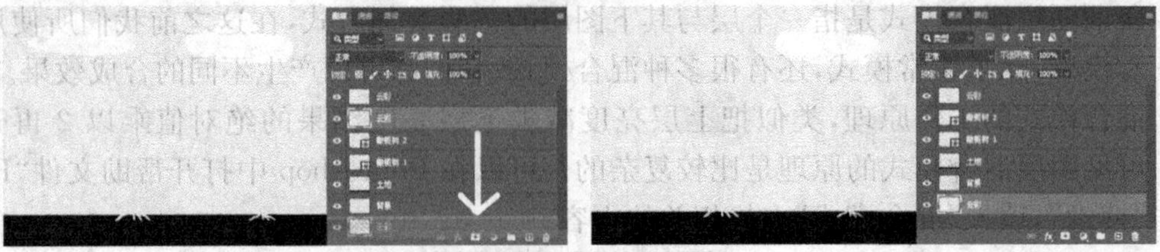

图 4-59　移动图层位置

13. 蒙版的使用

蒙版是 Photoshop 中独特的图像处理方式，主要用于隔离和保护图像中的某个区域，并可将部分图像处理成透明和半透明效果。当对图像的其他区域进行颜色变化、使用滤镜和进行其他效果处理时，被蒙版蒙住的区域不发生变化。也可以只对蒙版蒙住的区域进行处理，而不改变图像的其他部分。

在 Photoshop CC2020 中蒙版有快速蒙版、图层蒙版、矢量蒙版、剪切蒙版 4 种形式，下面简单介绍常用的图层蒙版和剪切蒙版的使用。

(1)图层蒙版。图层蒙版可以理解为在当前图层上面覆盖一层玻璃片，这种玻璃片有透明的和黑色不透明两种，前者显示全部，后者隐藏部分。然后用各种绘图工具在蒙版(即玻璃片)上涂色(只能涂黑白灰色)，涂黑色的地方蒙版变为不透明，看不见当前图层的图像，涂白色则使涂色部分变为透明，可看到当前图层上的图像，涂灰色使蒙版变为半透明，透明的程度由涂色的灰度深浅决定。其创建方法是在图像中创建一个选区，再单击“图层”控制面板底部的“添加图层蒙版”按钮 ，如图 4-60 所示。

图 4-60　蒙版效果

①它是一种特殊的选区，但它的目的并不是对选区进行操作，而是要保护选区不被操作。同时，不处于蒙版范围的地方则可以进行编辑与处理。

②蒙版虽然是种选区，但它跟常规的选区颇为不同。常规的选区表现了一种操作趋向，即将对一所选区域进行处理；而蒙版却相反，它是对所选区域进行保护，让其免于操作，而对非掩盖的地方应用操作。

制作蒙版的方法：a. 先制作选区→选择/存储选区；直接单击通道控制面板中的“将选区存储为通道”按钮；b. 利用“通道”控制面板，首先创建一个 Alpha 通道，然后用绘图工具或其他编辑工具在该通道上编辑，以产生一个蒙版；c. 制作图层蒙版；d. 利用工具箱中的快速蒙版显示模式工具产生一个快速蒙版。

（2）剪切蒙版。使用剪切蒙版可以将一幅图像置于所需的图像区域中，并可在其中对图像进行编辑，图像的形状不会变化，具体操作如下：

①打开一幅需要创建剪切蒙版的图像，将其背景图层转换为图层 0，在其下方新建一个图层，用形状工具绘制一只鹿，如图 4-61 所示。

图 4-61　建立鹿型选区

②选择图层 0，再选择图层——“创建剪切蒙版”命令，完成剪切蒙版创建，效果如图 4-62 所示。

图 4-62　创建剪切蒙版

14. Photoshop 动画制作基础

自 Photoshop cs2 版本产生以来，Photoshop 配合 ImageReady 就可以制作简单的动画。Photoshop 的这一功能推出，使初学者可以制作简单的 Gif 动画，制作各种表情包。Photoshop CC2020 制作的动图是逐帧动画，需要你把想要的动画图片分别放入不同的图层，再设定播放时间。

下面介绍在 Photoshop 中独立创建动画的方法，这里介绍的只是简单的操作，大家可以由这简单的动画推及复杂的操作。要多想、多练、多对比。

(1)启动 Photoshop CC2020，新建一个项目，然后按照图 4-63 所示选择时间轴。接着 Photoshop 下方会弹出时间轴，选择创建帧动画，如图 4-64 所示。

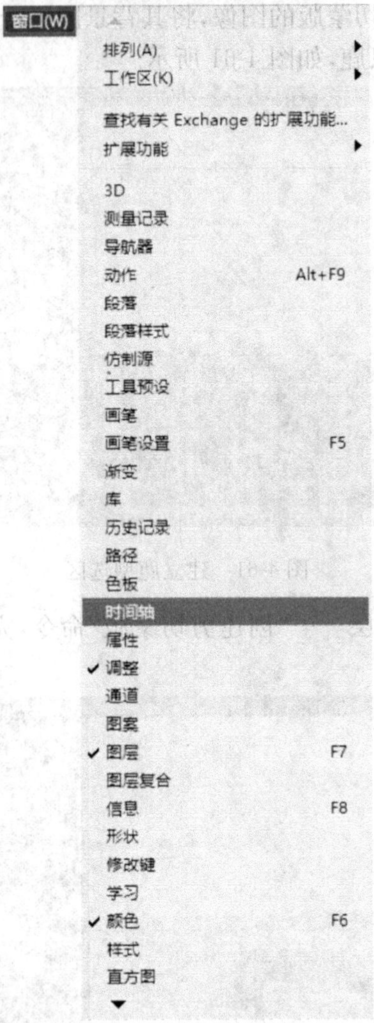

图 4-63　时间轴

图 4-64　创建帧动画

(2)我们新建一个图层,点击图中方框内的图标,并且用"笔刷工具"绘制一个小人,作为我们的第一帧,如图 4-65 所示。

图 4-65 绘制第一帧

(3)然后我们创建第二帧,点击图中方框内的图标,并且新建一个图层,然后在图层上画上新的内容,如图 4-66 所示。并隐藏图层 1,如图 4-67 所示。

图 4-66 绘制第二帧

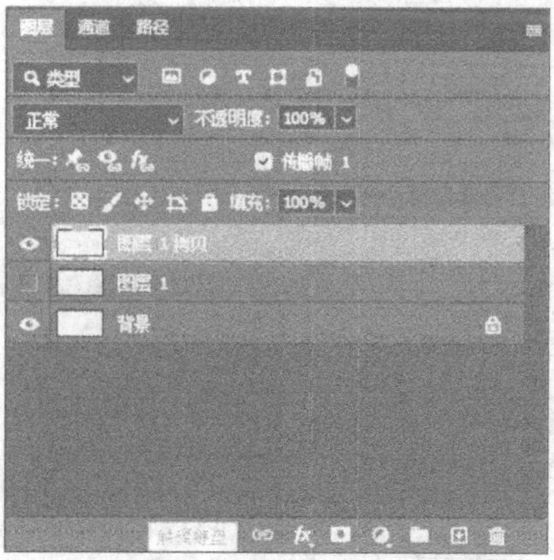

图 4-67 并关闭第一帧内容

(4)重复上面的操作，我们再绘制第三帧的内容。绘制完成后，我们就可以点击播放进行观看，如图 4-68 所示。

图 4-68　重复之前操作

(5)如果觉得播放的速度太快或是太慢，可以设置每一帧之间的间隔时间。如图 4-69 所示。

图 4-69　设置帧之间的间隔

(6)保存 Gif 动画。依次点击“文件”→“导出”→“存储为 Web 所用格式”。这样，一幅简单的 Gif 动画就完成了。

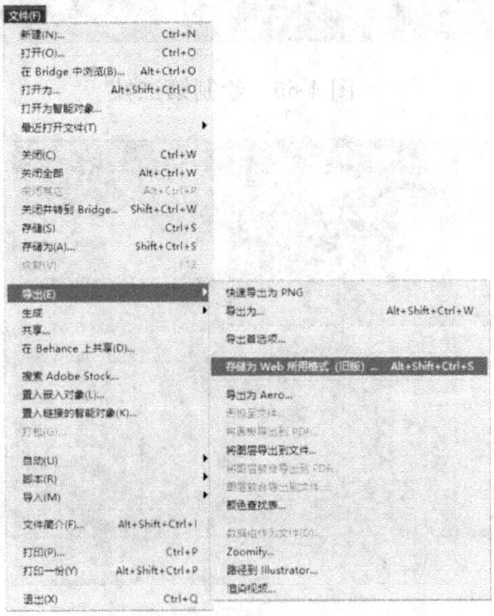

图 4-70　储存 Gif 动画

15. Photoshop 文件保存

Photoshop 保存文件常见格式：

PSD(*. PSD)、BMP (*. BMP)、TIFF (*. TIf) 格式、JPEG (*. JPG) 格式、Photoshop EPS(*. EPS)格式、GIF(*. GIF)、PCX(*. PCX)、Film Strip(*. FLM)、PICT(*. PCI)格式、PNG(*. PNG)、PDF(*. PDF)、Photo CD(*. PCD)、TGA(*. TGA)格式

16. Photoshop 文件保存方式

Photoshop 文件保存一般保存为两种格式，即 PDF 和 Gif 格式。具体情况下可以按照需要保存为上面所谈到的格式。如图 4-71。

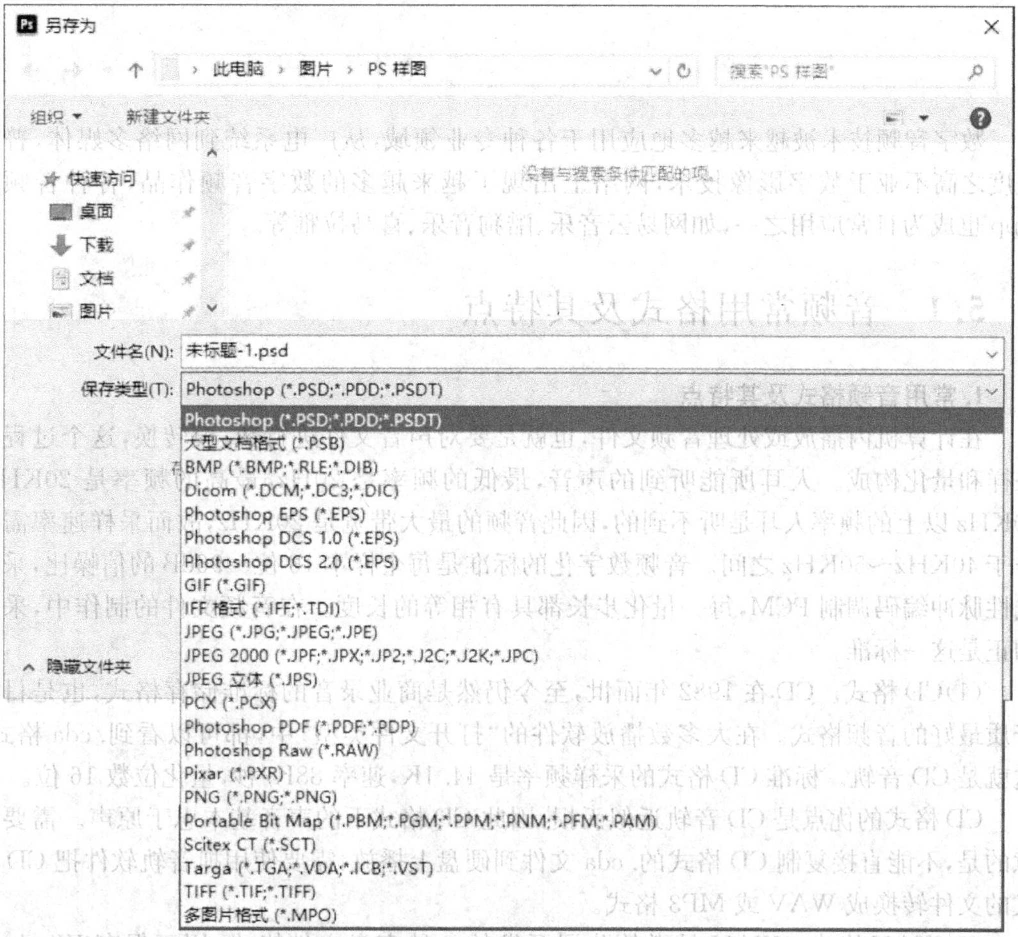

图 4-71　保存文件

第5章 数字音频处理

数字音频技术被越来越多地应用于各种专业领域，从广电系统到网络多媒体，普及程度之高不亚于数字影像技术，网络上出现了越来越多的数字音频作品，各种音频类App也成为日常应用之一，如网易云音乐、酷狗音乐、喜马拉雅等。

5.1 音频常用格式及其特点

1. 常用音频格式及其特点

在计算机内播放或处理音频文件，也就是要对声音文件进行数、模转换，这个过程由采样和量化构成。人耳所能听到的声音，最低的频率是20Hz，最高的频率是20KHz，20KHz以上的频率人耳是听不到的，因此音频的最大带宽是20KHz，故而采样速率需要介于40KHz～50KHz之间。音频数字化的标准是每个样本16位－96dB的信噪比，采用线性脉冲编码调制PCM，每一量化步长都具有相等的长度。在音频文件的制作中，采用的正是这一标准。

(1)CD格式。CD在1982年面世，至今仍然是商业录音的标准储存格式，也是目前音质最好的音频格式。在大多数播放软件的“打开文件类型”中，都可以看到.cda格式，这就是CD音轨。标准CD格式的采样频率是44.1K，速率88K/秒，量化位数16位。

CD格式的优点是CD音轨近似无损，因此CD格式下的声音基本忠于原声。需要注意的是，不能直接复制CD格式的.cda文件到硬盘上播放，需要使用抓音轨软件把CD格式的文件转换成WAV或MP3格式。

(2)WAV格式。WAV是微软公司开发的一种声音文件格式，用于保存Windows平台的音频信息资源，被Windows平台及其应用程序所支持。“*.WAV”格式支持Miscrosoft ADPCM、CCITT A_Law等多种压缩算法，支持多种音频位数、采样频率和声道，标准格式的WAV文件和CD格式一样，也是44.1K的采样频率，速率88K/秒，16位量化位数。

WAV格式的声音文件质量和CD相差无几，是计算机上广为流行的声音文件格式，其缺点是占用存储空间较大。

(3)AIFF 与 AU 格式。AIFF 与 AU 这两种音频格式和 WAV 格式很像，AIFF (Audio Interchange File Format)是由苹果公司开发的格式，应用于个人电脑及其他电子音响设备以存储音乐数据。AIFF 支持 ACE2、ACE8、MAC3 和 MAC6 压缩，支持 16 位 44.1KHz立体声，可用 iTunes 进行播放。

AU 是为 UNIX 系统开发的格式。大多数的音频编辑软件都支持 AIFF 和 AU 格式。

(4)MP3 格式。MP3 格式诞生于 20 世纪 80 年代的德国，指的是 MPEG 标准中的音频部分。MP3 格式压缩音乐的采样频率有很多种，可以用 64Kbps 或更低的采样频率节省空间，也可以用 320Kbps 的标准达到极好的音质。需要注意的是，MPEG 音频文件的压缩是一种有损压缩，相同长度的音乐文件，用 MP3 格式储存，一般只有 WAV 格式文件的 1/10，而音质要次于 CD 格式或 WAV 格式的声音文件。

由于 MP3 格式文件小、音质好，受到了人们的欢迎。但是 MP3 音乐的版权保护问题一直未得到妥善解决，这是制约 MP3 发展的一个大问题。

(5)MIDI 格式。MIDI(Musical Instrument Digital Interface)乐器数字接口，是 20 世纪 80 年代初为解决电声乐器之间的通信问题而开发的。MIDI 允许数字合成器和其他设备交换数据，广泛应用于编曲界。

MID 文件格式继承 MIDI 而来，是记录声音的信息、告诉声卡如何再现音乐的一组指令。MID 文件主要用于原始乐器作品、流行歌曲的业余表演、游戏音轨以及电子贺卡等，最大用处是在电脑作曲领域。MID 文件既可以用作曲软件写出，也可以通过声卡的 MIDI 口把外接音序器演奏的乐曲输入电脑里，制成.mid 文件。

MIDI 技术的一大优点是它传送到和存储在电脑里的数据量相当小，一个 MIDI 文件每存 1 分钟的音乐只用 5KB～10KB。通过使用 MIDI 序列器可以大大地降低作曲和配器成本。MID 格式的局限是 MID 文件重放的效果完全依赖于声卡的档次。

(6)WMA 格式。WMA(Windows Media Audio) 格式是来自于微软的音频格式。一般使用 Windows Media Audio 编码格式的文件以 WMA 作为扩展名，一些使用 Windows Media Audio 编码格式编码其所有内容的纯音频 ASF 文件也使用 WMA 作为扩展名。

WMA 格式音质要强于 MP3 格式，更远胜于 RA 格式，是以减少数据流量但保持音质的方法来达到比 MP3 压缩率更高的目的，WMA 的压缩率一般都可以达到 1:18 左右。另外，WMA 还支持流媒体技术，适合在网络上在线播放。WMA 也与 MP3 一样同为有专利版权的档案格式，支持的装置需要购买使用版权。

(7)Real Audio 格式。RealAudio(即时播音系统)是 Progressive Networks 公司开发的软体系统，是一种流式音频 Streaming Audio 文件格式。RealAudio 主要适用于在线音乐欣赏，主要有 RA、RM、RMX 格式。这些格式的优点是可以随网络带宽的不同而改变声音的质量，在保证大多数人都能听到流畅声音的前提下，令带宽较富裕的听众获得较好的音质。对于带宽不足或不稳定的用户在线听音乐，RealAudio 是不错的选择。

(8)VQF 格式。VQF 是雅马哈公司开发的一种格式，可以用雅马哈的播放器播放，雅马哈提供将 WAV 格式文件转换成 VQF 格式文件的软件。VQF 技术的核心是使用减少数据流量但保持音质的方法来达到更高的压缩比。

(9)OGG 格式。OGG 全称是 OGG Vobis,类似于 MP3 等音乐格式。OGG Vorbis 文件的扩展名是.OGG,它是完全免费、开放和没有专利限制的。OGG Vobis 有一个很出众的优点,就是支持多声道。

OGG 格式文件可以不断地进行大小和音质的改良,而不影响旧有的编码器或播放器。OGG 格式的缺点是播放兼容性差。绝大多数播放器,包括手机、Pad 等设备都支持 MP3 格式,而支持 OGG 格式的播放器很少。

(10)AAC 格式。AAC(Advanced Audio Coding)是杜比实验室开发的,最大能容纳 48 通道的音轨,采样率达 96 KHz。2000 年,MPEG－4 标准出台,AAC 整合了其特性,故又称 MPEG－4 AAC,即 m4a。

作为一种高压缩比的音频压缩算法,AAC 的通常压缩比为 18∶1,远远超过了 AC－3、MP3 等音频压缩算法。AAC 格式在 96Kbps 码率上的表现超过了 128Kbps 的 MP3 音频。AAC 具有多声道特性,它支持 1～48 个全音域音轨和 15 个低频音轨。

(11)AMR 格式。AMR(Adaptive Multi－Rate)是在移动通信系统中使用最广泛的语音标准。MMS 也采用这一格式作为声音标准。我们常用的暴风影音、迅雷看看等音、视频播放软件均可打开 AMR 文件。

AMR 的优点是自适应多速率编码,主要用于移动设备的音频,压缩比较大。

2. 无损压缩格式

(1)APE 格式。APE 由软件 Monkey's audio 压制得到,开发者为 Matthew T. Ashland,源代码开放,因其界面上有只"猴子"标志而出名。APE 多用于网络音频文件传输,因为被压缩后的 APE 文件容量要比 WAV 源文件小很多,可以节约传输所用的时间。

(2)TAK 格式。TAK(Tom's Audio Kompressor)的压缩率和解压缩速度类似于 FLAC 格式,用此格式的编码器压缩的音频是 VBR,即可变比特率。

TAK 格式的优势是有快速的编码速度、更好的压缩等级、优秀的容错性和更快速的定位能力。劣势是不开放源码、没有硬件播放器支持、支持的软件不多;官方目前只支持 Windows 平台,在 MacOSX 和 Linux 平台上实现解码稍有不便。

(3)FLAC 格式。FLAC 与 MP3 相仿,都是音频压缩编码,但 FLAC 是无损压缩,将 FLAC 文件还原为 WAV 文件后,与压缩前的 WAV 文件内容相同。在国内市场上,FLAC 已经是和 APE 齐名的两大最常用无损音频格式之一。

FLAC 文件的体积约等于 CD 格式文件的一半,并且可以自由地互相转换,而在播放当中,FLAC 文件的每个数据帧都包含了解码所需的全部信息,中间的错误不会影响其他帧的正常播放,这保证了他的实用有效和最小的网络时间延迟。

(4)TTA 格式。TTA(True Audio)是一种免费又简单的实时无损音频编解码器。它是一种基于自适应预测过滤的无损音频压缩,与其他主要的格式相比,有相同或更好的压缩效果。此外,它还具有占用系统资源少和支持不同平台等特点。

5.2　数字音频处理

1. Adobe Audition 简介

Adobe Audition 是一款音频软件，其主要功能包括录音、混音、声音编辑、效果处理、降噪、音频压缩与刻录 CD 等，还可以与其他音频软件或视频软件协同工作，成为工作流程中的重要组成部分。Adobe Audition 是一个完整的、应用于运行 Windows 系统的 PC 机上的多音轨唱片工作室。Adobe Audition 具有高级混音、编辑、控制和特效处理能力，是一款专业级的音频工具，允许用户编辑个性化的音频文件、创建循环，引进了 45 个以上的 DSP 特效以及 128 个音轨。Adobe Audition 拥有集成的多音轨和编辑视图、实时特效、环绕支持、分析工具、恢复特性和视频支持等功能，为音乐、视频、音频和声音设计专业人员提供全面集成的音频编辑和混音解决方案。

Adobe Audition 提供了直观的、客户化的界面，允许用户删减和调整窗口的大小，创建一个高效率的音频工作范围。一个窗口管理器能够利用跳跃跟踪打开的文件、特效，批处理工具可以高效率地处理诸如对多个文件的所有声音进行匹配、把它们转化为标准文件格式之类的日常工作。

Adobe Audition 为视频项目提供了高品质的音频，允许用户对能够观看影片重放的 AVI 声音音轨进行编辑、混合和增加特效，广泛支持工业标准音频文件格式，包括 WAV、AIFF、MP3、MP3PRO 和 WMA，还能够利用多达 32 位的位深度处理文件，取样速度超过 192 kHz，从而能够以最高品质的声音输出磁带、CD、DVD 或 DVD 音频。网络上许多网友播客作品都是用 Audition 软件制作的。Adobe Audition 音频编辑和 Adobe Premiere 视频编辑软件能够很好地互补。

Adobe Audition 的应用范围：

广播电视：数字音频技术的参与大大提高了广播电视内容的音质和画质。

数字电影：数字电影中的音响也使用了特殊的环绕声编码技术，从而达到真实的震撼效果。

多媒体行业：一些多媒体演示文档、Flash 动画以及 PDF 文档中都包含了数字音频。

流媒体：用于在网络上以流式传输方式进行播放的视频或音频文件，其音频内容基本上都是使用数字音频软件制作生成的。

AuditionCC2020 软件的硬件要求：

- 具有 64 位支持的多核处理器。
- Microsoft® Windows 10(64 位)版本 1803 或更高版本。
- 4 GB RAM。
- 4 GB 可用硬盘空间用于安装，安装过程中需要额外可用空间。
- 安装需要 DVD 光驱。
- 1920×1080 或更大的显示屏。
- 兼容 ASIO 协议、WASAPI 或 Microsoft WDM/MME 的声卡。
- 使用 QuickTime 功能需要安装 QuickTime V7.7.9。

- 建议使用监听级扬声器或耳机。
- 麦克风。

图 5-1　Audition13.0 界面

本教材 Audition13.0 使用的是汉化版，各种汉化版本菜单翻译可能略有不同。

2. Audition 界面及参数设置

(1)工作区。进入 Audition 界面我们可以选择不同的工作区，以便适用不同人的编辑需求。单击菜单栏“窗口”→“工作区”(图 5-2)选择不同的工作区。

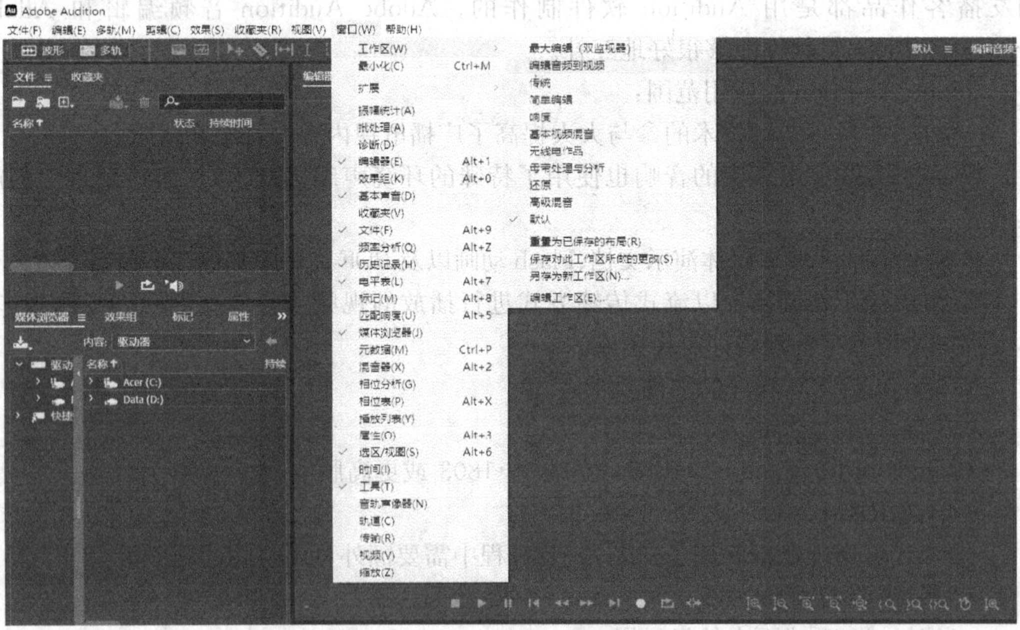

图 5-2　工作区界面

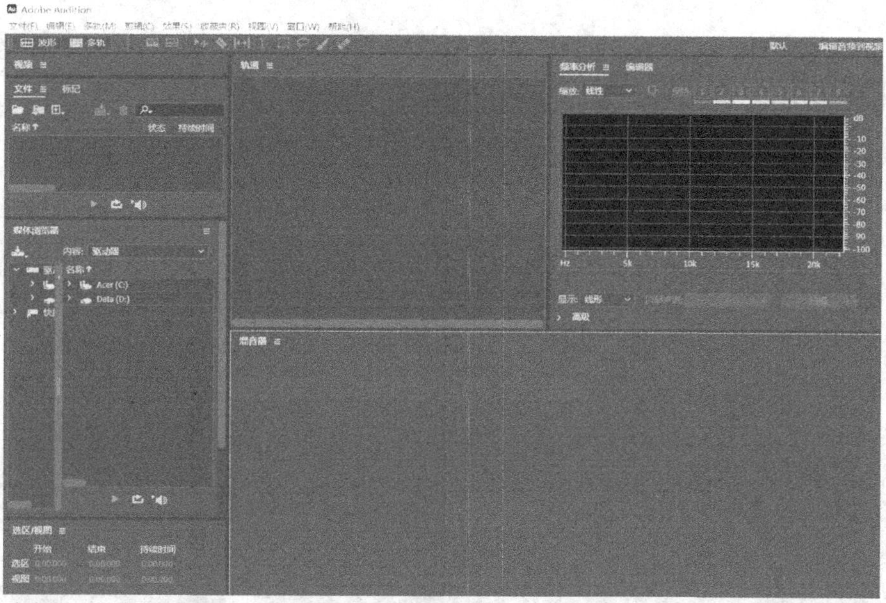

图 5-3　高级混音工作区

(2)参数设置。在进行 Audition 编辑前,需要对 Audition 的参数进行设置。以下各图为各“选项卡”的常用配置,当你熟悉了 Audition 的各项操作后,可以根据需要自行调整参数设置。单击菜单栏“编辑”→“首选项”→“常规”。

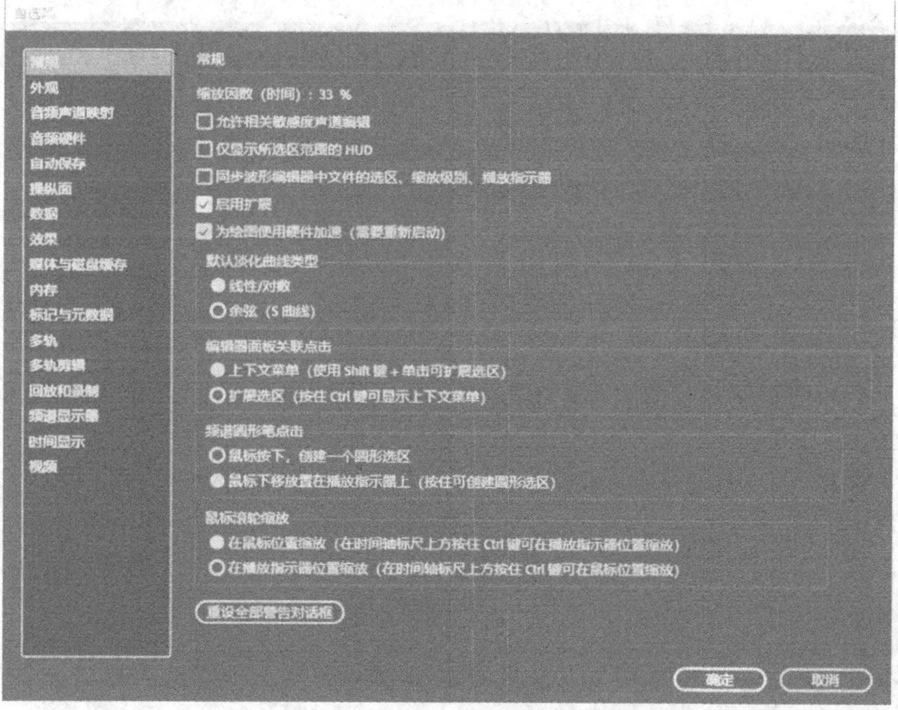

图 5-4　常规选项卡

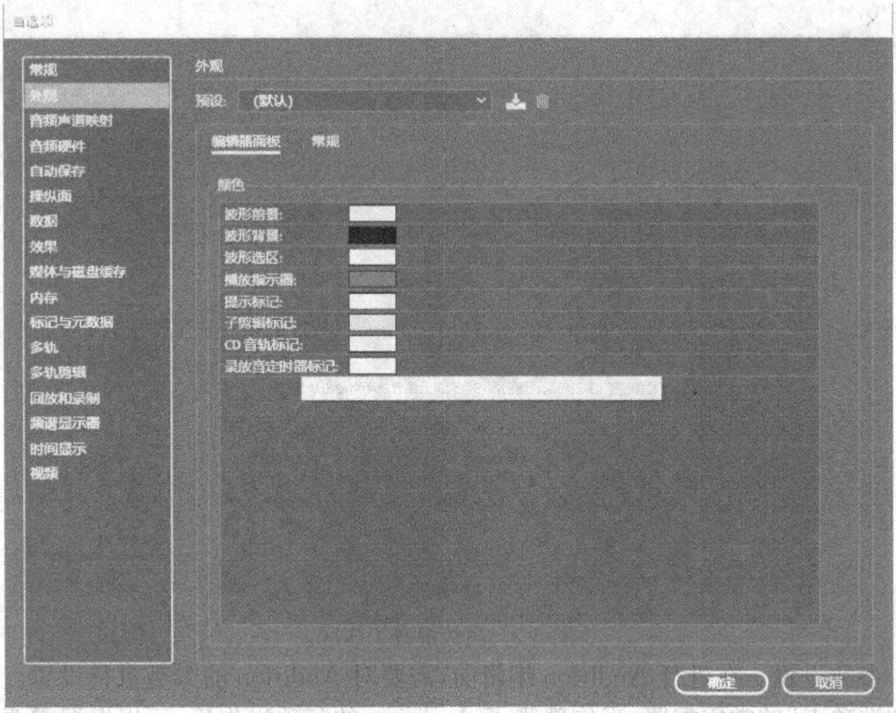

图 5-5　外观选项卡

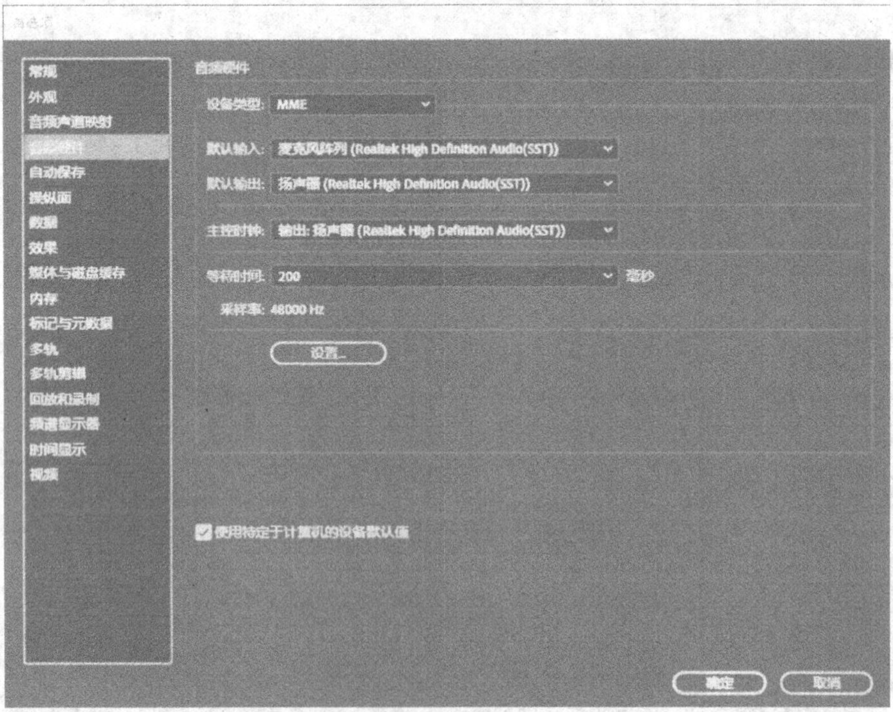

图 5-6　音频硬件选项卡

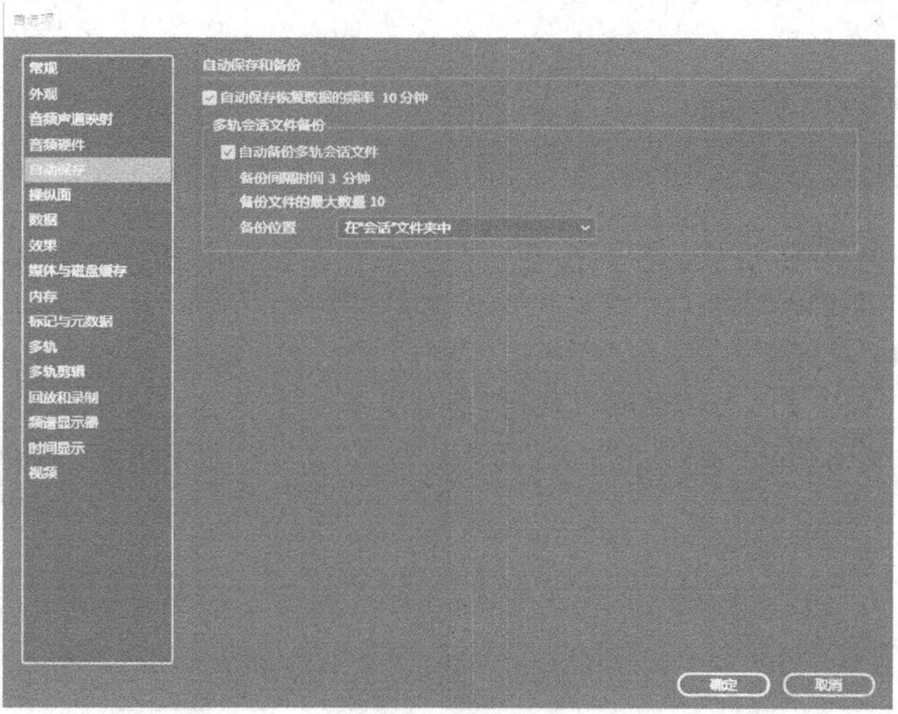

图 5-7　自动保存选项卡

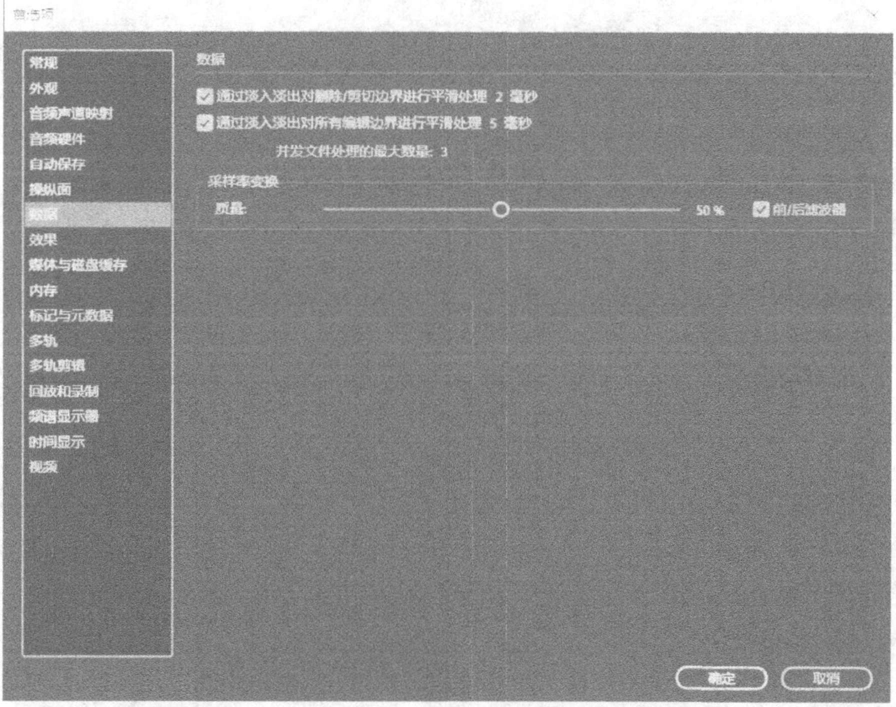

图 5-8　数据选项卡

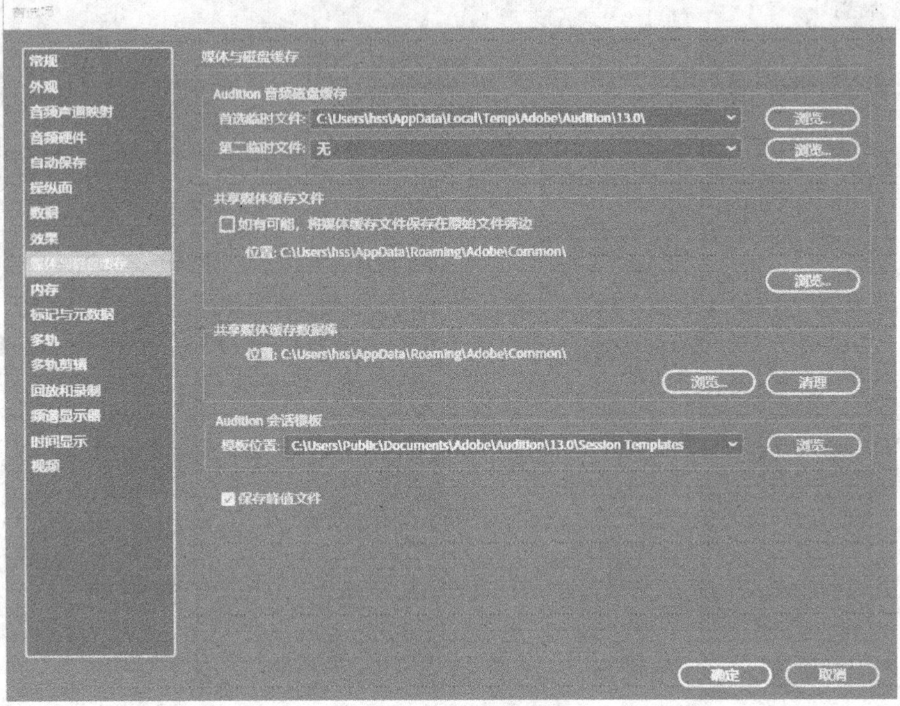

图 5-9　媒体与磁盘缓存选项卡

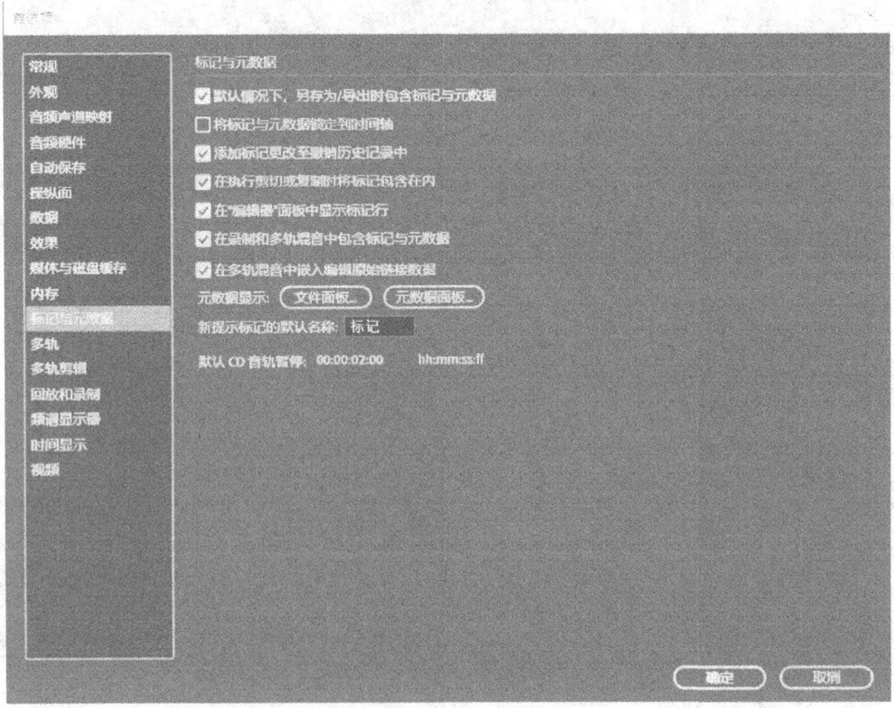

图 5-10　标记与元数据选项卡

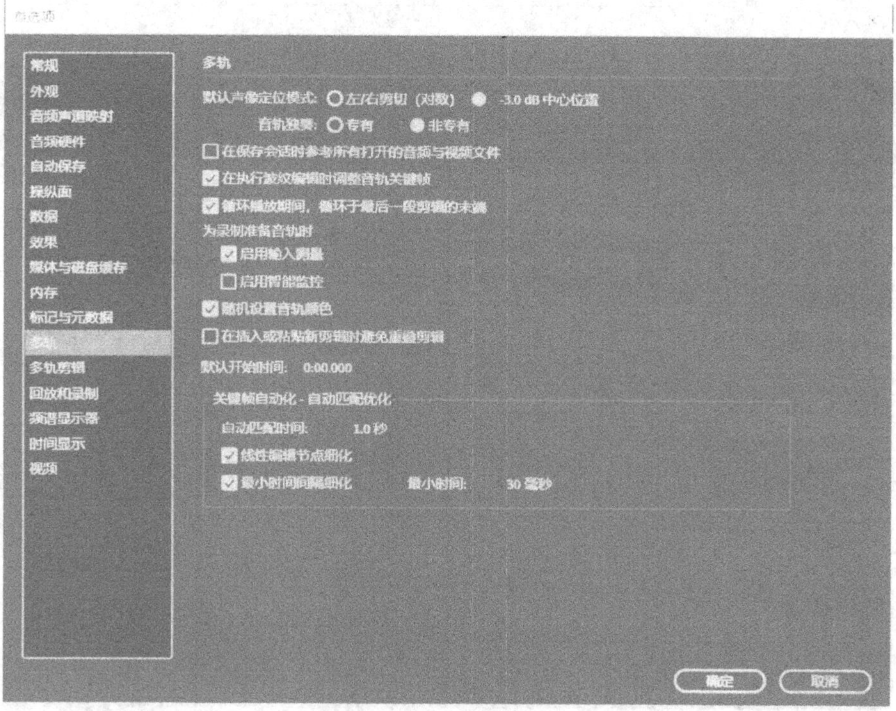

图 5-11　多轨选项卡

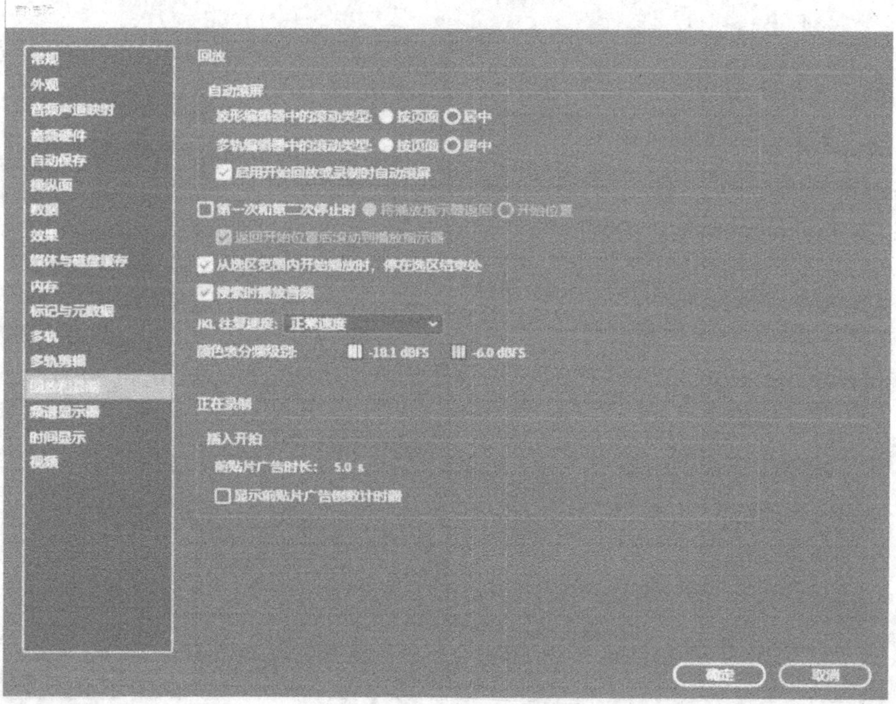

图 5-12　回放与录制选项卡

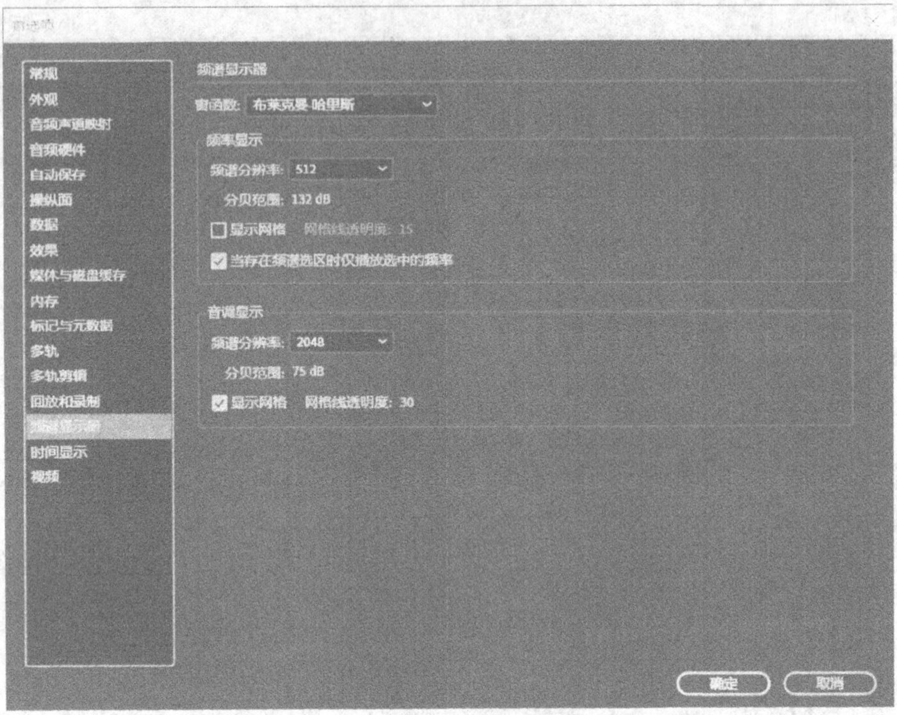

图 5-13 频谱显示器选项卡

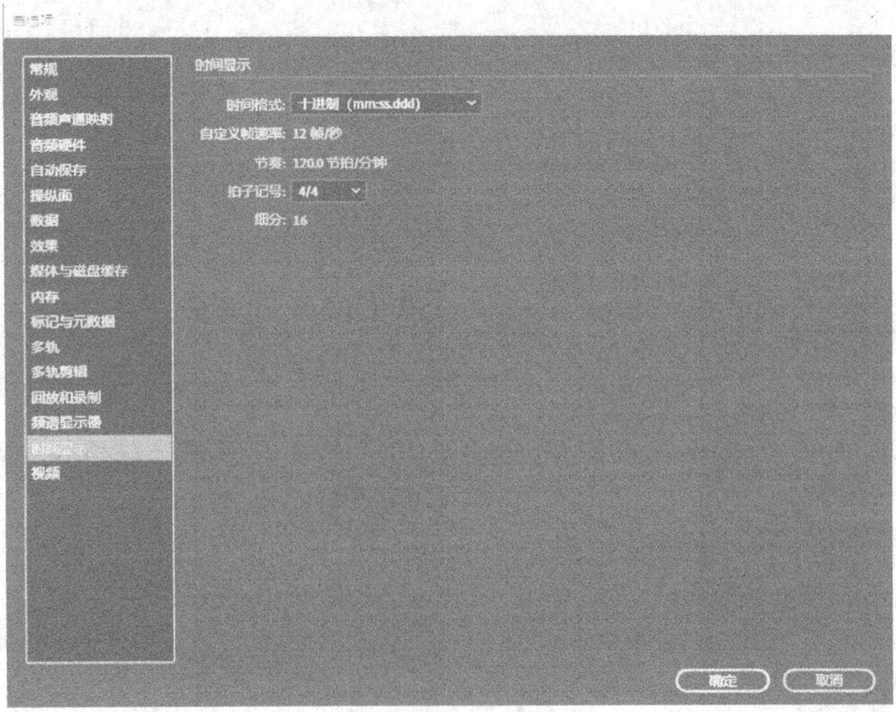

图 5-14 时间显示选项卡

SHUZI CHUANBO JISHU

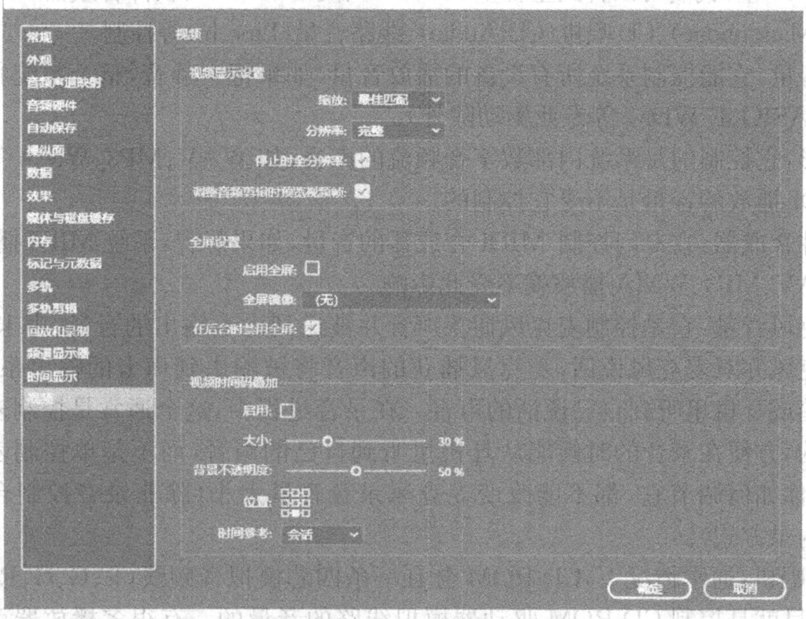

图 5-15　视频显示选项卡

3. Audition 录音

处理音频，要会使用 Audition 录音，通过设置我们可以获取不同频率的声音。在录音之前先要设置好计算机的录音设备。

要了解“音量控制(Volume Control)”与“录音控制台(Recording Control)”这两个概念，只有弄清楚它们的区别，才能正确地录音。

(1)音量控制。使用“音量控制”可以调节计算机或其他多媒体应用程序(如 CD 唱机、DVD 播放器和录音机)所播放声音的音量、平衡、低音、高音设置(高音与低音控制，通常是高级声卡才有此控制)。也可以使用“音量控制”调节系统声音、麦克风、CD 音频、线路输入、合成器和波形输出的级别及是否静音。

打开音量控制的方法:依次点击“开始”→“程序”(WinXP 为“所有程序”)→“附件”→“娱乐”，然后单击相应的图标，就可以打开“音量控制”了，如下图所示。

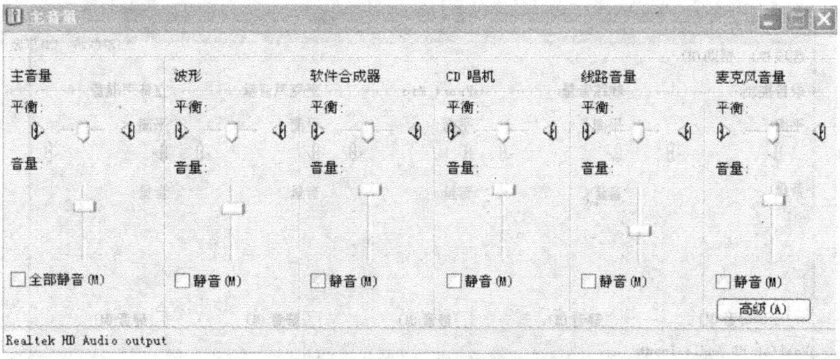

图 5-16　主音量界面

在图5-16里，我们可以看到主音量(Volume)、波形(Wave)、软件合成器(SWSynth)、麦克风音量(Microphone)、CD唱机(CD Audio)、线路音量(Line In)等控制。

①主音量：它能控制系统所有设备的播放音量，如果把它静音，整个系统将没有声音被放出来(ASIO、E-WDM等专业驱动除外)。

②波形：它控制的是系统内部数字音频流的声音，如WAV、MP3、WMA等格式的音量，而MIDI播放的音量是不受它控制的。

③软件合成器：它专门控制MIDI合成器的音量，如果静音，系统MIDI播放就无声，而其他WAV、MP3、WMA播放就不受此影响。

④麦克风音量：它是控制麦克风捕获声音并被送到声卡输出的音量，声卡MIC孔一旦插上麦克风并对麦克风说话，麦克风捕获的声音将被输出到声卡的输出系统，就可以直接在音箱或耳机里听到自己说话的声音。在录音过程中，这个通常是控制麦克风实时监听音量的，方便在录音的时候能从耳机里听到自己的声音，而不是单控制麦克风录音音量，无论你如何调节它，都不能改变麦克风录音音量大小(除非录音控制台里选择了“混音器”内录方式)。

⑤CD唱机：通常情况下，CD-ROM会有一条四芯模拟音频线(L、G、G、R)连接到声卡，这个项目就是控制CD-ROM驱动器模拟线路的音量的。有很多播放器可以通过操作系统内部的DirectX通道来播放CD音频，CD音频数据通道来自CD-ROM的IDE线路，从而实现“软数字播放”，如果是这样，CD Audio模拟音量将不控制CD播放音量。有些中高档声卡，还有一个专门的SPDIF CD同轴接口，它是连接CD-ROM的两芯数字接口的，从而实现“硬数字播放”。硬数字播放的音质，和声卡的DAC(数模转换器)的品质有关。

⑥线路音量：所有声卡都有线路音量接口，可以通过一根立体声音频线来把外部模拟设备(如收音机、录音机、CD随身听、调音台等)连接到声卡。这样，我们就可以通过电脑来听这些设备播放的声音了。同麦克风音量控制一样，它仅仅是控制外部线路设备的播放音量，而不是控制录音音量，当然也可以通过线路音量接口把收音机、录音机、CD随身听等的声音录入计算机。

(2) 录音控制台。使用“录音控制”可以调节系统声音、麦克风、CD音频、线路输入、合成器和波形输出的录音级别。我们通常使用它来控制这些设备的录音音量。

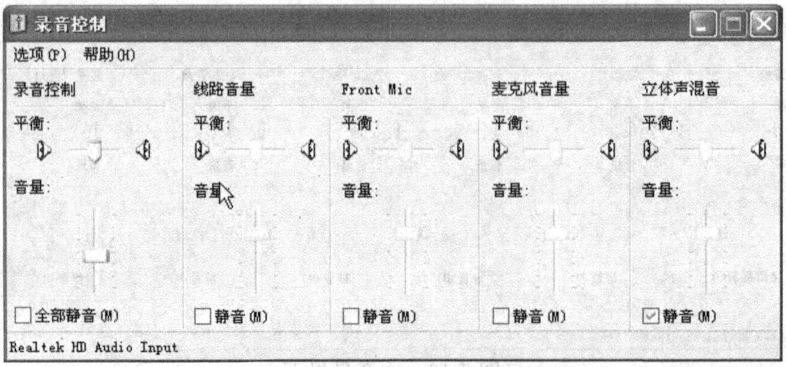

图5-17 录音控制台

打开“录音控制台”的方法：先根据上面的方法打开“播放控制台”，在“播放控制台”控制条里的“选项(P)”菜单上，单击“属性”，然后单击“录音”，在设备框里选择要调节其输入音量的设备(见图 5-18)，然后单击“确定”。或者在 Adobe Audition 录音软件里，点击“选项”菜单下的“Windows 录制控制台”，同样可以打开它。

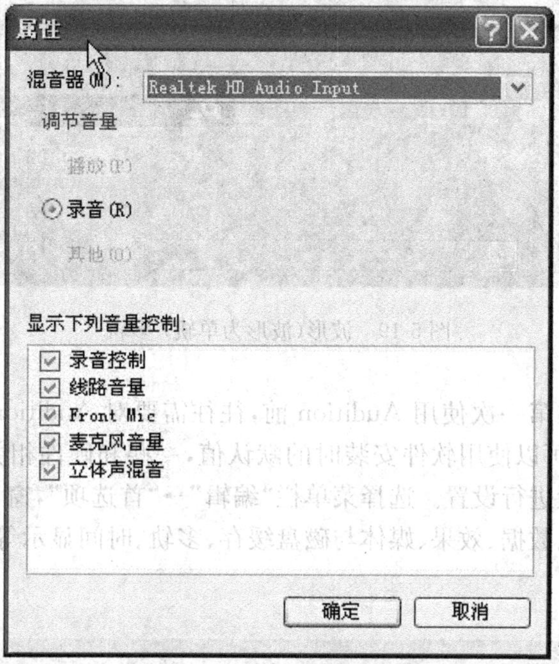

图 5-18　录音控制台属性

我们来了解下“录音控制台”里面的各种设备。

①Stereo Mix：“立体声混音器录音音量控制”，一旦选择它，录音软件将录制系统发出的所有声音，即播放控制台里所有没有被静音的设备，我们通常叫系统内录。比如你使用播放器听音乐，选择录音控制台里的 Stereo Mix，然后打开录音软件来录音，你会发现录音软件会录下播放器所播放的音乐，这个过程是内录的。

需要注意的是，音量控制里的麦克风如果没有静音，而录音控制台又刚好选择了 Stereo Mix，这样录音软件同样会录下麦克风的声音(如果你在多轨下录音还会录下其他轨道播放的声音)。对于多轨录音而言，这样做是不可取的，因为在后期处理前，你已经通过立体声混音器混合了人声与伴奏，就不能单独对人声或伴奏进行后期处理了。多轨录音是通过后期的混缩功能，来混合人声与伴奏的。

②Microphone：“麦克风录音音量控制”，对于一般的声优录音，这个才是真正的麦克风录音音量控制，我们只有选择它，录音软件才会单独记录麦克风的声音，而不会记录其他声音。

设置好后，就可以录音了。在 Audition 中的录音和操作我们需要经常在“单轨(编辑)”“多轨”视图间切换，这也是后面需要经常进行的操作，往往在多轨视图下需要对某个轨道进行编辑(复制、删除、加效果等)就需要切换到单轨视图。

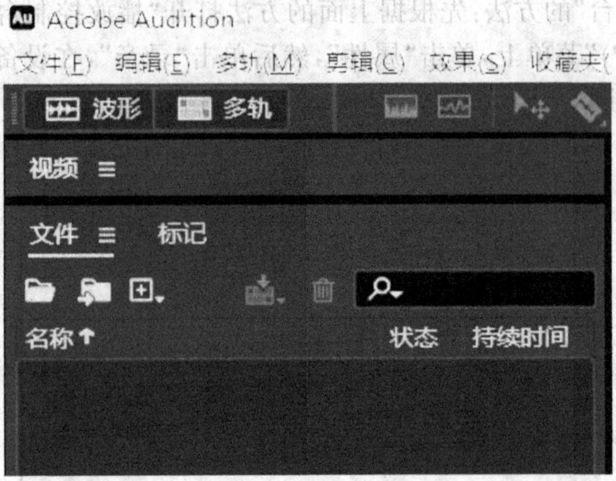

图 5-19　波形(波形为单轨) 多轨

(3)录音。

①单轨录音。在第一次使用 Audition 前,往往需要对 Audition 的参数(见图 5-20)进行设置,当然你也可以使用软件安装时的默认值,一些和硬件相关的参数调整需要针对计算机的硬件配置进行设置。选择菜单栏“编辑”→“首选项”,窗口内含有常规、外观、音频硬件、自动保存、数据、效果、媒体与磁盘缓存、多轨、时间显示等选项卡,可以根据需要进行设置。

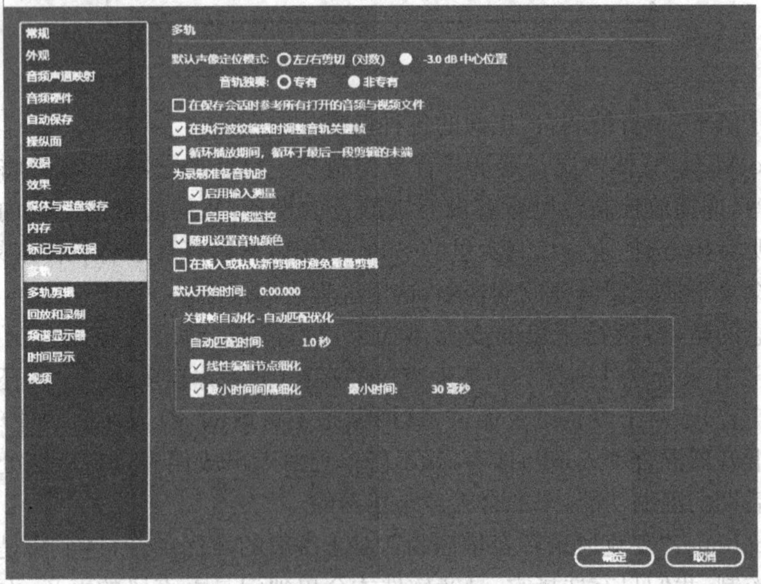

图 5-20　首选-多轨

首先,我们单独录制一段声音,也可以在多轨某一轨道录音,录音时单击“R”按钮,单击菜单栏上“新建”→“音频文件”,出现窗口“新建音频文件窗口”,选择需要的采样率、通道、分辨率。

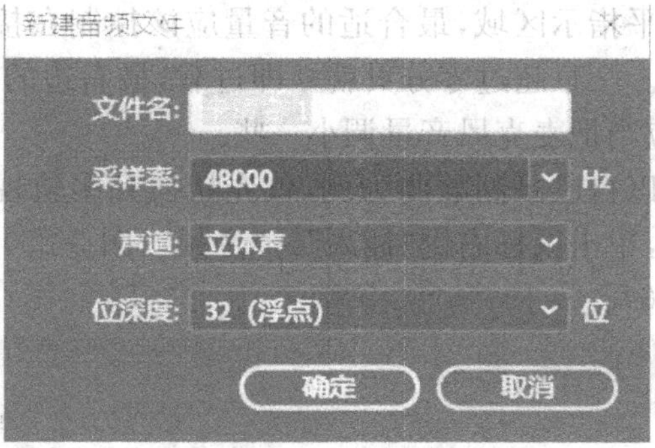

图 5-21　新建波形文件窗口

再在编辑器中点击红色“录音”按钮开始录音。

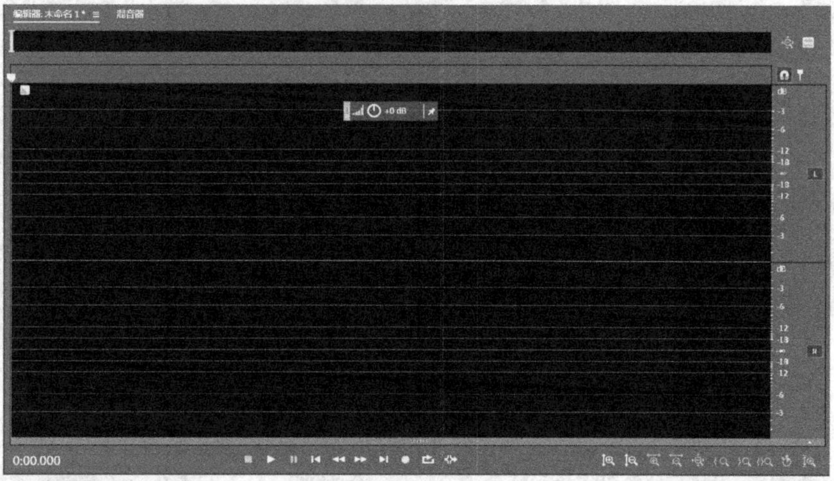

图 5-22　录音

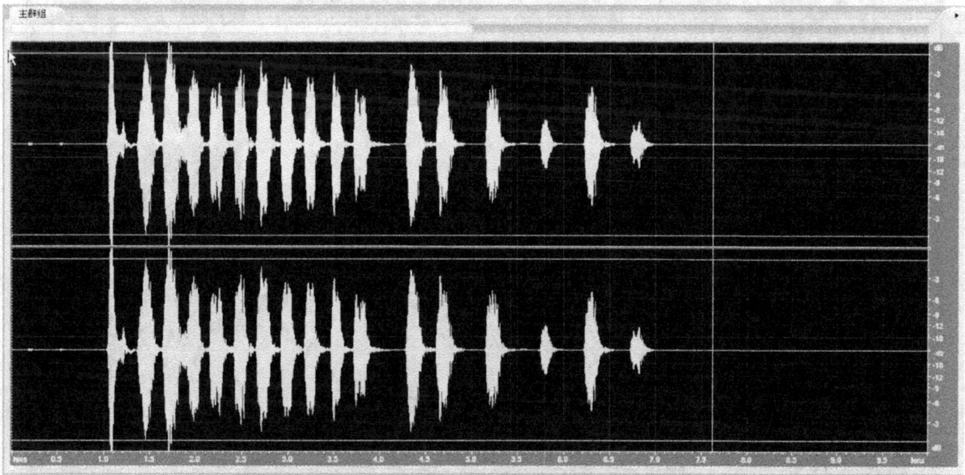

图 5-23　录音产生的波形文件图

录音时注意下面电平指示区域，最合适的音量应该控制在接近零分贝（指示柱刚刚变红），不能超过零分贝。一旦超过零分贝就立即过载，最右边的两个过载小格子会变成红色。若发现过载了，应当把麦克风音量调小一些。

②多轨录音。我们以自己录制歌曲为例，首先切换到多轨视图（图 5-24），选择一个音频轨道插入音频文件，单击鼠标右键“插入”→“音频”（图 5-25）。打开插入音频窗口选择音频文件导入（图 5-26）。

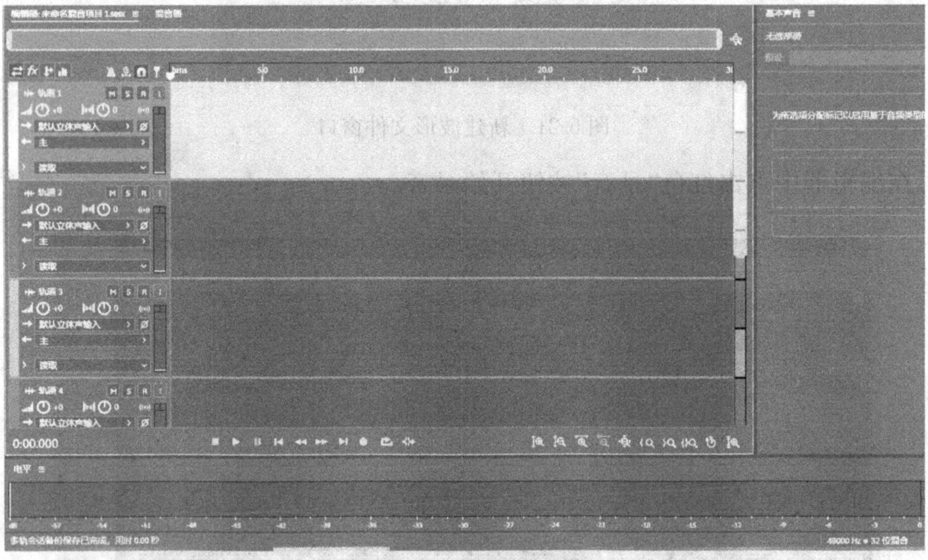

图 5-24　多轨视图

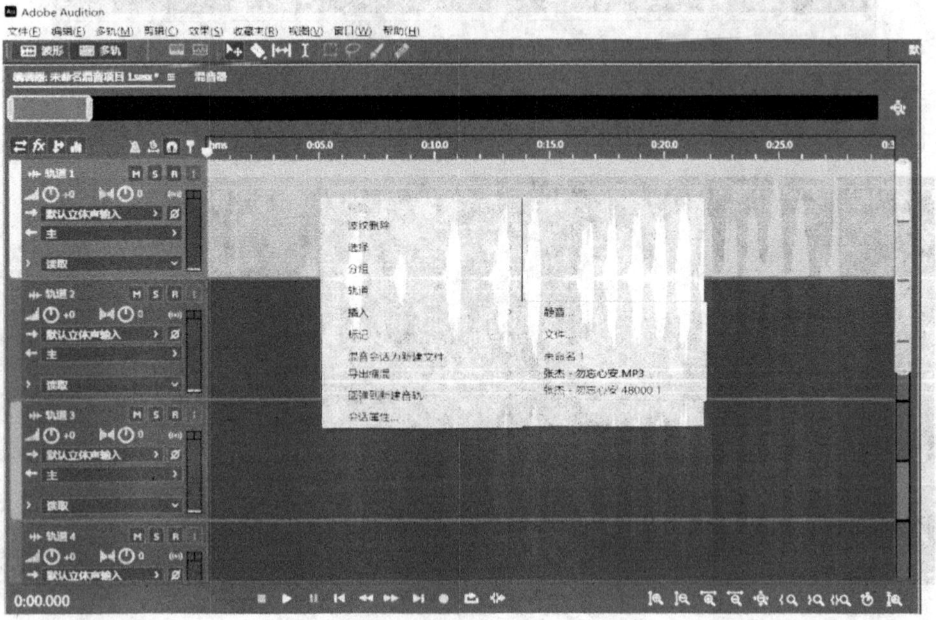

图 5-25　插入音频

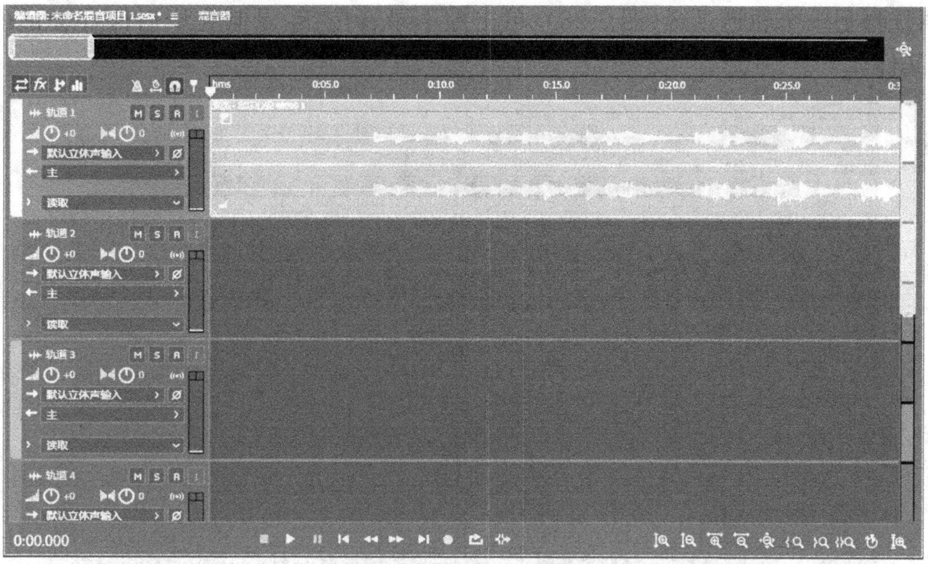

图 5-26　导入音频

在开始录制歌曲前，必须先保持文件(图 5-27)。这里需要注意的是，首先保存的是会话，可以理解为保存为项目，这个文件的扩展名是. ses。项目文件相对较小，是因为其中仅包含了源文件的路径和相关的混合参数，例如音量、声像和效果设置等。这种文件有一个好处是，当你想对已经合成的音频文件再次进行编辑时，可以调用. ses 文件编辑音频，此时调用出来的是含有多轨的音频文件，不是已经合成或混录的音频文件。

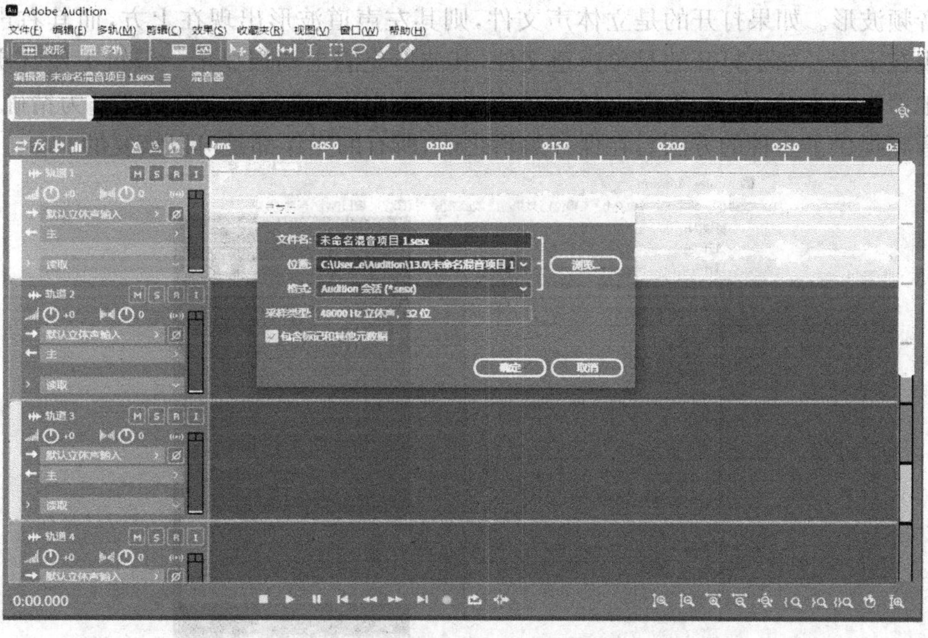

图 5-27　存储

再选择另一个轨道录音(图 5-28),单击左下录音按钮,录制完毕后保存会话(工程、项目)文件。

图 5-28 正在录音视图

4. 单轨音频文件的处理

(1)导入音频。进入单轨(编辑)视图,导入音频文件(图 5-29),也可以打开视频格式文件中的音频部分,其中包括 AVI、MPEG、MOV 或 WMV 等格式,导入后可以看见视觉化的音频波形。如果打开的是立体声文件,则其左声道波形出现在上方,而其右声道波形出现在下方。如果打开的是单声道文件,其波形充满主调板显示。编辑工作其实就是精确地剪辑与添加,在 Audition 中,通常是在编辑视图下进行的。Audition 为精确选择、编辑音频提供了多种的方法。在保存编辑之前,所有的操作都是可以恢复的。

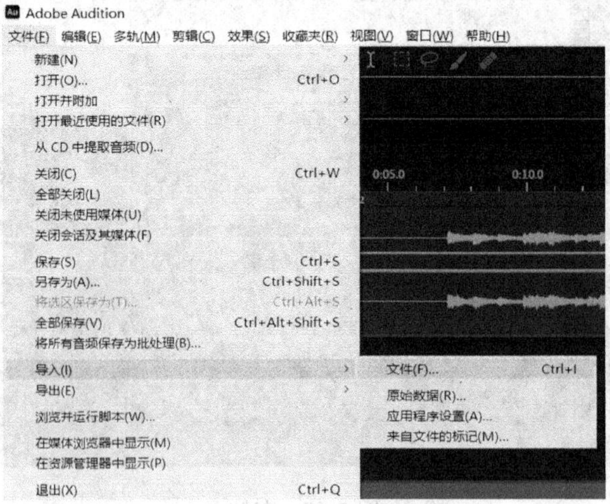

图 5-29 导入音频

在单轨视图下方有控制音量、播放，左方有文件选项卡各种文件显示选择按钮。也可以按空格键播放导入的音频，第一次按是播放，第二次按是停止，在 Audition 之后的操作中经常用到。

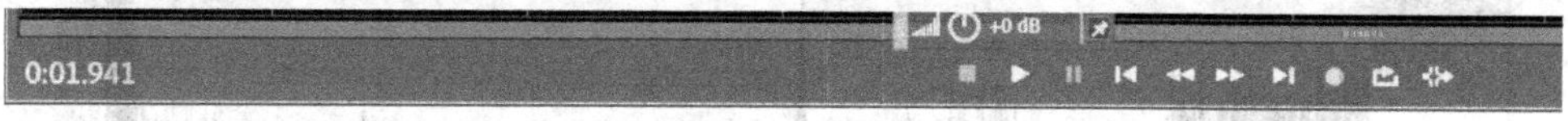

图 5-30　停止

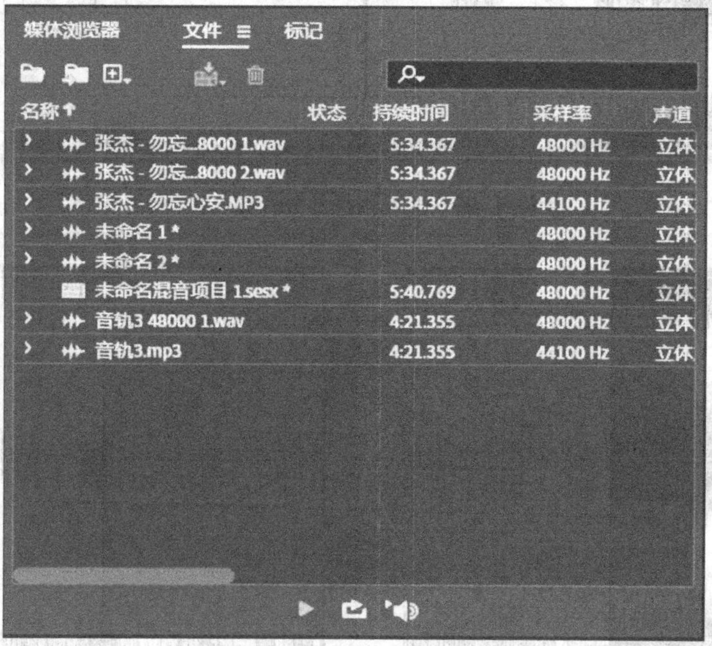

图 5-31　导入音乐

(2)音频文件的复制、粘贴、移动、删除。选择“时间选择面板”工具(图 5-32)，拖动选择你要的时间的波形文件(图 5-33)，复制(Ctrl+C)、剪切(Ctrl+V)，在现有文件或其他音频文件中选择插入点粘贴(图 5-34)。对选择了剪切的波形文件段可以选择具体的插入点将剪切的音频部分移动过来(5-35)，如果不要选择的部分音频直接按 Delete 键删除即可。

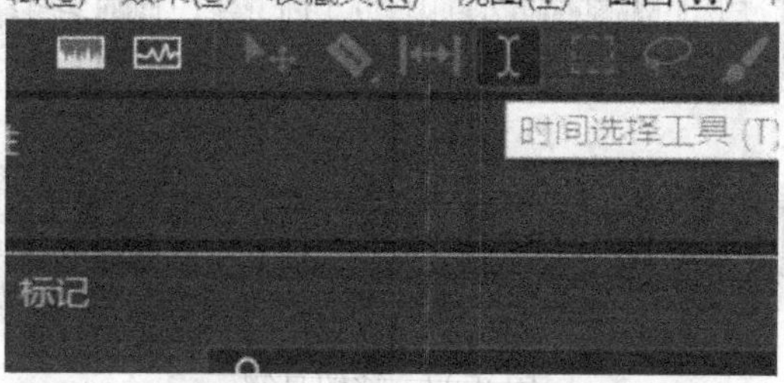

图 5-32　时间选择面板

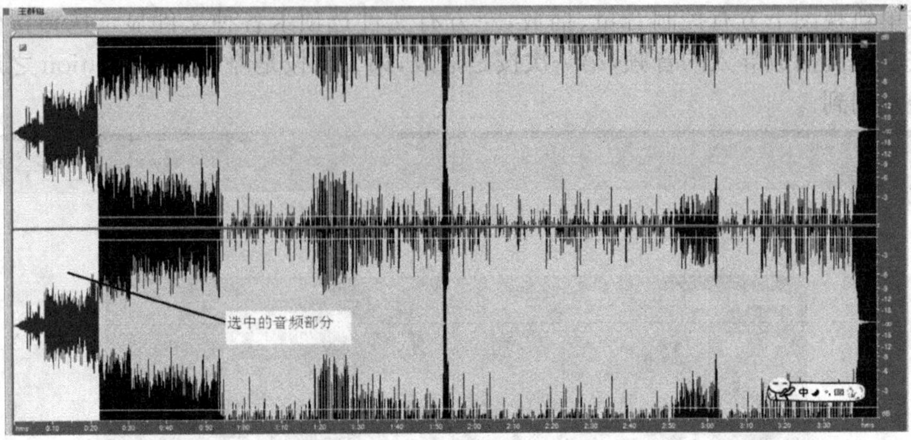

图 5-33 选择部分音频

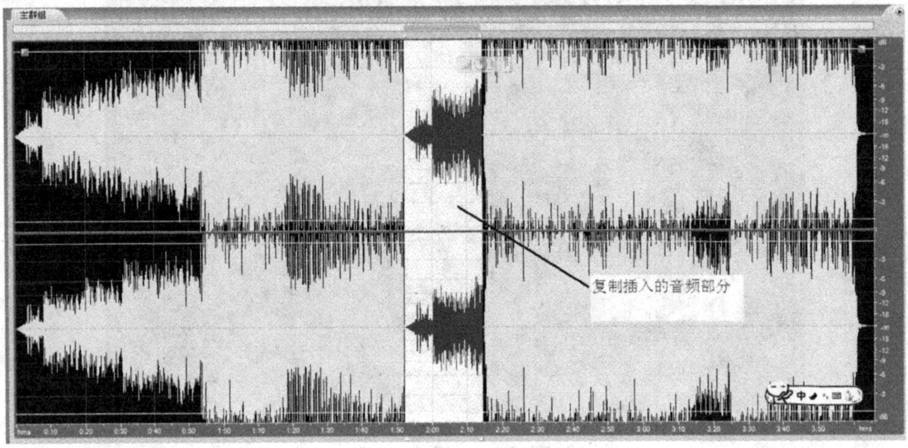

图 5-34 复制音频

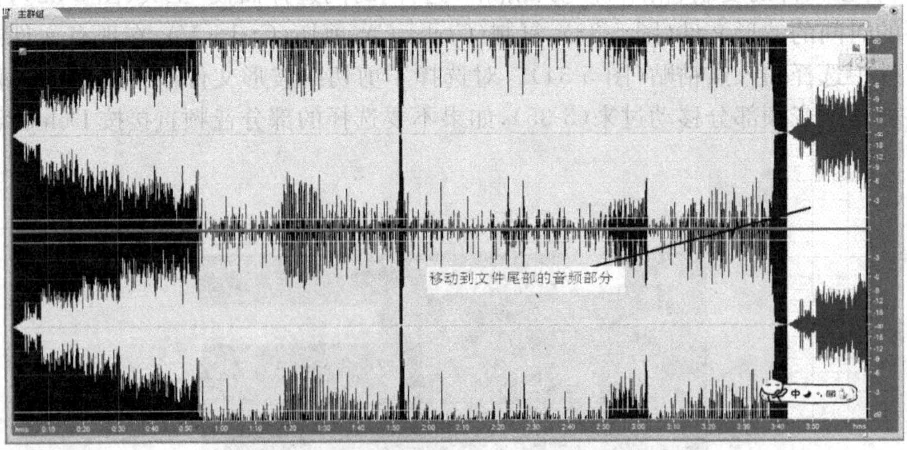

图 5-35 移动音频

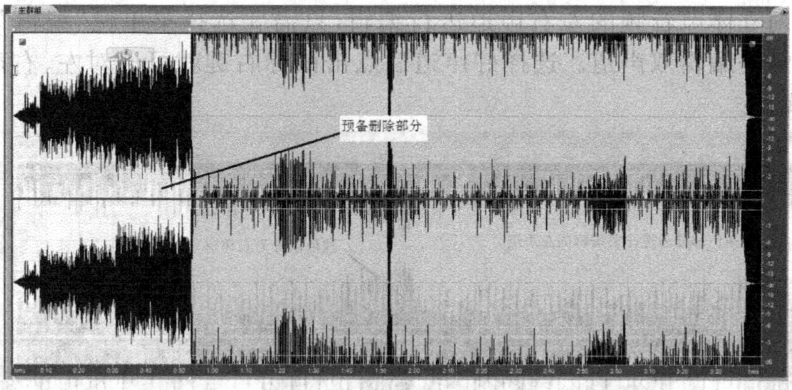

图 5-36　预备删除部分

在音频文件的粘贴中，混合粘贴是一种重要的编辑形式。混合粘贴命令可以将剪切板中的音频数据（已经选中的音频素材）与当前波形相对应的部分进行混合。如果剪切板中的音频数据与欲粘贴入音频的格式不相符，则在粘贴之前，自动对剪切板中的音频数据进行格式转换。

①首先，拷贝或剪切一段音频素材。

②在编辑视图中，将当前时间指针（图 5-37）位置设置到要进行混合粘贴的位置，或选择一段欲进行替换的音频部分。

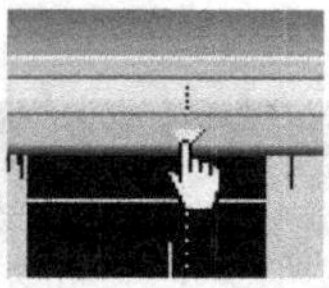

图 5-37　时间指针

使用菜单命令“编辑—混合粘贴”，调出混合粘贴对话框（图 5-38）。首先调节粘贴来的音频素材的左右声道的音量大小，如果是粘贴单个声道，则将相反的声道音量级别调整到零。粘贴的音频素材还可以选择以“插入”“重叠”“覆盖”或“调制”来加入音频素材。混合粘贴还提供了对粘贴进来的音频素材的始末位置添加淡入淡出的效果。混合粘贴命令实际上是一种多轨混合的快捷方式。

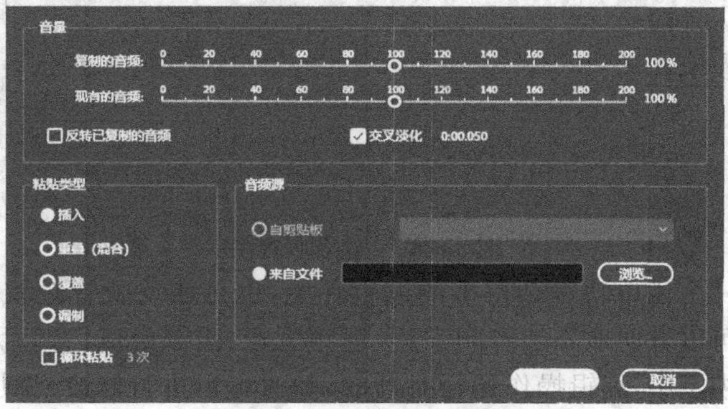

图 5-38　混合粘贴对话窗口

如果想对立体声音频的左右声道进行编辑，只需要选择菜单栏“编辑”→“编辑声道”，系统默认是编辑双声道。选择好声道后点击鼠标右键就可以对左、右声道进行复制、粘贴等操作。

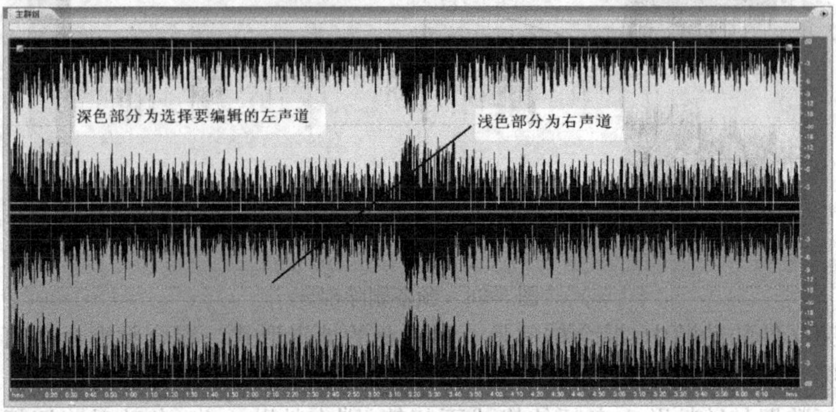

图 5-39　选择编辑左声道

4. 多轨视图音频处理

(1)多轨视图简介。在多轨视图下(图 5-40)，可以将多个多种格式的音频素材和MIDI素材片段进行混合，形成多层音轨，以创建音频作品。在 Audition 中可以录制并混合无限多的音轨，并且每个音轨中包含所需的音频片段。处理好的音频素材可以输出为各种 Audition 支持的音频格式。

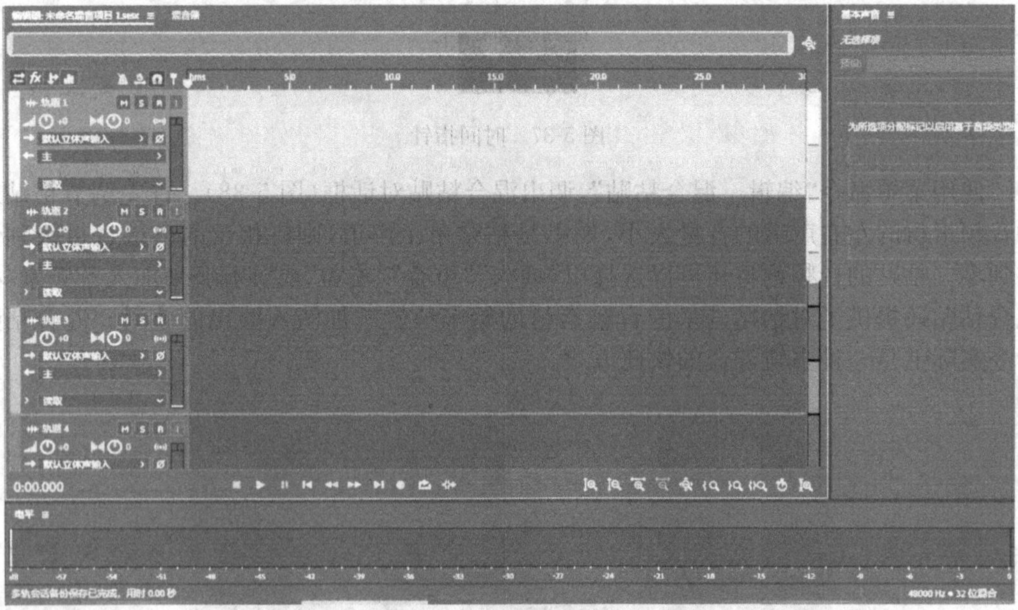

图 5-40　多轨音频视图

多轨视图是一个比单轨复杂得多的编辑环境，也是能反映音频软件功能强弱的地方。在多轨下它可以方便地添加音频素材、视频配音、录制合成、音频编辑，随时可以听到结果。在多轨视图中，编辑操作是暂时性的，随时可以进行修改、添加、复制、粘贴、删除、移动。当编辑完成时可以先保存为项目文件，再混合成音频格式文件。如果你对混合生成的音频文件不满意，还可以调用项目文件再次进行编辑。

我们来看一下多轨视图和单轨视图的主要界面区别，一个是每个轨道有轨道控制（图 5-41）模块，另一个是调用混音器（图 5-42）模块（平时可以调用，也可以不调用，混音器不是默认调用模块）。混音器的优点：一是可以同时浏览控制项目中的所有轨道。二是可以外接调音台来操控混音器的各项操作。混音器调板和外置调音台的功能是一一对应的，一般情况是如果有外置调音台就使用混音器，如果没有，大多数还是使用轨道控制。

图 5-41　轨道控制

图 5-42　混音器

在多音轨视图中有四个工具（图 5-43）十分重要，分别是移动工具、切断所选剪辑工具、滑动工具和时间选择工具。移动工具可以移动音频素材。轨道上的三个按钮是我们在编辑音频中经常使用的，分别是静音、独奏、录音按钮（图 5-44）。当你需要听其中一个轨道编辑的音频素材时，只需将其他的轨道调至静音即可，也可以选择独奏听取当前轨道音频。

图 5-43　多轨移动工具

图 5-44　轨道按钮

在音频素材的选择上，可以用“移动/拷贝”工具选择音频轨道或音频片段，当需要选择多个不同轨道的素材组（如将分布在不同轨道的同一种乐器的音频进行组合，以便对音频素材进行统一移动，统一进行剪辑和淡入淡出操作，像使用单个音频素材一样）时可以使用按 Ctrl 键配合“移动/拷贝”工具。

（2）多轨视图素材导入。在多轨视图下，选择一个轨道单击鼠标右键可以导入音频或视频中的音频，选择另一个轨道可以录音，也可以在其他轨道对音频素材片段进行导入、插入、粘贴、删除等操作。

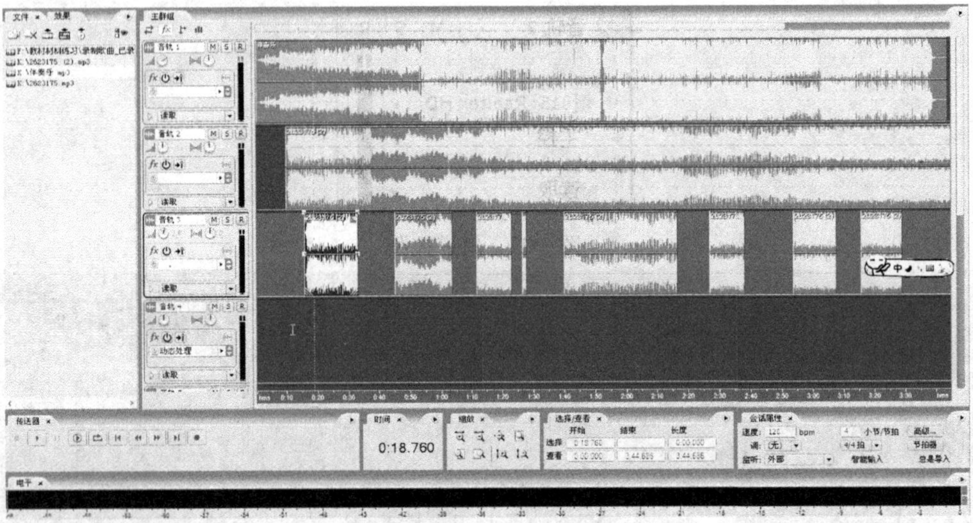

图 5-45　多轨视图素材导入

（3）轨道控制。如果你的轨道不够用，可以添加轨道。在多轨菜单选项中点击“轨道”→“添加音轨”，可以添加音频、MIDI、总线、视频轨道（图 5-46）。如果需要删除轨道，只需选择“编辑”→“删除所选音轨”。若想移动轨道，则选中轨道，当鼠标变为手型（图 5-47）时拖动轨道移动。如果要给轨道重命名，只需在音轨名处双击鼠标进行修改（图 5-48）。

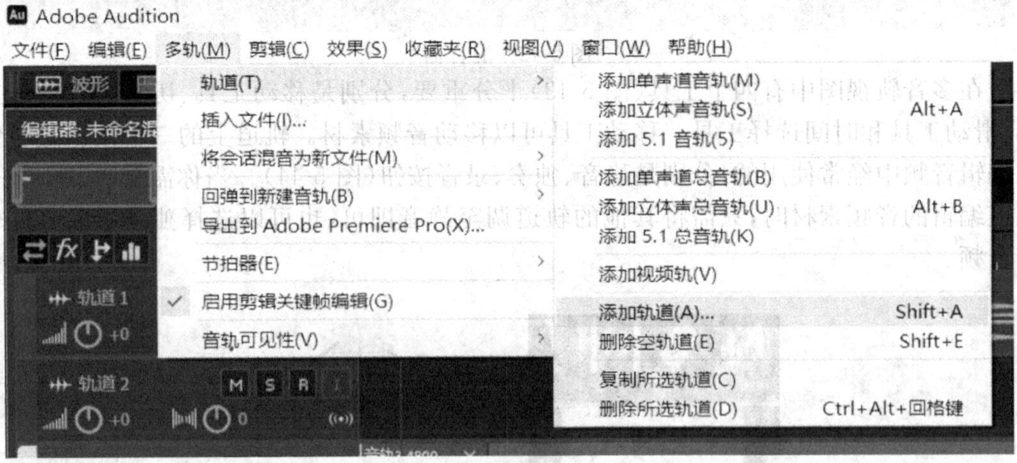

图 5-46　添加轨道

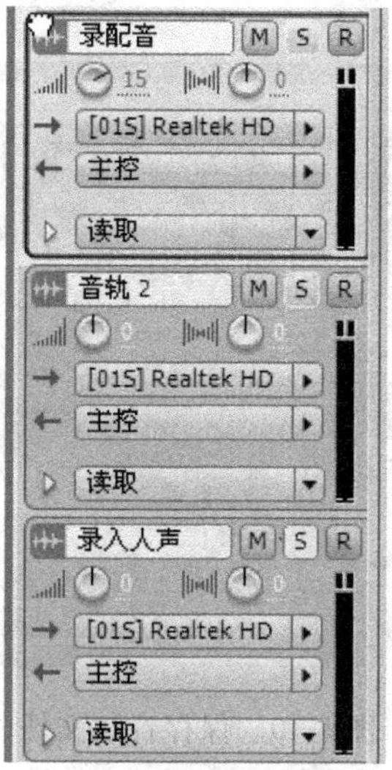

图 5-47　移动轨道

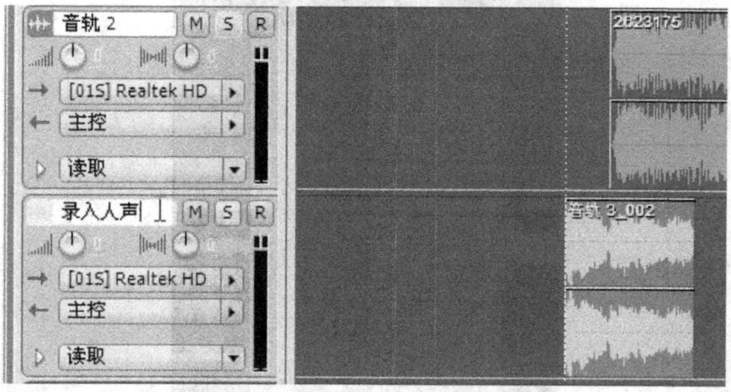

图 5-48　音轨重命名

(4)音频素材的分离。选择音频素材片段，单击“剪辑”→“拆分”。再用“移动工具”即可以将以“选择工具”末端为界分割的音频素材移动位置。如果需要保留选择的部分，可以用“剪辑”下的“修剪”功能。

(5)设置轨道输出音量。可以分别在主调板或混音器中设置调节轨道的输出音量。

在主调板中，拖曳音量标记，调节音量；按住 Shift 键，以 10 倍单位增量进行调节；按住 Ctrl 健，以 1/10 的单位增量进行微调节。

MIDI 轨道不支持微量调节。

在混音器中，拖曳轨道输出推钮，调节输出音量；单击推钮上下的位置，缓慢移动推钮；按住 Alt 键，直接将推钮移动到此位置。

5. 音频文件的保存

(1)单轨音频文件保存。对于编辑好的音频文件，首先保存项目文件(. ses)，再保存音频格式文件，Audition 的文件保存同时还有音频格式转换的功能。在单轨编辑视图下，单击“文件”→“另存为”(图 5-49)，选择需要的格式进行保存。保存时选择格式设置右侧的“更改”(图 5-50)还能选择不同编码格式。

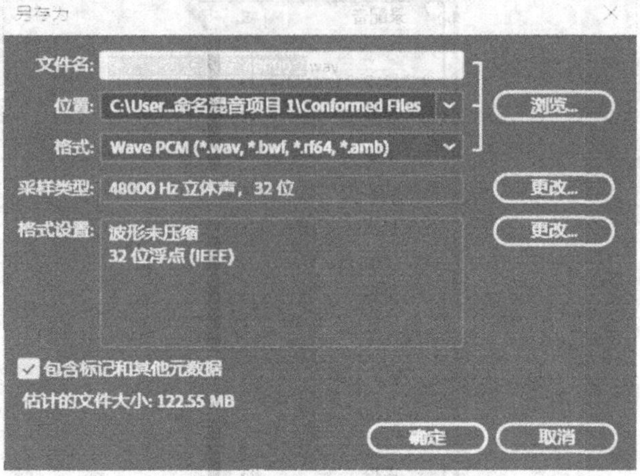

图 5-49　保存音频文件

图 5-50　编码选择

(2)多轨音频文件保存。保存多轨音频文件相对复杂，它牵涉到某一轨道音频的保存，几个轨道的音频混音，所有轨道音频混缩及混缩的文件形成新文件或形成新轨道。

下面举例说明多轨音频文件的保存。

①选择一个音频(立体声)轨道将其保存到新音轨且保存为单声道，单击鼠标右键选择“合并到新音轨”(图 5-51)。

②选择一个音频(立体声)轨道将其保存为新文件立体声音频，单击鼠标右键选择“混缩到新文件”(图 5-52)。

③按 Ctrl 键选择多个音轨保存文件，保存方法同①、②。

④保存所有文件。是将所有导入多轨音频视图下的文件(可能来自不同盘符、目录)保存到统一的目录下。选择“文件”→“所有文件另存为”(图 5-53)。

⑤文件的导出。选择菜单栏“文件”→“导出”(图 5-54)→“混缩音频”(图 5-55)，保存所有轨道音频文件为一个混缩音频文件。保存时可以对“混缩选项”进行选择，保存符合

你要求的音频文件。

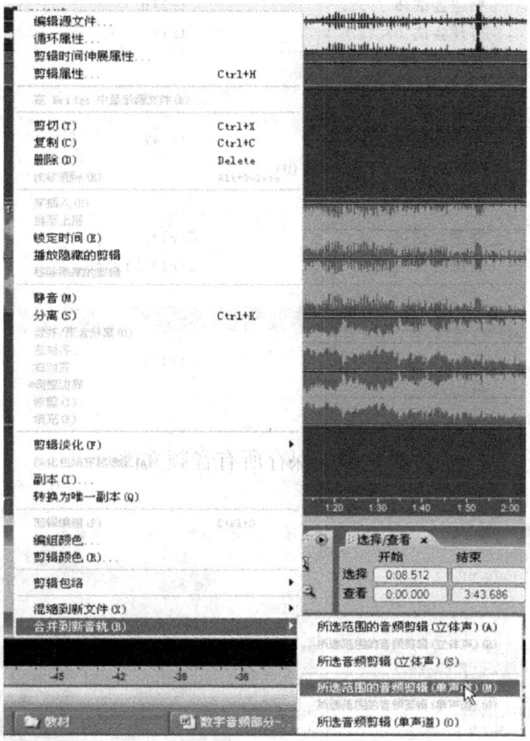

图 5-51　保存为新轨道单声道音频

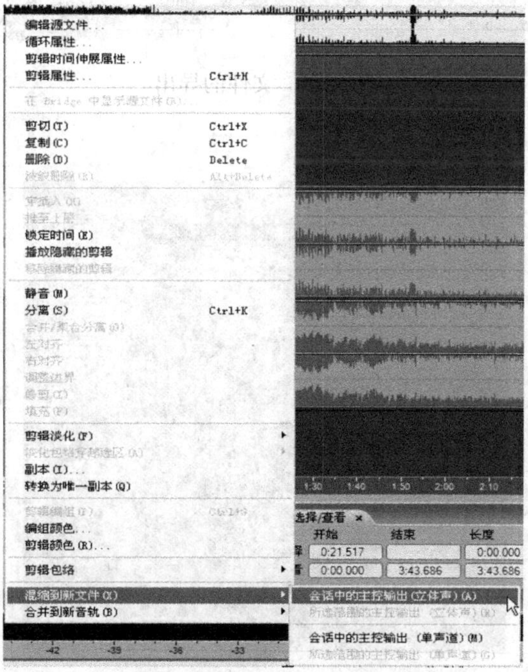

图 5-52　保存为新文件立体声

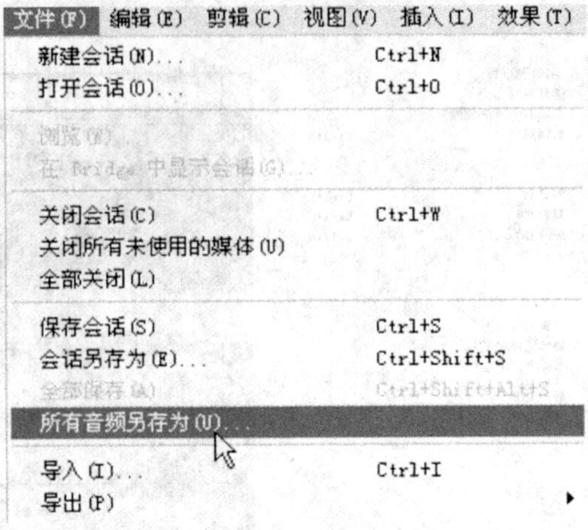

图 5-53　保存所有音频文件

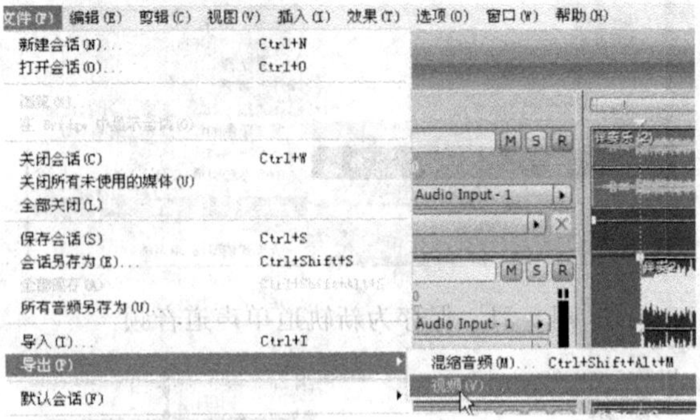

图 5-54　文件的导出

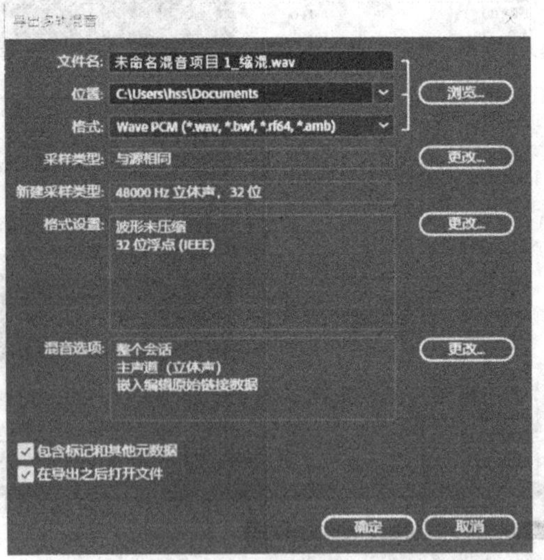

图 5-55　导出音频混缩窗口

6. CD 音频处理

(1)导入 CD 音频。在计算机的光驱中插入一张音频 CD 光盘,切换到 CD 视图,单击菜单栏"文件"→"导入"(图 5-56),选择 CD 文件,导入 Audition。双击导入的音频文件可以对音频进行编辑,和单轨音频一样编辑。

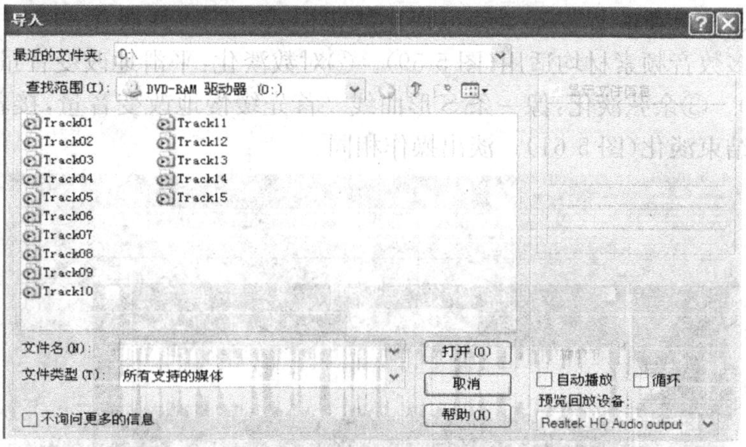

图 5-56　导入 CD 音频

(2)CD 内录。内录是通过声卡从 CD 进行实时录音以获取音频。在 Audition 中新建文件,设置录音源为 CD,用 Windows Media Player 等播放软件播放 CD,按"录音"按钮进行录音。

(3)保存 CD。在文件选项卡中,选择一个或多个音频文件,拖动到 CD 列表中。拖入的音频文件可以是 Audition 支持的音频格式。选择"文件"→"写入 CD",即可将编辑的音频刻录成 CD 碟。

7. 视频文件输出

当编辑的音频文件中含有视频轨道时,可以将其与音频素材整合输出为视频格式文件(图 5-57),包括 AVI、MOV、MPEG 和 WMV 等格式。

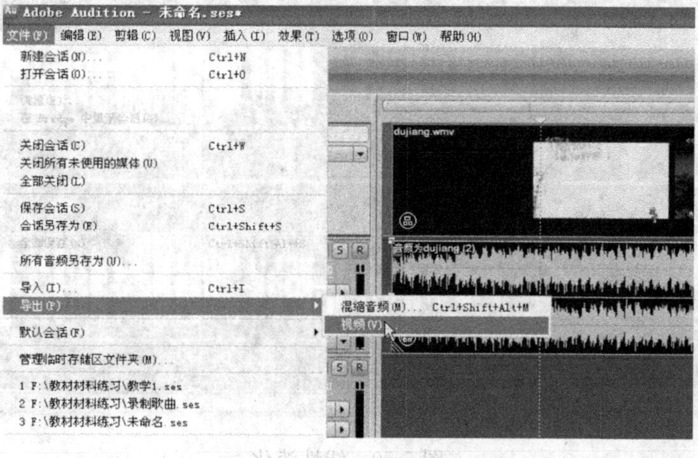

图 5-57　保存为视频文件

选择“文件”→“导出”→“视频”，其中编辑的音频文件会替换原视频中的音频文件，视频部分将不会重新编码。

8. 音频文件效果处理

(1)音频文件的淡入淡出处理和音量调节。在单轨视图下，拖动“淡入控制标志”控制音量的淡入，Audition 提供了 3 种可视化淡化模式。①线性淡化：生成一个平直的音量变化，对于多数音频素材均适用(图 5-59)。②对数淡化：平滑地改变音量，先慢后快或反之(图 5-60)。③余弦淡化：像一条 S 形曲线。首先缓慢地改变音量，接着进行淡化之后，再缓慢地结束淡化(图 5-61)。淡出操作相同。

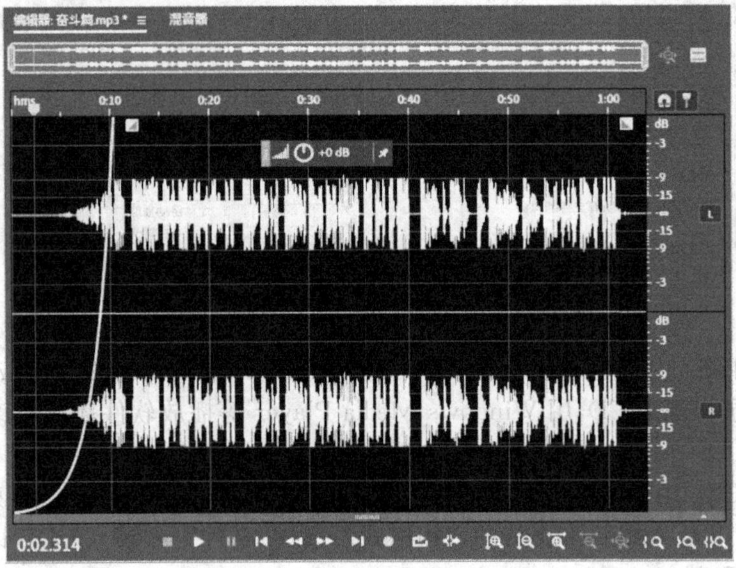

图 5-58　淡入控制标记

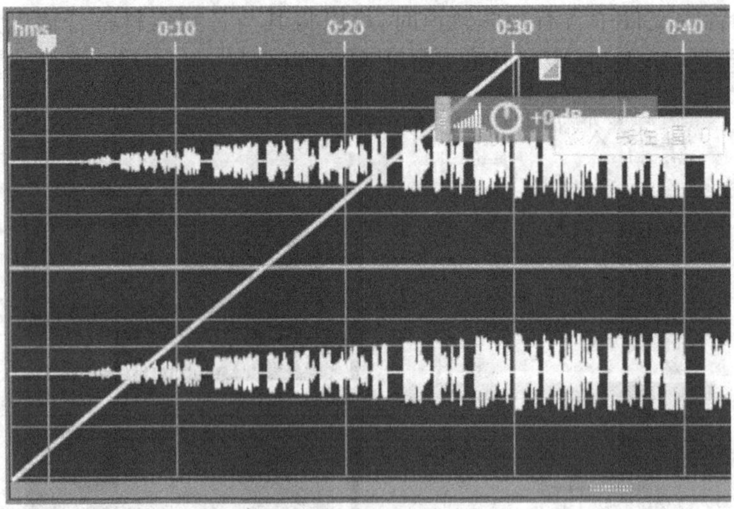

图 5-59　线性淡化

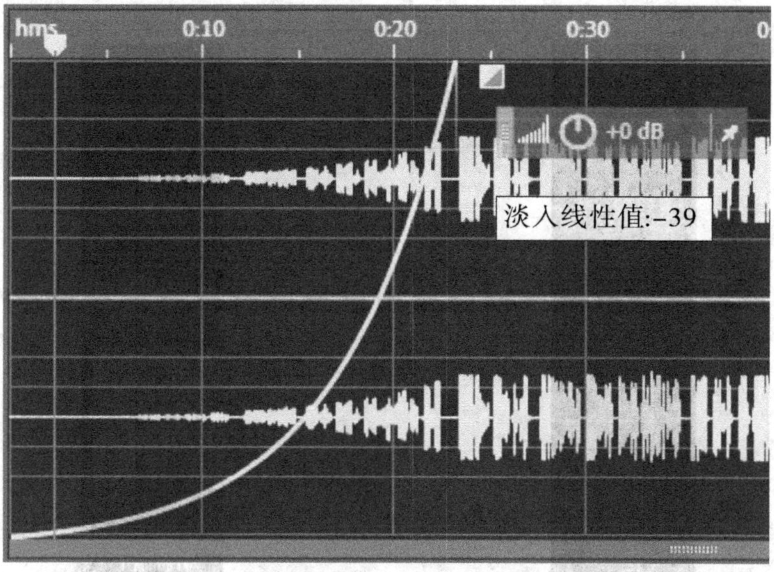

图 5-60　对数淡化

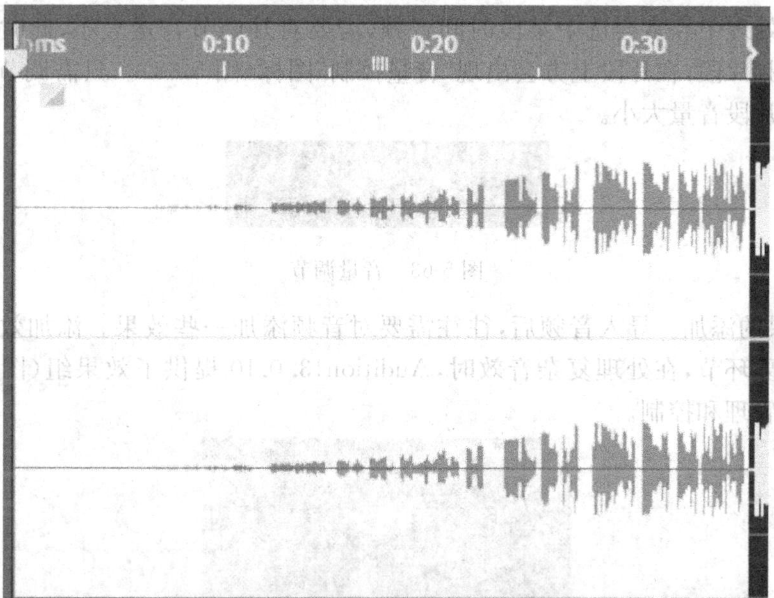

图 5-61　余弦淡化

如果需要对整个音频文件或其中一段音频片段实现淡入淡出的效果，可以使用剪辑中的“淡入”和“淡出”来实现（图 5-62）。

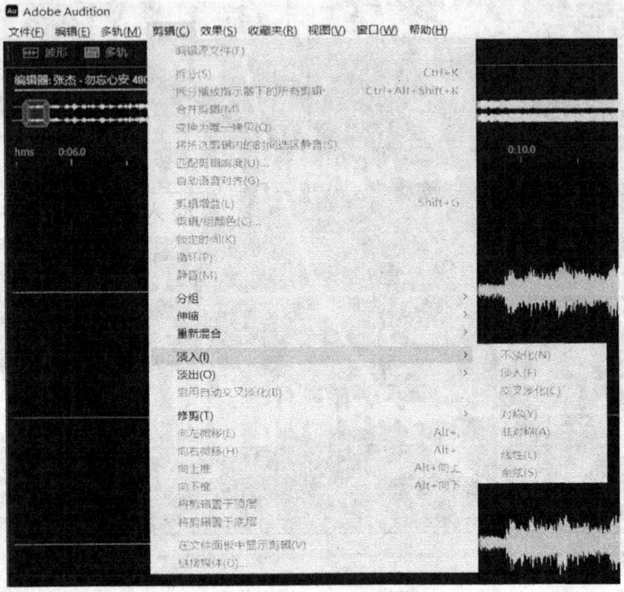

图 5-62　效果中淡入淡出设置

在音频处理中经常会选中某段时间音频，需要对其调节音量大小，此时只需选择需要调节的音频片段，在片段上方会出现“音量控制”图标(图 5-63)。只需调节旋钮即可调节选中音频片段音量大小。

图 5-63　音量调节

(2)效果的添加。导入音频后，往往需要对音频添加一些效果。添加效果是音频处理的一个重要环节，在处理复杂音效时，Audition13.0.10 提供了效果组(图 5-64)，对效果进行统一管理和控制。

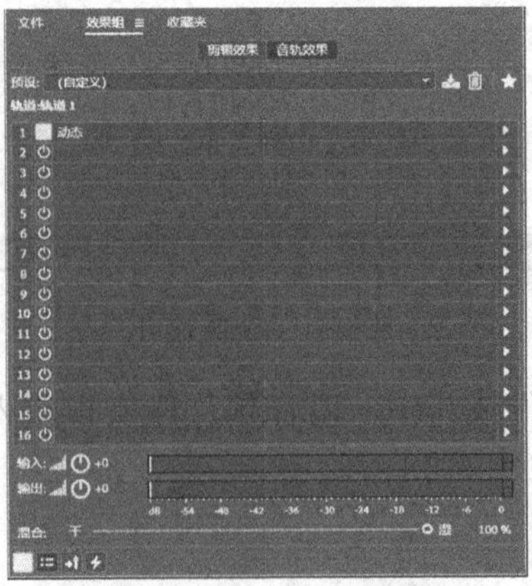

图 5-64　效果组图

在编辑视图下施加效果，要使用“选择工具”“框选工具”“套索工具”，选择要添加效果的区域，从“效果”菜单中选择效果添加到音频中(图 5-65)。

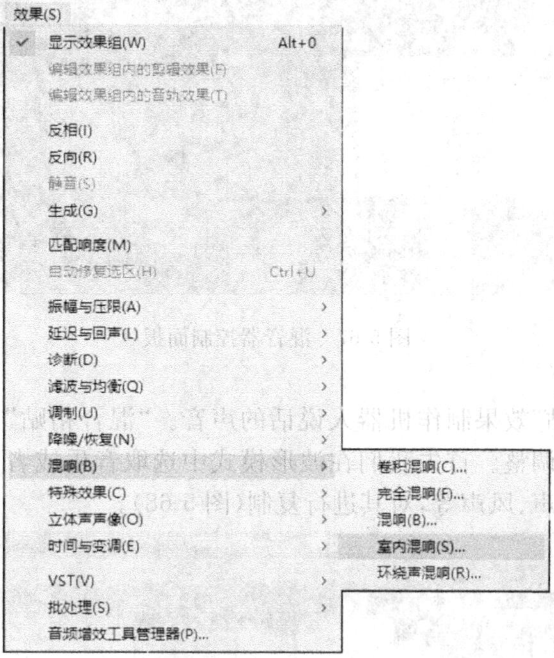

图 5-65　从“效果”菜单添加效果

在多轨视图下，每个音频轨道或公共轨道最多可以施加 16 种效果。可以在主调板、混音器调板和效果格架中添加、排序或删除效果。在多轨视图下，添加的效果不会影响轨道中的音频源文件，可以随时对其进行调整。

多轨视图下添加效果主要方式：①直接拖效果到音频轨道或选择的区域。②在主调板中，单击效果按钮，切换到效果控制区域，显示效果位，通过效果菜单选择所需添加效果(图 5-66)。③在混音器中控制面板中(图 5-67)，在效果菜单中选择所需效果。

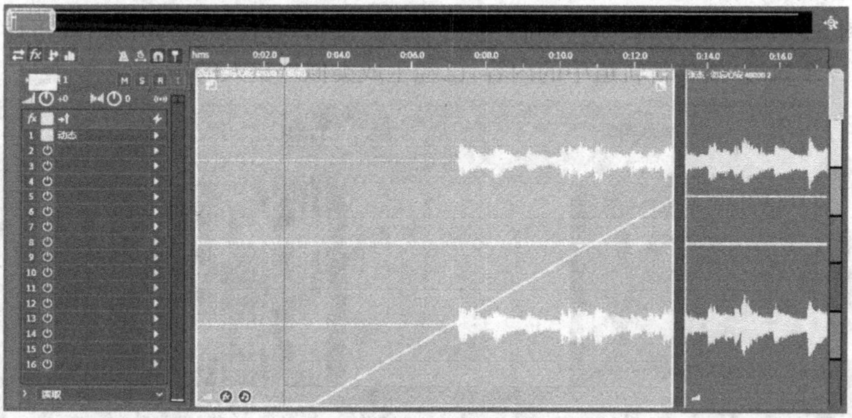

图 5-66　通过效果位添加效果

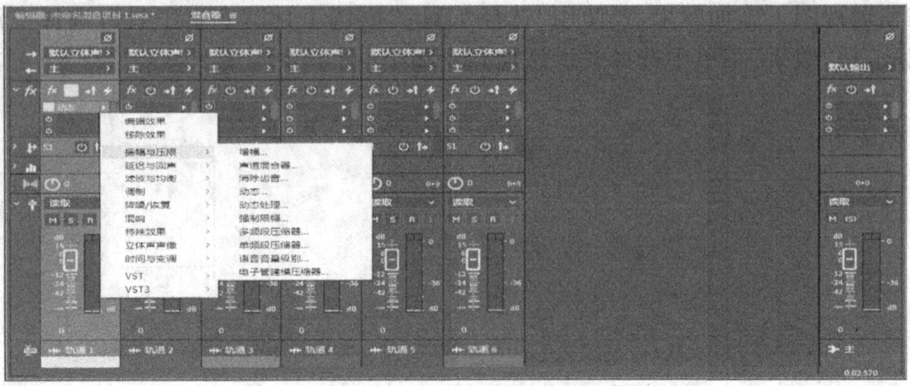

图 5-67 混音器控制面板

(3)效果应用。

①使用“混合粘贴”效果制作机器人说话的声音。“混合粘贴”效果可以通过一路音频对另一路音频进行调整。首先我们在波形模式中选取音乐或者任何一段重复段落的音效，比如水流、轰鸣声、风声等，对其进行复制(图 5-68)。

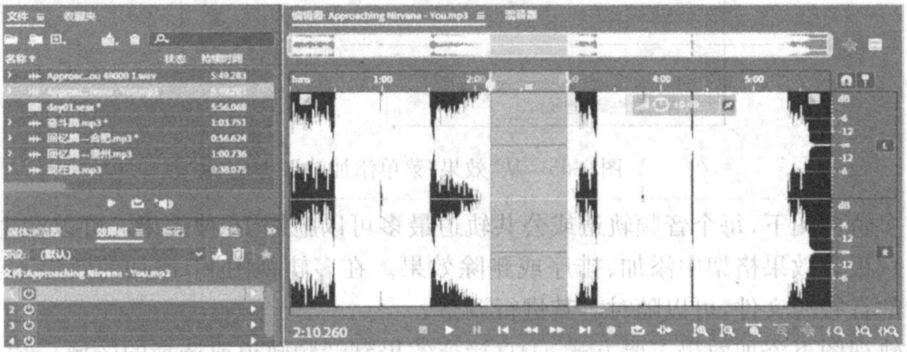

图 5-68 选择一段进行复制

接着我们双击需要修改的目标声音，选择需要制作特效的部分(图 5-69)，选择编辑，混合粘贴(图 5-70)，选择粘贴类型为调制，单击“确定”按钮，对音频进行处理，并将计算机结果插入下面一个轨道，播放新轨道中的内容，已经生成类似外星人的声音。

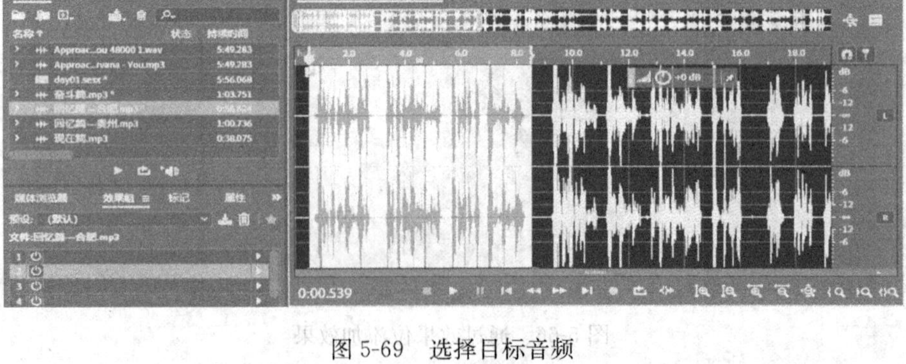

图 5-69 选择目标音频

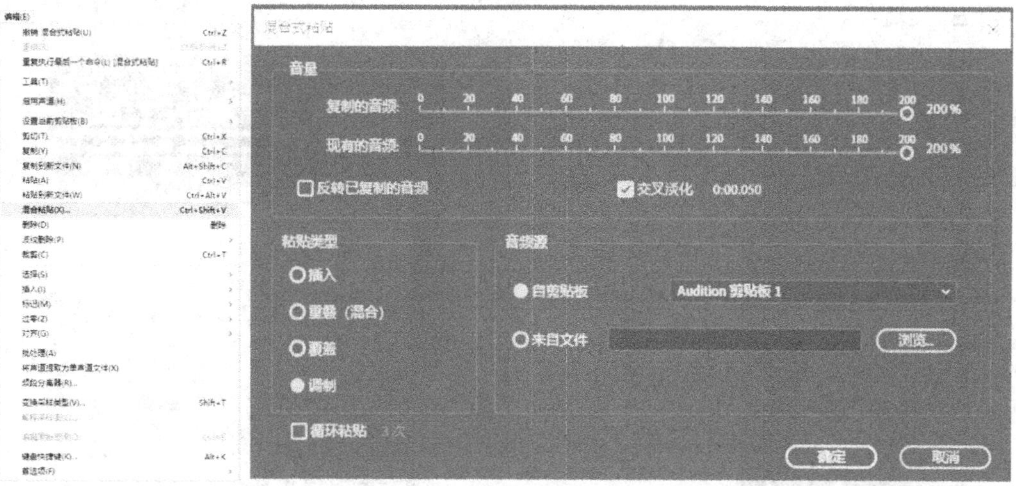

图 5-70　混合粘贴

②降噪处理。选择整个音频，再选择菜单栏上"效果"→"降噪"→"捕捉噪声样本"（图 5-71），再选择"降噪处理"（图 5-72 ），调整参数（图 5-73），降噪成功。降噪是否成功，和你的硬件和设置有关，需要多摸索才能找到适合自己的参数。

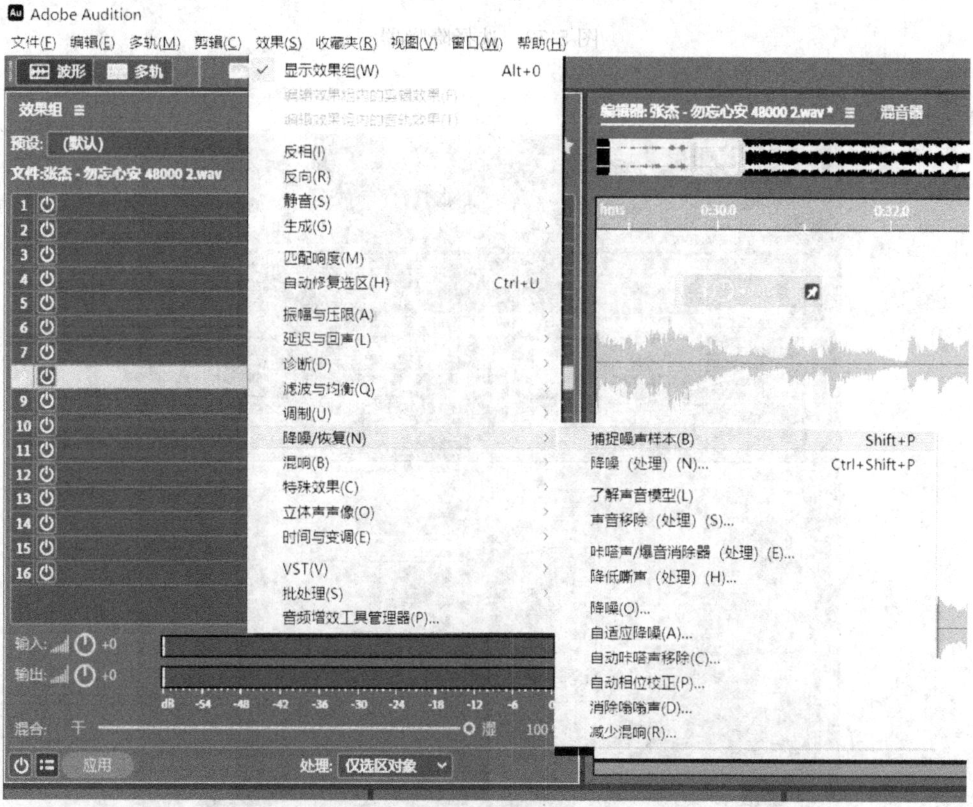

图 5-71　采集噪样

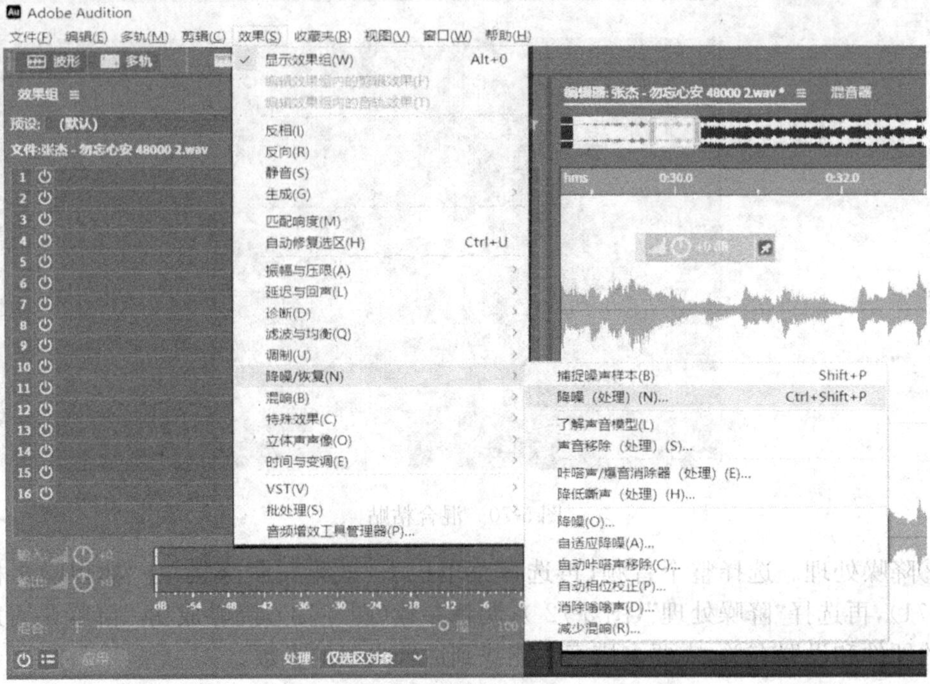

图 5-72　选择降噪器

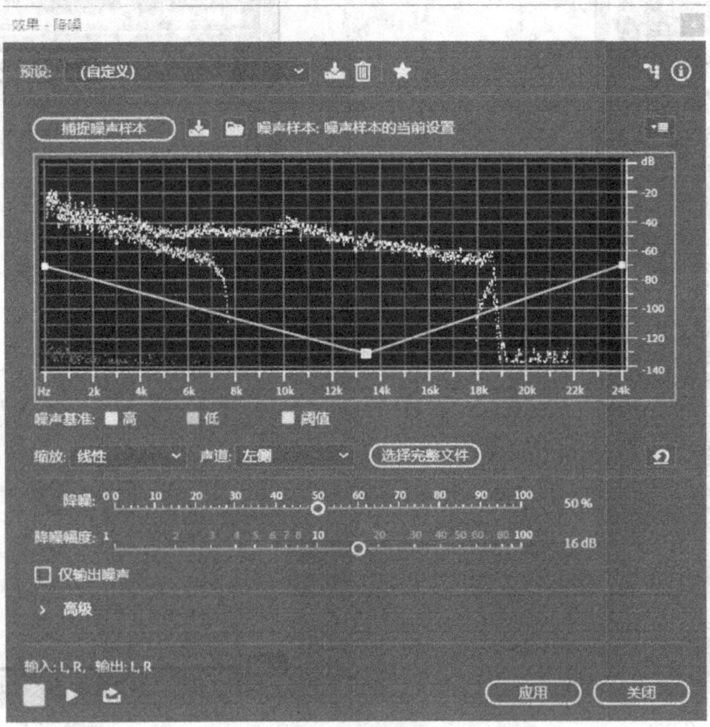

图 5-73　调整降噪器参数

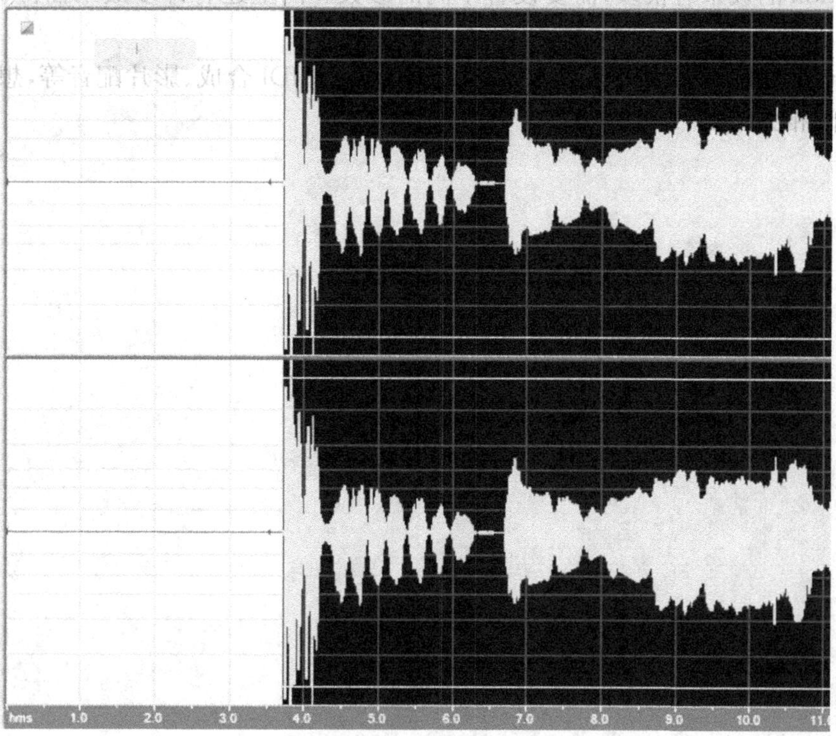

图 5-74　降噪部分

③获取流水声。我们在山区旅游时，经常能听到远处传来潺潺的流水声。如果我们想要在处理的音频中加入这种声音该怎么操作呢？

新建一个采样文件，选择菜单栏效果中的“生成”→“噪音”(图 5-75)，把预设改成“灰色反向”，单击“确定”，就生成了音频文件。如果想得到你满意的声音需要选择不同的参数设置。

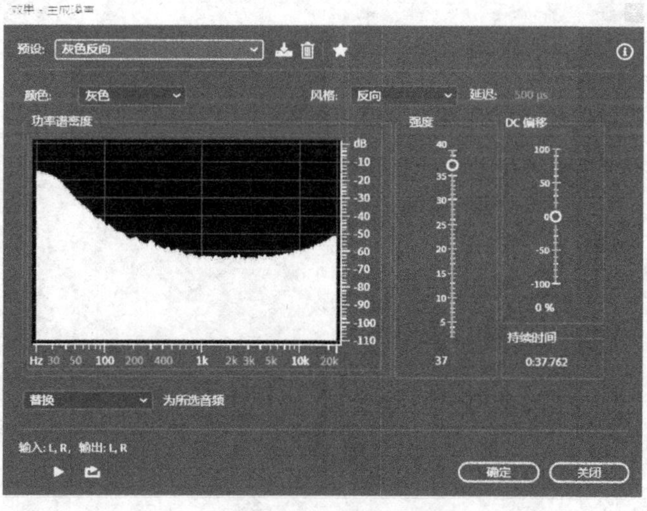

图 5-75　生产噪波

Audition 的效果有很多，需要设置不同的参数。网上还有许多效果插件，可以直接调用。

Audition 还有许多高级的功能，如创建环绕声、MIDI 合成、影片配音等，想学习的同学可以参阅相关图书。

第6章 视频文件编辑

在互联网发展的初期，传播的主要内容是文字信息。随着网络带宽等基础条件的改善，以及人们兴趣的改变，视频也成为数字传播的一个重要内容。随着摄像机、智能手机的普及，拍摄和剪辑视频也变得很便捷。现在有大量的视频分享平台，例如抖音、快手等短视频平台，每个人都能很方便地上传自己拍摄和制作的视频。

6.1 常用视频格式及其特点

一般来说，视频文件可以分成两大类：影像文件和流式视频文件。

1. 影像格式(Video)

(1)AVI格式。AVI(Audio Video Interleaved)格式即音频视频交错格式。它是由微软公司开发的一种数字音频与视频文件格式，允许视频和音频交错在一起同步播放。AVI文件没有限定压缩标准，即AVI文件格式不具有兼容性。不同压缩标准生成的AVI文件，必须使用相应的解压缩算法才能将其播放出来。AVI格式一般用于保存电影、电视等各种影像信息。AVI格式的优点是可以跨多个平台使用，缺点是体积过于庞大，压缩标准不统一。

(2)DV格式。DV (Digital Video Format)是由索尼、松下、JVC等多家厂商联合推出的一种家用数字视频格式。使用DV带的数码摄像机就是使用这种格式记录视频数据的。它可以通过电脑的IEEE 1394端口传输视频数据到电脑，也可以将电脑中编辑好的视频数据回录到数码摄像机中。这种视频格式的文件扩展名一般是.avi，所以也叫DV－AVI格式。

(3)MOV格式(QuickTime)。MOV(QuickTime)是苹果公司开发的一种音频、视频文件格式，它用于保存音频和视频信息，支持25位彩色，支持集成压缩技术，提供150多种视频效果，并配有提供了200多种MIDI兼容音响和设备的声音装置。新版的QuickTime进一步扩展了原有功能，包含了基于互联网应用的关键特性。QuickTime具有跨平台、存储空间要求小等技术特点。

(4)MPEG/MPG/DAT格式。MPEG压缩标准是针对运动图像而设计的，基本方法是在单位时间内采集并保存于第一帧信息，然后只存储其余帧相对于第一帧发生变化的部分，从而达到压缩的目的。MPEG 的平均压缩比为 50∶1，最高可达 200∶1。同时图像和音响的质量也非常好，并且在计算机上有统一的标准格式，兼容性相当好。MPEG 标准包括 MPEG 视频、MPEG 音频和 MPEG 系统（视频、音频同步）三个部分。MP3 音频文件就是 MPEG 音频的一个典型应用，而 Video CD（VCD）、Super VCD（SVCD）、DVD（Digital Versatile Disk）则是全面采用 MPEG 技术而生产出来的消费类电子产品。

MPEG－4 的优点有：对于不同的对象可采用不同的编码算法，从而进一步提高压缩效率；对象各自相对独立，提高了多媒体数据的可重用性；允许用户对单个的对象进行操作，提供前所未有的交互性；允许在不同的对象之间灵活分配码率，对重要的对象可分配较多的字节，对次要的对象可分配较少的字节，从而能在低码率下获得较好的效果；可以方便地集成自然音视频对象和合成音视频对象。

由于 MPEG－4 是一个公开的平台，各公司、机构均可以根据 MPEG－4 标准开发不同的制式，所以市场上出现了很多基于 MPEG－4 技术的视讯格式，例如 WMV 9、Quick Time、DivX、Xvid 等。MPEG－4 大部分功能都留待开发者决定采用与否，这意味着整个格式的功能不一定被某个程序完全涵括，这是我们需要了解的。

（5）DIVX 格式 。DIVX 格式是由 MPEG－4 衍生出的一种视频编码（压缩）标准，即我们通常所说的 DVDrip 格式。它采用了 MPEG－4 的压缩算法，同时又综合了 MPEG－4 与 MP3 各方面的技术，即使用 DivX 压缩技术对 DVD 盘片的视频图像进行高质量压缩，同时用 MP3 或 AC3 对音频进行压缩，然后再将视频与音频合成并加上相应的外挂字幕文件而形成的视频格式。DVIX 格式的画质接近 DVD，而体积只有 DVD 的数分之一。

2. 流式视频格式（Streaming Video format）

（1）RealMedia 格式。RM 格式是 RealNetworks 公司开发的，它由三部分组成：RealAudio、RealVideo 和 RealFlash。RealAudio 用来传输接近 CD 音质的音频数据，RealVideo 用来传输连续视频数据，而 RealFlash 则是 RealNetworks 公司与 Macromedia 公司合作推出的一种高压缩比的动画格式。

RealMedia 的特点是可以在非常低的带宽下提供足够好的音质让用户能在线听。RealMedia出现后，相关的应用如网络广播、网上教学、网上点播等逐渐形成了新的行业。

（2）MOV 格式（QuickTime）。MOV 即 QuickTime 封装格式（也叫影片格式），它是苹果公司开发的，用于存储常用数字媒体类型。

MOV 也可以作为一种流文件格式。QuickTime 具有通过 Internet 提供实时的数字化信息流、工作流与文件回放功能，它为多种流行的浏览器软件提供了相应的 QuickTime Viewer 插件（Plug－in），能够在浏览器中实现多媒体数据的实时回放。

QuickTime 因具有跨平台、存储空间要求小等技术特点，而采用了有损压缩方式的 MOV 格式，画面效果较 AVI 格式要好一些。

（3）ASF 格式。ASF（Advanced Streaming Format）是微软公司为 Windows 98 所开发的串流多媒体文件格式，也是一种在 Internet 上实时传播多媒体的技术标准。ASF 应用的主要部件是 NetShow 服务器和 NetShow 播放器。ASF 流文件的数据速率可以在 28.8Kbps 到 3Mbps 之间变化。用户可以根据自己应用环境和网络条件选择一个合适的速率，实现 VOD 点播和直播。

(4)RMVB 格式。RMVB(RealMedia 可变比特率)由 RealNetworks 公司开发，是一种由 RM 视频格式升级延伸出的视频格式，它在保证平均压缩比的基础上合理利用比特率资源，大幅提高了运动图像的画面质量，使得图像质量和文件大小之间达到了微妙的平衡。

另外，相对于 DVDrip 格式，RMVB 视频有着较明显的优势，一部大小为 700MB 左右的 DVD 影片，如果将其转录成同样视听品质的 RMVB 格式，其大小最多在 400MB 左右。不仅如此，这种视频格式还具有内置字幕和无须外挂插件支持等独特优点。

(5)FLV 格式。FLV 全称为 Flash Video。Flash MX 2004 对其提供了完美的支持，它的出现有效地解决了视频文件导入 Flash 后，使导出的 SWF 文件体积庞大，不能在网络上很好地使用等问题。

FLV 文件体积小巧，清晰的 FLV 视频 1 分钟在 1MB 左右，一部电影在 100MB 左右，是普通视频文件体积的 1/3。再加上 CPU 占有率低、视频质量良好等特点使其被很多视频共享网站采用。FLV 格式不仅可以轻松地导入 Flash 中，速度极快，而且能起到保护版权的作用，还可以不通过本地的微软或者 REAL 播放器播放视频。

6.2　常用视频编辑软件介绍

视频编辑几乎是每个人的日常需求，简单的基本操作在手机上也可以完成。这里介绍几款常用的视频编辑软件，包含 PC 端和移动端。

1. 剪映(PC 端＋移动端)

剪映是由抖音官方推出的一款视频编辑工具，具有全面的剪辑功能，支持变速，拥有多样滤镜和美颜效果以及丰富的曲库资源。支持在手机移动端、Pad 端、Mac 电脑和 Windows 电脑全终端使用。

图 6-1　剪映(移动端)的界面

图 6-2　剪映(PC 端)界面

2. 小影(移动端)

小影(VivaVideo)是杭州小影创新科技有限公司在 2013 年初推出的一款原创视频、全能剪辑的短视频社区 App。它是一个面向大众的短视频创作工具,集视频剪辑、教程玩法、拍摄于一体,具备逐帧剪辑、特效引擎、语音提取、4K 高清、智能语音等功能。

图 6-3　小影视频编辑软件功能界面

3. InShot(移动端)

InShot 是一款视频制作和视频编辑 App,简单易用。它能够将长视频剪切、剪辑或拆分为小视频,也可为视频和照片设置模糊背景。InShot 不会降低导出视频的画质,视频制作之后还可以一键分享至其他社交平台,比如朋友圈、抖音、快手、YouTube、Instagram 等。

图 6-4　InShot 视频编辑软件图标

4. 会声会影(PC 端)

会声会影是加拿大 Corel 公司开发的一款视频编辑软件，英文名是 Corel VideoStudio，是一款专为个人及家庭所设计的影片编辑软件，具有图像抓取和编修功能。可以抓取、转换 MV、DV、V8、TV 和实时记录抓取画面文件，并提供 100 多种编制功能与效果；可导出多种常见的视频格式，甚至可以直接制作成 DVD 和 VCD 光盘。操作简单，适合个人日常使用。

图 6-5　会声会影视频编辑软件界面

5. Premiere(PC 端)

Premiere(简称 Pr)是 Adobe 公司开发的一款常用的视频编辑软件，其素材的组织与管理、素材的剪辑处理、过渡效果、滤镜效果、叠加叠印等功能都非常强大。尤其是 Adobe 公司旗下的相关软件应用都可以互相导入导出，所以借助相关软件能有更多特效。支持平台为 Windows 与 macOS。

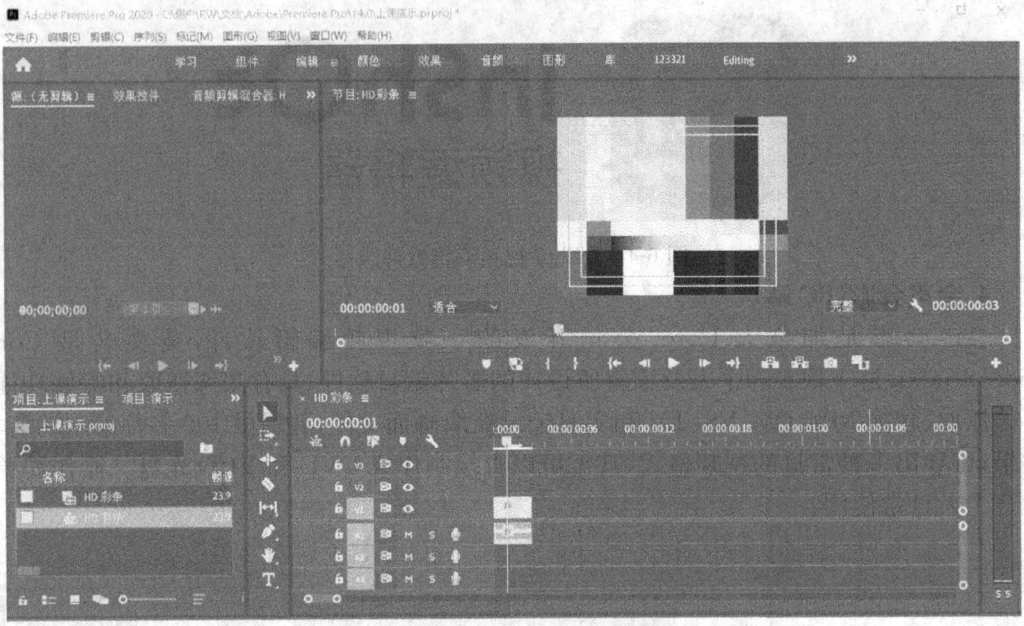

图 6-6　Premiere 软件编辑界面

6. Final Cut Pro(PC 端)

Final Cut Pro 是苹果公司开发的一款专业视频非线性编辑软件，第一代 Final Cut Pro 在 1999 年推出。最新版本 Final Cut Pro X 包含进行后期制作所需的一切功能，导入并组织媒体、编辑、添加效果、改善音效、颜色分级以及交付，所有操作都可以在该应用程序中完成，支持平台为 macOS。

图 6-7　Final Cut Pro 视频编辑软件图标

7. EDIUS(PC 端)

EDIUS 是美国 Grass Valley(草谷)公司开发的优秀非线性编辑软件，专为广播和后期制作环境而设计，特别针对新闻记者、无带化视频制播和存储。EDIUS 拥有完善的基于文件工作流程，提供实时、多轨道、多格式混编、合成、色键、字幕和时间线输出功能。

除了标准的 EDIUS 系列格式，还支持多种视频素材。同时支持所有 DV、HDV 摄像机和录像机。

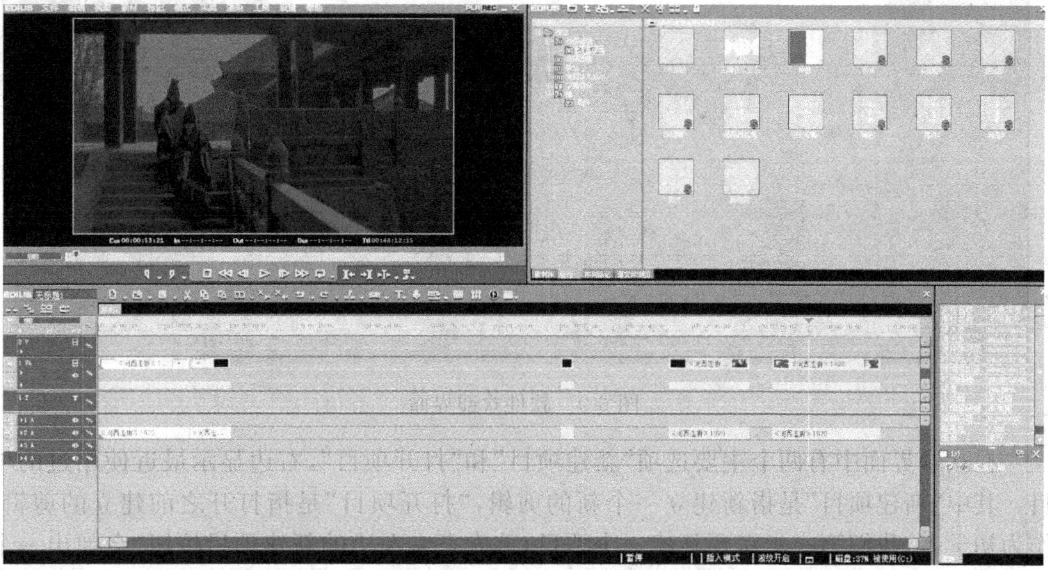

图 6-8　EDIUS 软件的编辑界面

除了上述视频编辑软件，还有很多移动端和 PC 端的视频剪辑软件可供选择，可以选择最适合自己的进行安装使用。

6.3　利用 Premiere 制作视频

在上面的章节中，我们介绍了多款视频编辑软件，手机等移动端的编辑软件操作相对简单，容易上手。要想制作和处理更为专业的视频文件，就需要利用更为专业的处理软件，在这里给大家介绍 Premiere Pro 2020 中文版本，方便大家处理专业水准的视频。

一、Adobe Premiere Pro 2020 基础知识

Premiere Pro 2020 是 Adobe 公司开发的一款全新 Premiere 系列视频后期处理工具，不管是手机拍摄的视频还是专业影像设备拍摄的视频，都能轻松导入并自由地组合。Premiere Pro 2020 中文版改进了与 Audition 的集成，需渲染，即可在 Premiere Pro Essential Sound 面板中将关键帧、音频效果和设置发送到 Audition。帮助用户解决在编辑、制作中遇到的问题，从而创造出高质量的作品。

1. 启动软件

(1)点击启动图标 Pr 启动软件，出现软件欢迎界面，如图 6-9 所示。

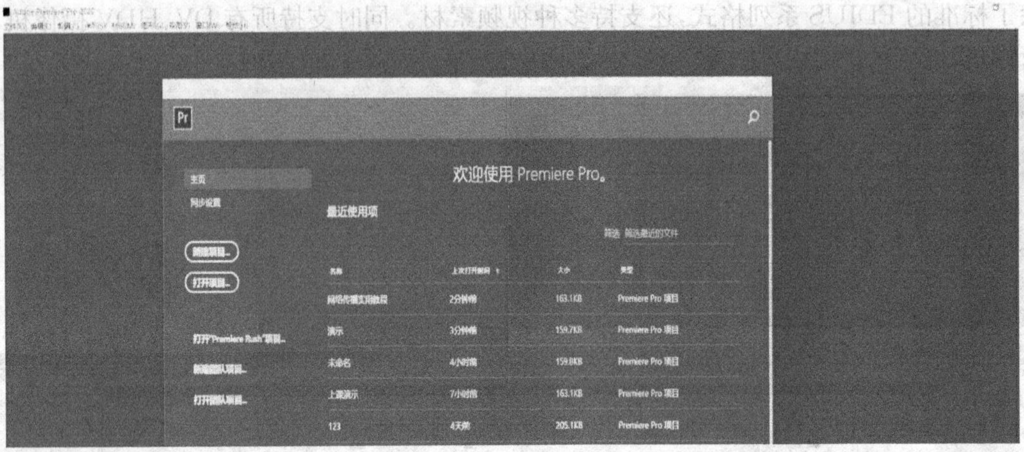

图 6-9　软件欢迎界面

在欢迎界面中有两个主要选项“新建项目”和“打开项目”，右边显示最近使用过的项目。其中“新建项目”是指新建立一个新的剪辑，“打开项目”是指打开之前建立的剪辑。作为初学者，我们第一步需要新建一个项目，首先点击左边的新建项目按钮，会弹出一个新建项目窗口（图 6-10），选择视频显示格式和音频显示格式，确定项目名称和存放位置，然后点“确定”就可以打开 Premiere 的操作界面。

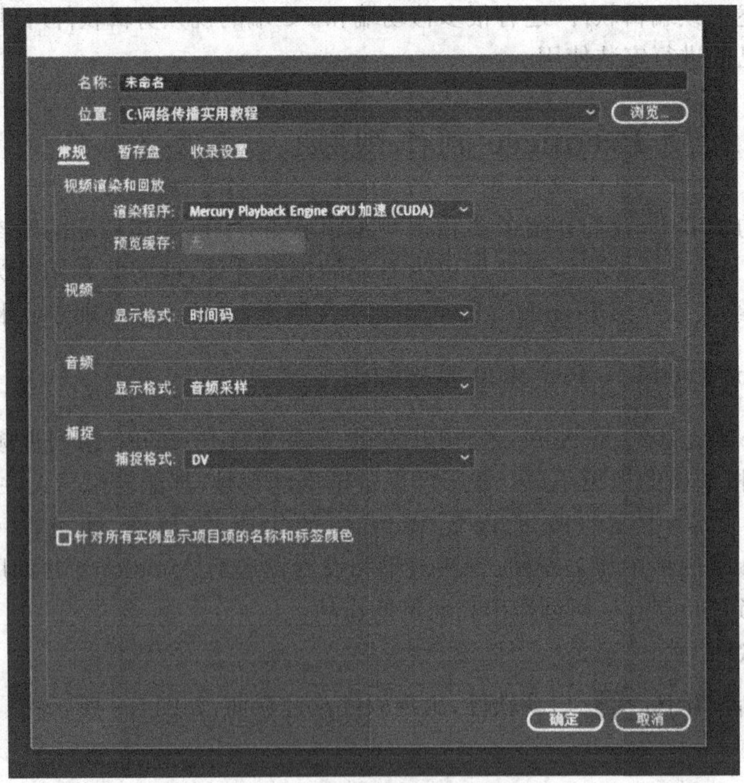

图 6-10　新建项目窗口

2. Premiere 界面介绍

新建项目点击"确定"以后,我们可以看到它的操作界面(图 6-11)。在 Premiere Pro CC2020 的操作界面中,最主要的面板包括项目面板、监视器面板、时间轴面板、工具面板、音频仪表面板,你可以根据自己的喜好自由地组织面板,方便后期使用。

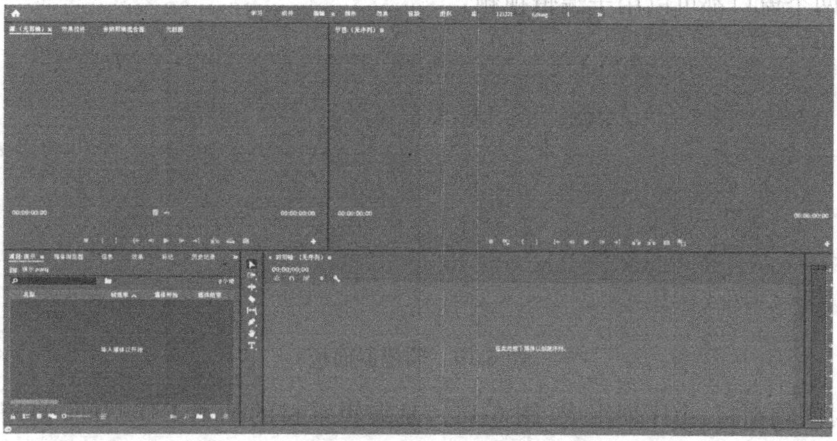

图 6-11 Pr 操作界面

(1)项目面板:组织和管理素材的窗口(图 6-12),可以导入素材、管理素材、预览素材等。在项目面板中的素材,会显示名称、类型、长度等主要信息。在项目面板中还可以建立一些编辑所需的常用素材,如调整图层、颜色遮罩、彩条素材、黑场视频、倒计时片头等。在项目面板中可以新建素材箱,合理组织管理素材,这对于编辑工作的快速顺利进行非常重要。

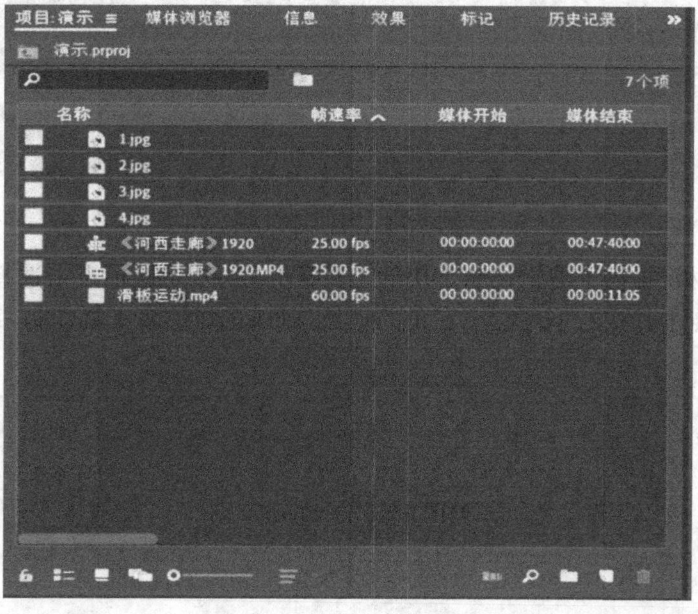

图 6-12 项目面板

（2）监视器面板：监视器窗口位于操作界面的上半部分，分左右两个窗口（图 6-13）。左边的为源（素材）监视器窗口，右边的为节目监视器窗口。素材监视器面板用于浏览素材（在项目面板中用鼠标双击素材或直接用鼠标拖曳到窗口里，即可在素材监视器中浏览该素材），节目监视器面板用于浏览编辑好的节目（对应时间轴面板中当前时间线位置的视频），两个窗口都可以用于编辑视频。

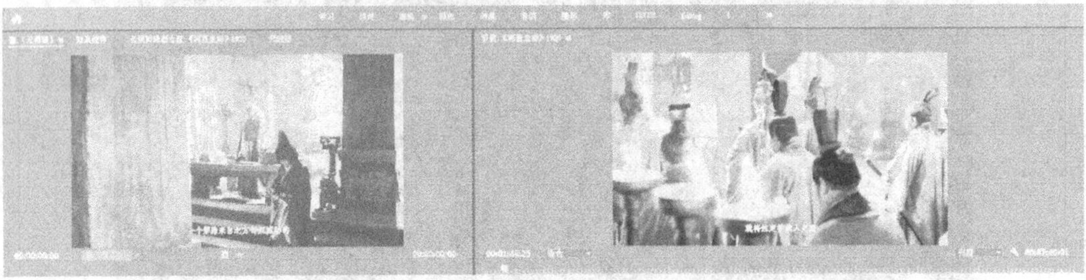

图 6-13　监视器面板

（3）时间轴面板：由序列组成（图 6-14），是编辑素材的基本工作空间，使用工具箱中的工具进行剪辑操作，主要由视频轨道、音频轨道组成。

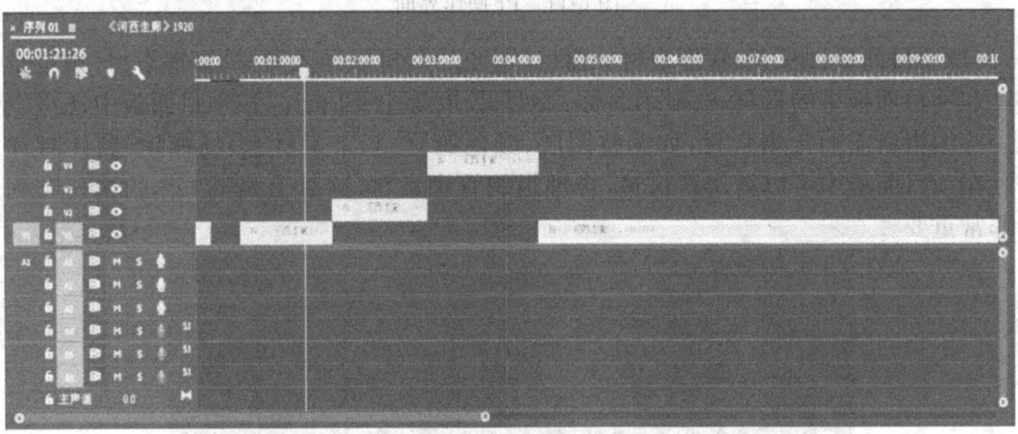

图 6-14　时间轴面板

（4）工具面板：提供了编辑视频常用的工具（图 6-15），用鼠标点击选择后会变成相应工具的形状。点击长按右下角有小三角的工具，可以选择更多工具（图 6-16）。

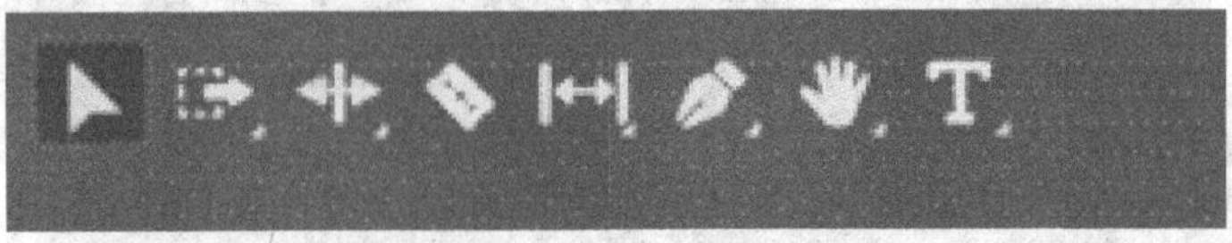

图 6-15　工具面板

图 6-16　波纹编辑工具展开界面

(5)音频仪表面板:显示时间线中的音频电平(图 6-17),用于观察音量大小。

所有的面板开关的命令都可以在菜单栏的窗口菜单中找到(图 6-18)。

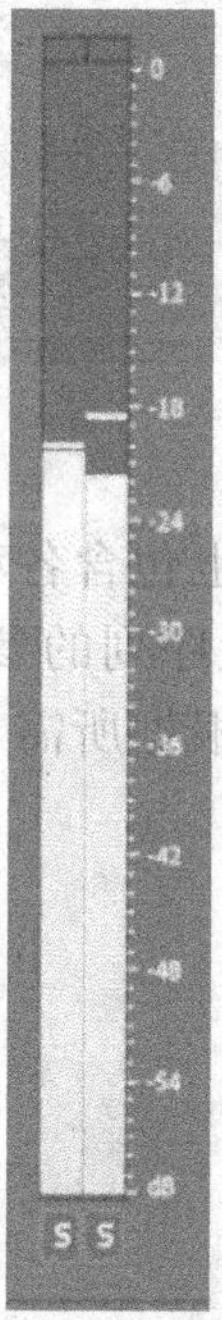

图 6-17　音频仪表面板

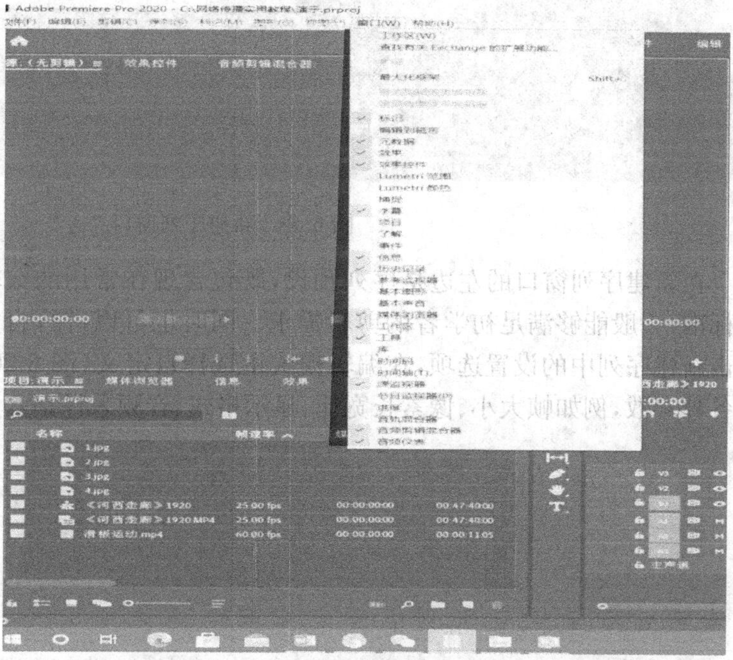

图 6-18　窗口菜单列表

二、新建序列和导入素材

1. 新建序列

启动 Premiere 软件后，先新建一个项目。进入操作面板后，需要新建一个序列进行视频素材剪辑。步骤如下：文件→新建→序列，或者使用快捷键 Ctrl+N，我们就会看见打开了一个新建序列窗口(图 6-19)。

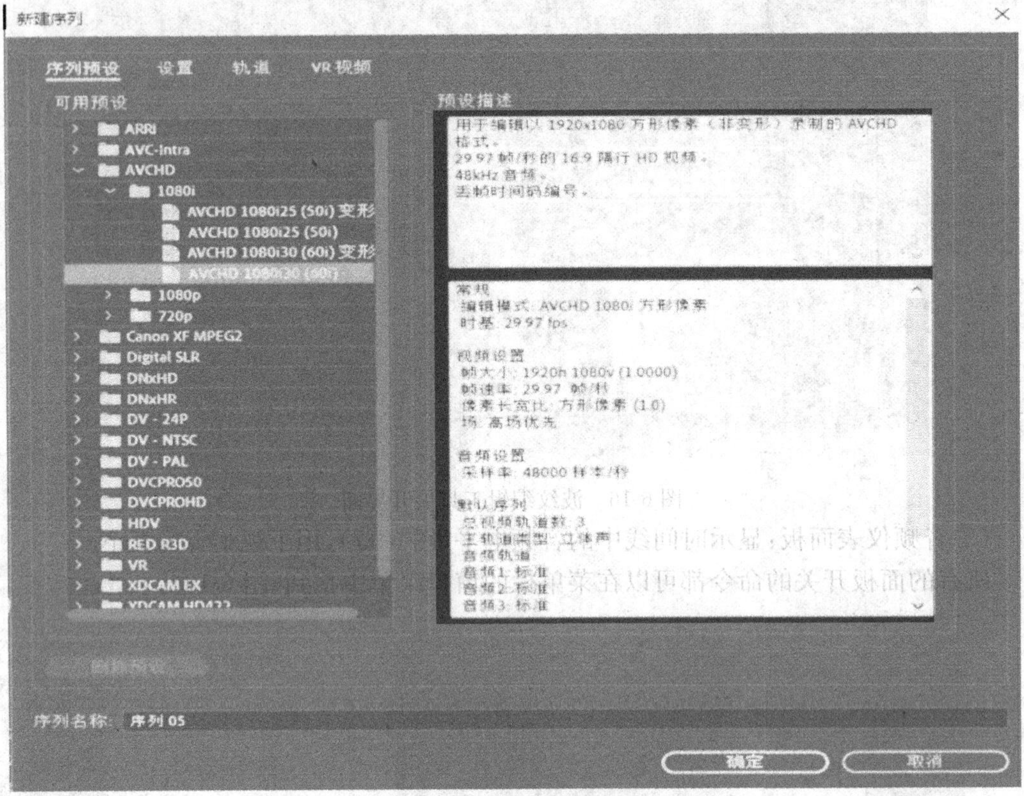

图 6-19　新建序列窗口

在新建序列窗口的左边是序列预设，既包含现在常用的编辑模式，也包含各种视频的标准，一般能够满足初学者的剪辑需求。同时也可以进行自定义设置序列的参数，可点击新建序列中的设置选项，在编辑模式里选择自定义(图 6-20)，可以根据所需自行设置各种参数，例如帧大小、像素长宽比、显示格式、音频采样率等。

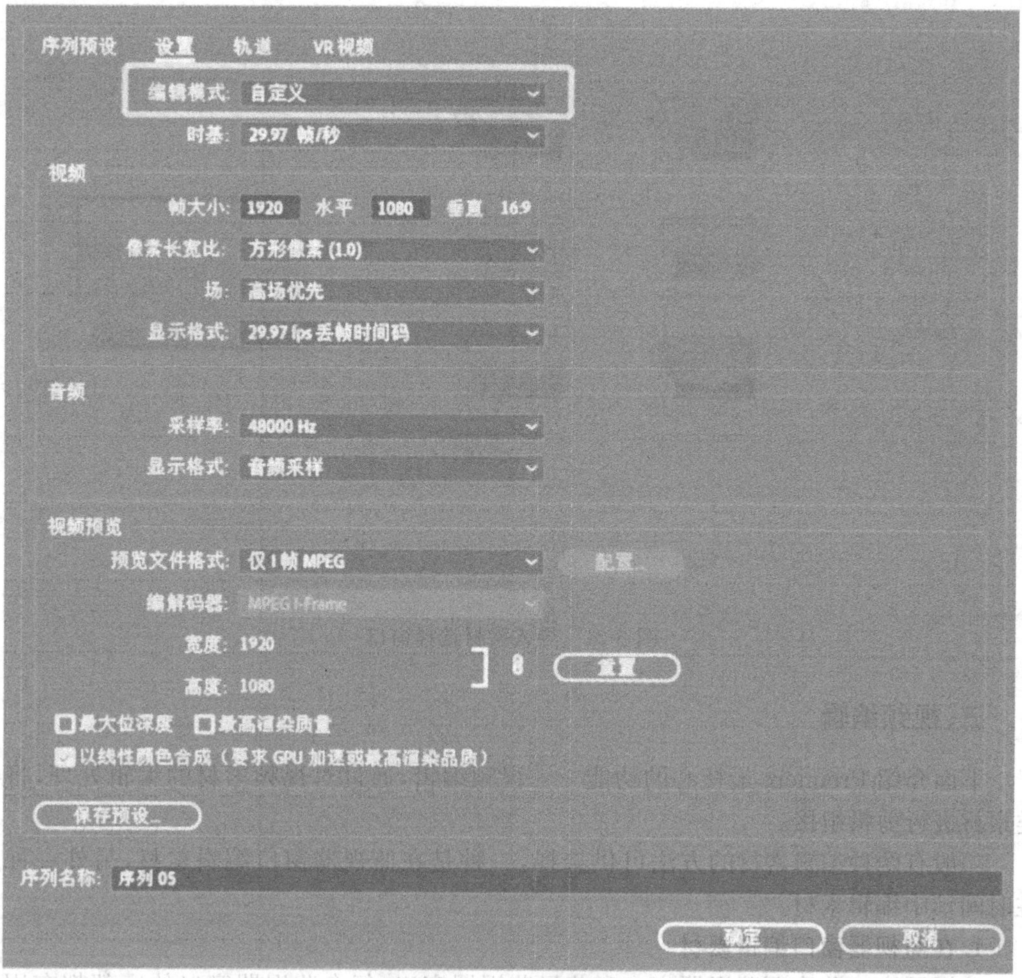

图 6-20　序列设置窗口

2. 导入素材

没有素材，就谈不上编辑，所以我们进行视频编辑的第一步就是导入需要的素材，在 Premiere 中所有导入的素材都保存在项目面板中。导入素材的方法有很多，常用的有在项目面板空白处双击或按快捷键 Ctrl+I，或在菜单栏中选择文件导入选项，可以在打开的导入窗口中(图 6-21)选择你所需要的素材。Premiere 可以导入多种格式素材，常见的有视频、音频、图片等，还可以导入部分工程文件等。

图 6-21　导入素材选择窗口

三、视频编辑

下面介绍 Premiere 最核心的功能——视频编辑，通过对视频素材的编辑处理，将各类素材进行剪辑组接。

一般有两种编辑素材的方法可供选择，一种是在监视器窗口编辑素材，另外一种是在时间轴中编辑素材。

1. 在监视器窗口编辑素材

监视器窗口分为源监视器窗口和节目监视器窗口，每个监视器窗口的底部都有用于控制播放和进行一些编辑的工具，如图 6-22。我们首先需要导入素材到项目面板中，按照剪辑的思路选择素材的某一部分，在源监视器窗口中预览素材，并通过选择素材的出点和入点进行剪辑，选取所需要的片段。

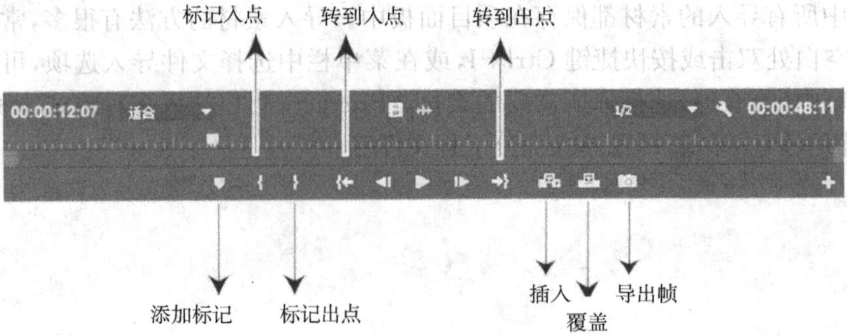

图 6-22　监视器窗口编辑工具

具体步骤：

（1）选择需要剪辑的素材。在项目面板中选择需要进行剪辑的素材，双击素材图标或者直接把素材拖曳到监视器窗口，就可以在监视器窗口进行预览素材。

（2）设置入点和出点。使用播放按钮/停止按钮浏览素材，或者直接拖曳时间线标尺定位到所需开始的位置，然后点击入点的按钮，这样就选择好了素材开始剪辑的位置。然后将画面定位到所需的结束位置，点击出点按钮，这样就确定了素材的结束位置。通过上述操作就选择好了需要的这一段素材的范围（图 6-23）。

图 6-23　监视器窗口素材选择范围

（3）插入和覆盖编辑。选择好了素材的剪辑范围，就需要把素材插入或者覆盖到时间轴序列里的某个轨道，如果点击了源监视器窗口中的插入按钮，就是在序列轨道中原有的素材中间插入这段视频。而如果点击了源监视器窗口中的覆盖按钮，就是在序列轨道中替换掉了部分原有的视频。

节目监视器窗口的操作与源监视器窗口大致相同，唯一的区别在于，节目监视器窗口没有插入和覆盖按钮，而是提取和抽出按钮，这两个按钮主要起到的是删除序列轨道上的视频素材作用。

2. 在时间轴中编辑素材

在项目面板中选择需要进行剪辑的素材，直接把素材拖曳到时间轴的序列轨道上，就可以在轨道上预览和剪辑素材了。使用工具栏中的选择工具（快捷键 V），移动鼠标到素材片段的出入点位置，按住鼠标左键拖曳就可以改变素材的出入点。还有一种常用的工具是剃刀工具（快捷键 C），使用剃刀工具可以使素材分割成两半（图 6-24）。

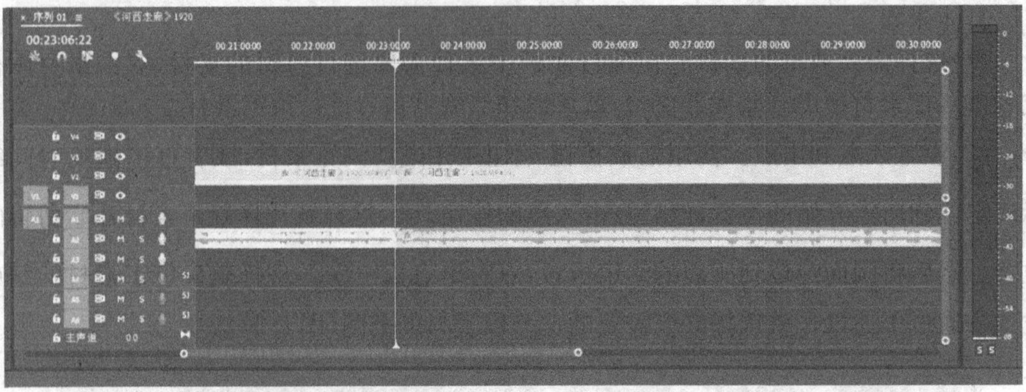

图 6-24　使用剃刀工具裁剪素材

3. 速度调整

在视频编辑中，我们常常要对视频的速度进行快慢调节，在 Premiere 中常用的调整快慢动作的方法有三种。

第一种方法是选择工具面板中的比率拉伸工具(图 6-25)，移动鼠标到素材片段的出入点位置，按住鼠标左键拖曳就可以改变素材的速度快慢。

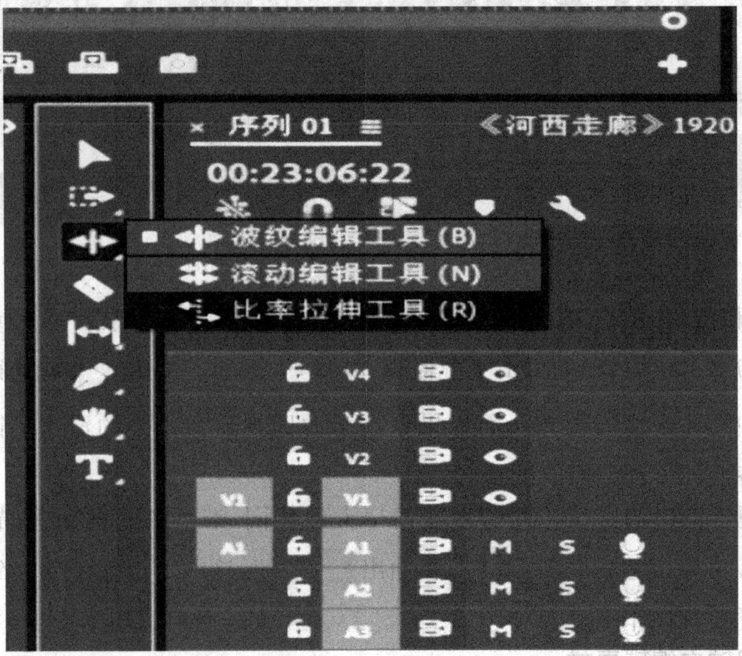

图 6-25　比率拉伸工具选择

第二种方法是选择时间轴序列轨道上的素材，点击鼠标右键找到速度/持续时间选项(图 6-26)，选择速度/持续时间这个命令，就会打开剪辑速度/持续时间这个窗口(图 6-27)，在里面可以直接改变速度的参数，还可以选择倒放速度，做一些鬼畜视频。

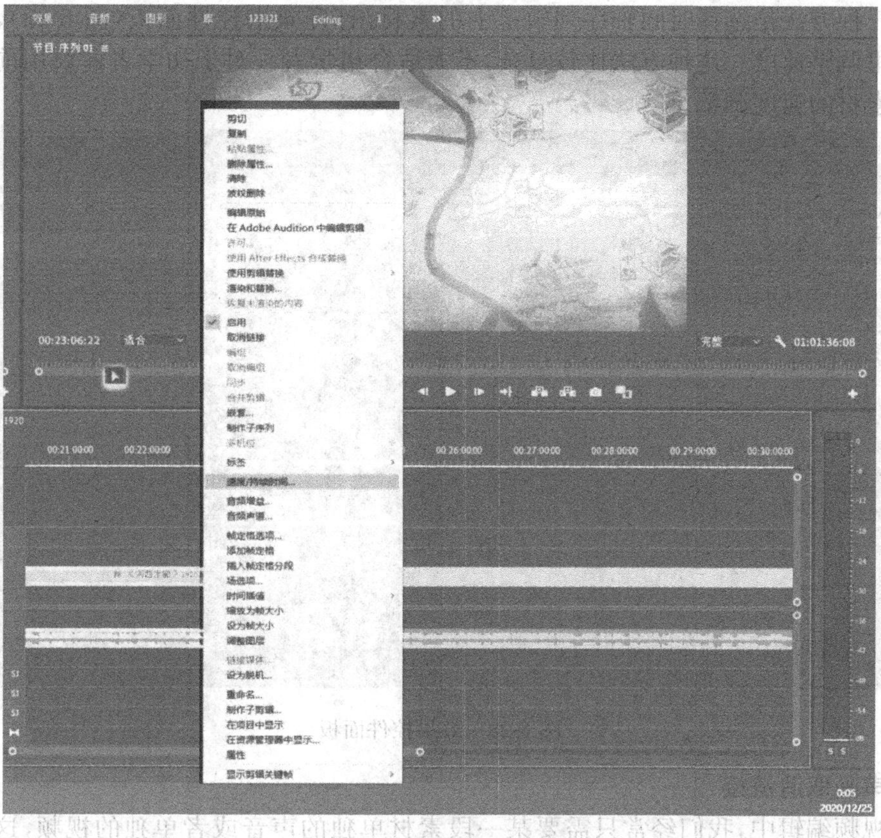

图 6-26　速度/持续时间选项

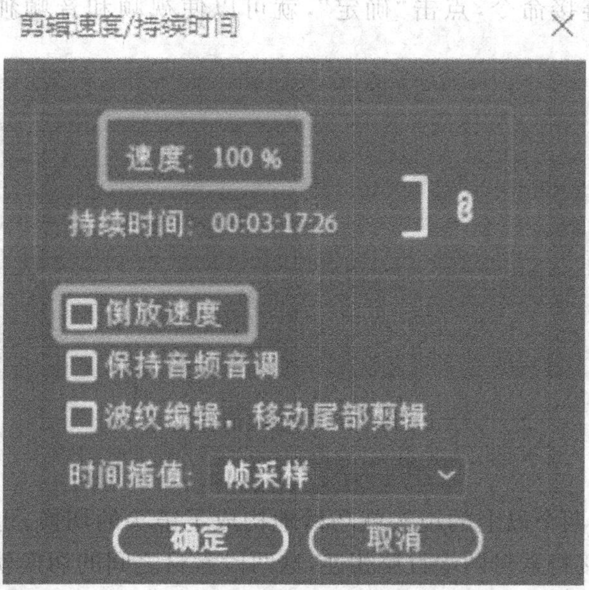

图 6-27　剪辑速度/持续时间调节窗口

第三种方法是选择时间轴序列轨道上的素材，打开效果控件面板（图 6-28），在时间重映射里调整速度。这种方法比较复杂，不太适合初学者。对于初学者建议用前两种方法进行素材的速度调整。

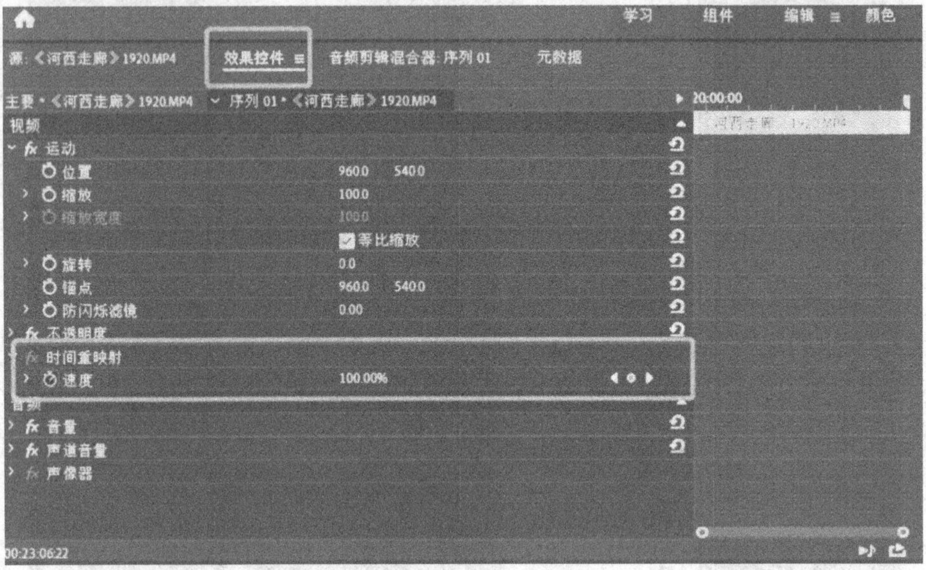

图 6-28　效果控件面板

4. 声画取消链接

在视频编辑中，我们经常只需要某一段素材单独的声音或者单独的视频，这就需要对素材进行声音和视频的分离，可以使用快捷键 Ctrl+L，或者在轨道上选择素材单击鼠标右键，找到取消链接命令，点击“确定”，就可以使视频和音频独立开来，分开编辑（图 6-29）。

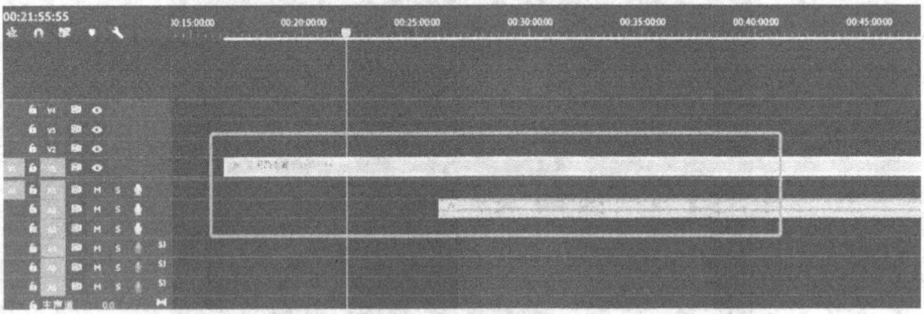

图 6-29　声画取消链接

5. 视频过渡

在影视作品中，两个以上的镜头就巧妙地构成了镜头的切换，也就是转场。切换分为硬切和软切。直接将素材两端首尾相连，这两段素材之间的切换就是硬切。在两个素材片段之间的剪辑点上应用特殊效果的技巧性转场就是软切。下面我们利用 Premiere 自带的视频过渡特效给大家讲解如何添加视频过渡特效。

首先打开效果面板，单击视频过渡文件夹，可以看到软件自带的多款过渡特效(图 6-30)。

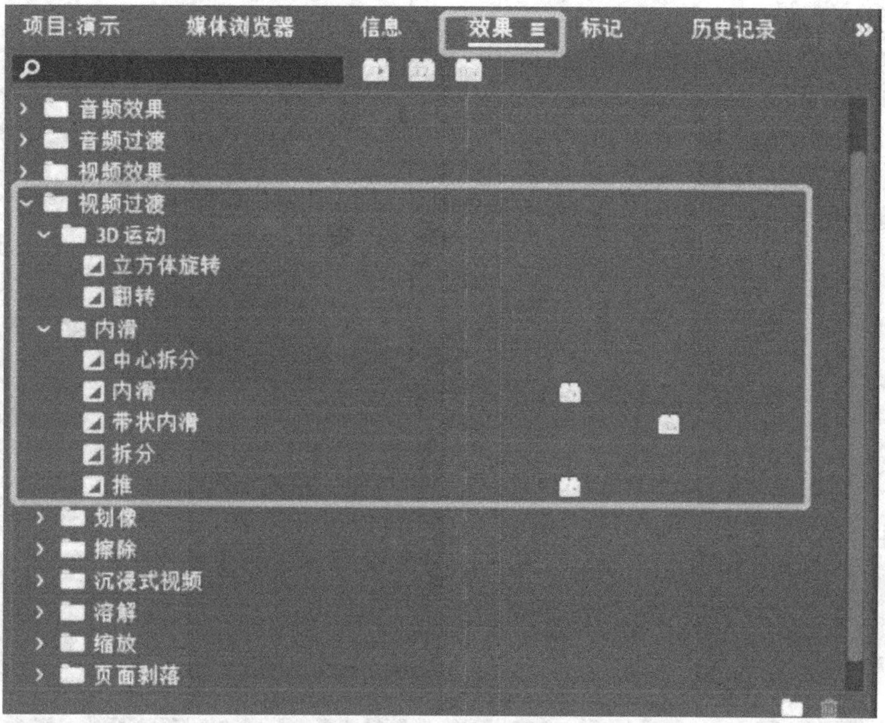

图 6-30　过渡特效

视频过渡效果可以添加在单个素材的出点或者入点的位置，直接在效果面板中选择某种过渡效果拖曳到素材的入点或者出点位置(图 6-31)，点击“播放”就可以看到添加的过渡效果了。

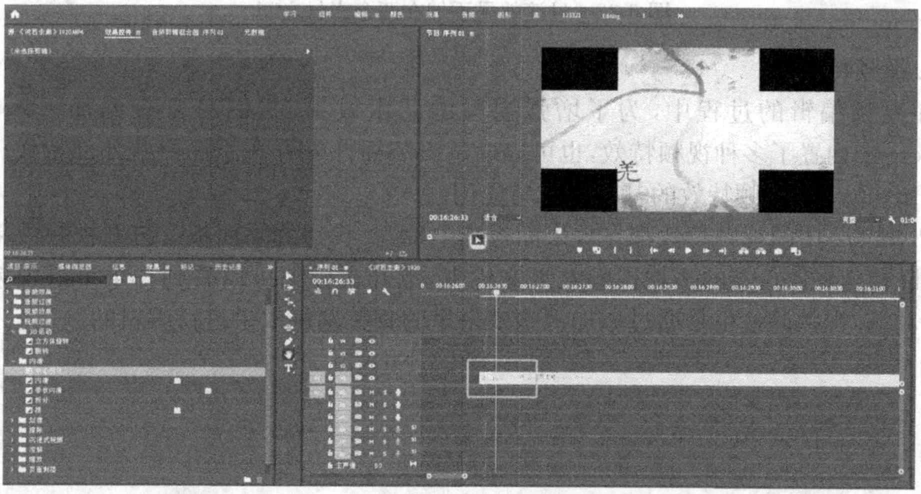

图 6-31　过渡效果添加到单个素材上

视频过渡效果主要还是添加在两个素材之间，直接在效果面板中选择某种过渡效果拖曳到两个素材的连接处(图 6-32)，注意两个素材之间不能有空隙，点击“播放”就可以看到添加的过渡效果了。

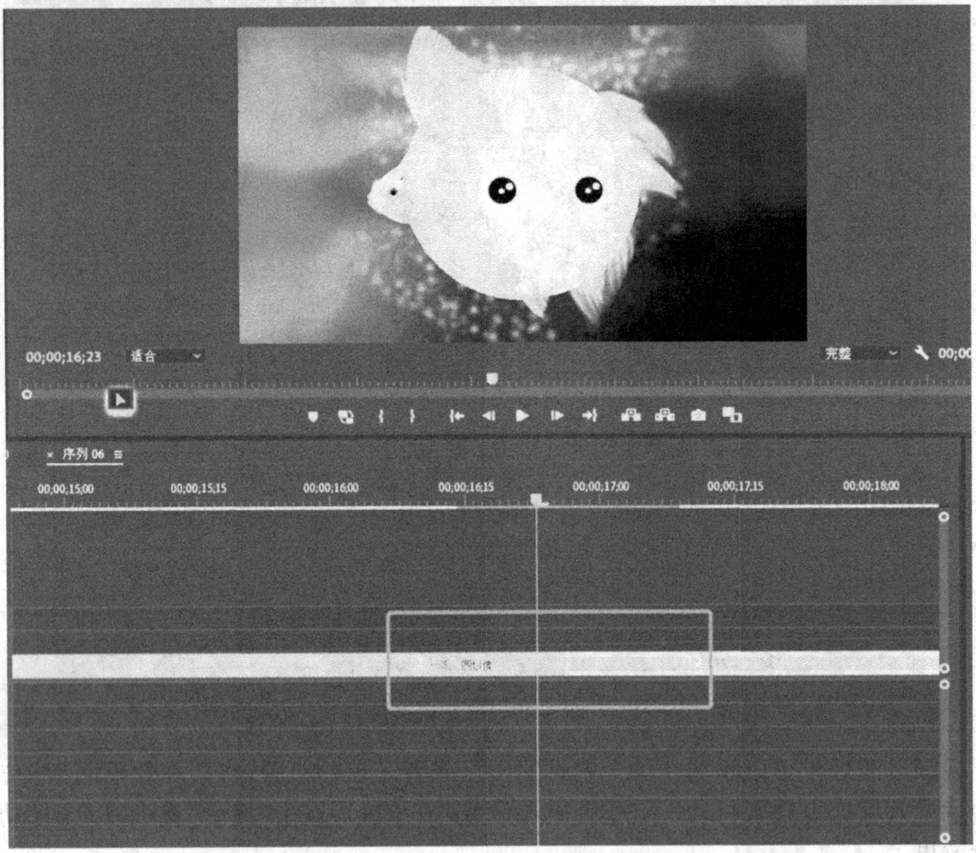

图 6-32　过渡效果添加在两个素材之间

6. 视频特效

在视频编辑的过程中，为了增强视频的艺术效果，我们经常会添加一些特效。Premiere 中内置了多种视频特效，也可以通过安装插件的方式添加一些外部特效。下面介绍 Premiere 中视频特效的基本操作与应用。

Premiere 中的视频特效都在效果面板当中，需要找到效果面板。打开视频效果文件夹，可以看到软件自带的多款视频效果文件夹，点开文件夹可以看到一个个的视频特效(图 6-33)。视频调色也是通过添加视频效果里的相关调色效果进行编辑的。

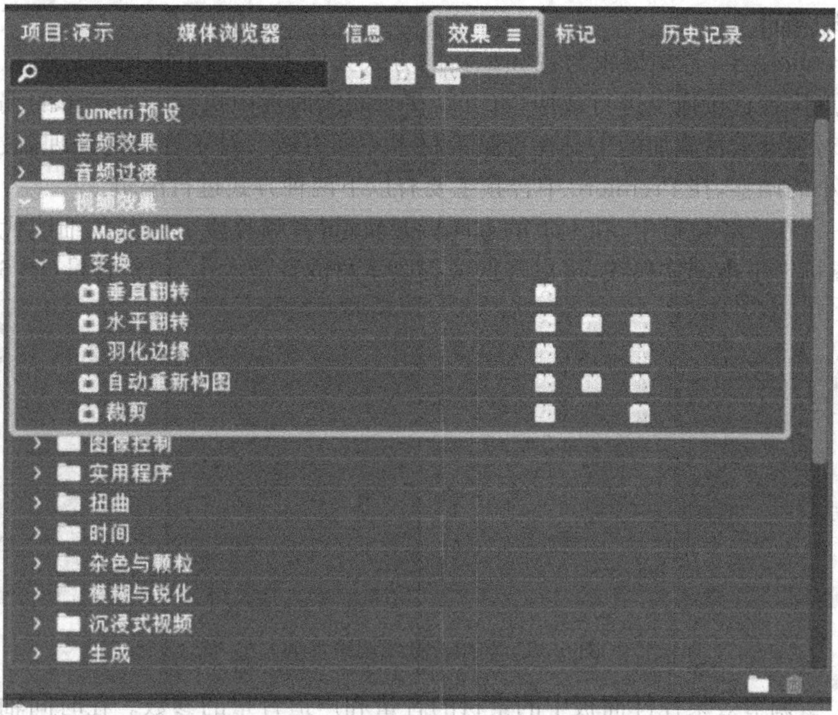

图 6-33　视频特效

在 Premiere 中,你可以将视频特效直接应用于时间轴里的任何素材上,只需将特效面板中的视频特效任意效果拖曳到时间轴的素材上,就可为其添加特效。一个素材可以添加多个特效。单击添加了视频特效的素材片段,然后点开效果控件面板,就可以看到所添加的视频特效(图 6-34),并可以在效果控件面板里对视频特效参数进行调整。

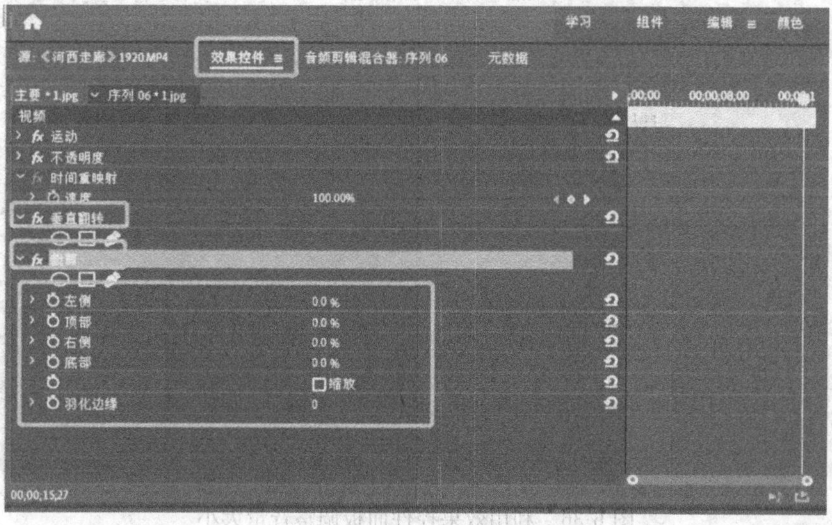

图 6-34　效果控件面板调整参数

7. 音频编辑

在 Premiere 中，音频编辑与视频编辑的方式大体上是一样的，既可以将鼠标置于素材的出入点位置直接拖曳进行裁切，也可以在时间线面板中执行一些简单的编辑。工具栏中可以对视频素材施加的工具在音频素材中一样有效。对于音频的处理，最主要是进行音量大小的调整，在 Premiere 中音频主要有以下两种方式进行编辑。

方法一：在音频轨道中，在上下的方向展开轨道，音频片段上的灰色细线代表的是音量线，用鼠标上下拖动这根线，可以降低或提高素材的音量大小，调整音量（图 6-35）。

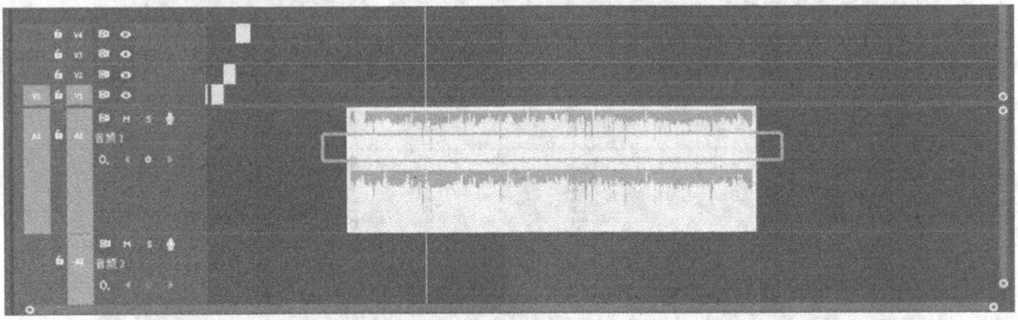

图 6-35　利用音量线调整音量大小

方法二：调节效果控件面板中的素材的音量和声道音量的参数。在时间轴面板中选择声音素材，打开效果面板，展开音量和声道音量，通过改变数值进行调整（图 6-36）。

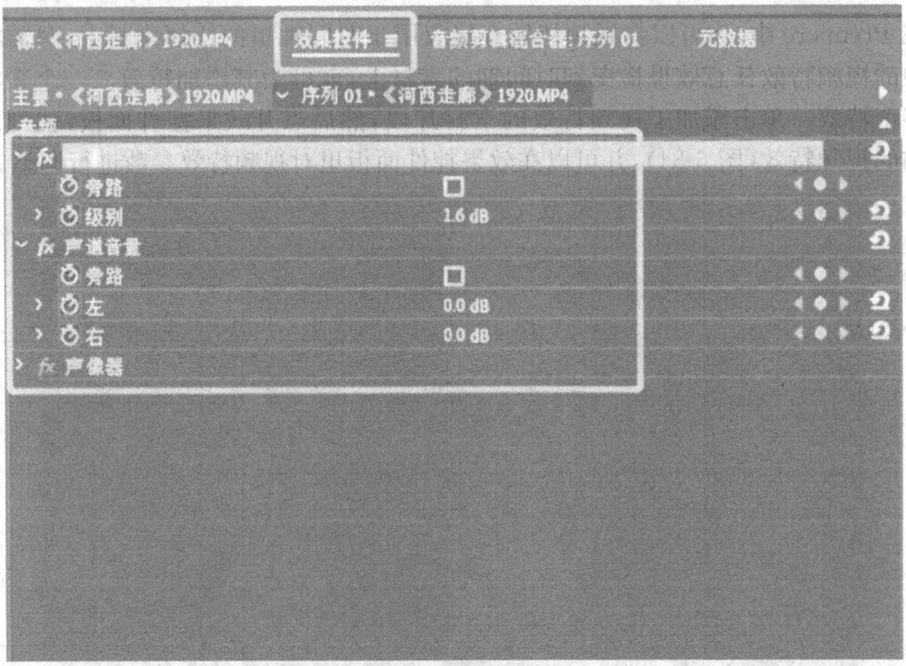

图 6-36　利用效果控件面板调整音量大小

还可以通过添加效果面板中的音频效果进行调整。

8. 字幕编辑

字幕是视频素材的一种类型，在 Premiere 视频编辑中有着重要的作用。在 Premiere 的最新版本中，有两种常见的字幕添加方法。

方法一：在工具面板中选择字幕工具（图 6-37），用鼠标在节目监视器窗口点击一下，输入文字，可在效果控件窗口找到文本命令展开，就可以对字幕进行字体、颜色、位置等方面的调节了（图 6-38）。

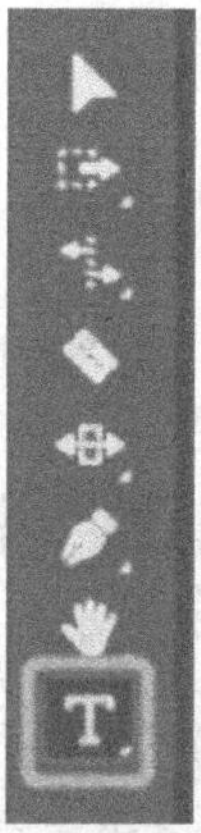

图 6-37　利用工具面板创建字幕

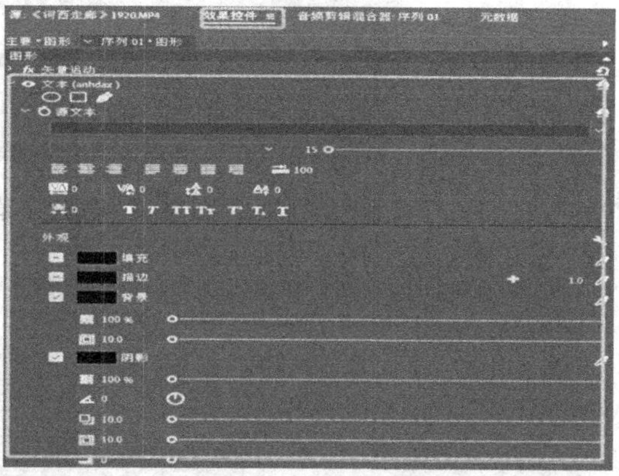

图 6-38　文本命令

方法二：找到菜单栏中文件→新建→旧版标题（图 6-39），用鼠标启动旧版标题命令，会出现新建字幕窗口（图 6-40）。可以在窗口中设置字幕的视频参数，一般建议用默认值，点击“确定”，就可以正式进入字幕编辑窗口（图 6-41）。选择文字  按钮，在中间区域输入文字，在旧版标题属性位置调整文字的各项参数。

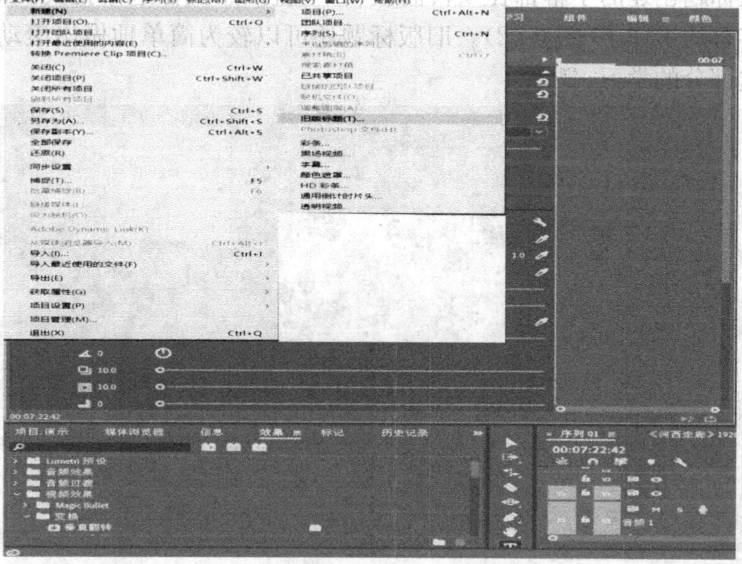

图 6-39　新建旧版标题

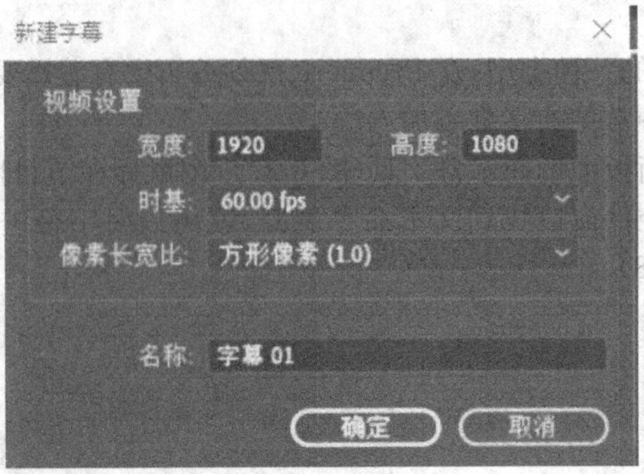

图 6-40　新建字幕设置

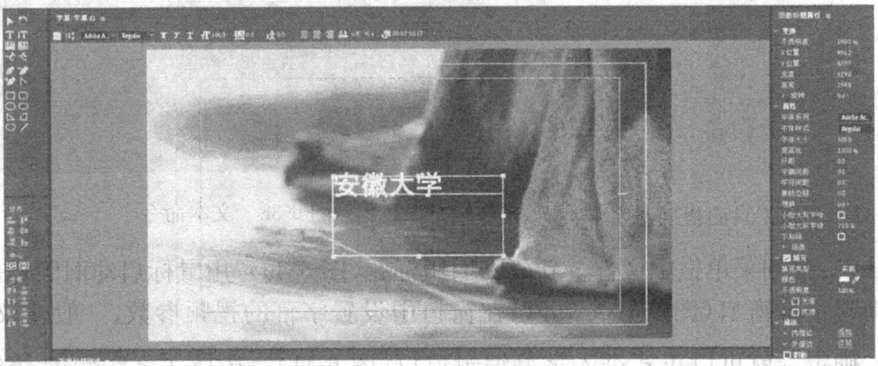

图 6-41　输入文本文字

利用旧版标题创建的字幕都在项目面板当中，直接用鼠标选中拖曳到时间轴中就可以完成添加字幕的工作了(图 6-42)。旧版标题还可以较为简单地做出滚动字幕，大家课后可以拓展这部分的学习。

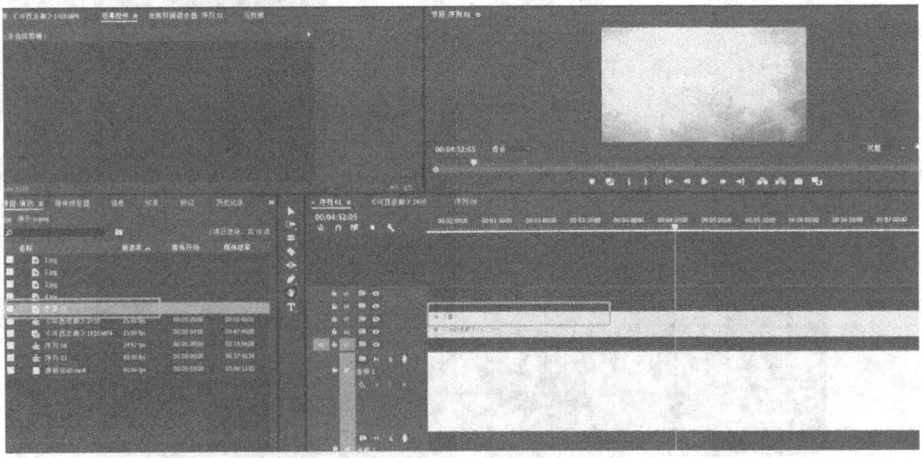

图 6-42　在视频轨道添加字幕

四、渲染输出

经过素材的采集与导入、剪辑组接、转场及特效处理、音频混合处理、字幕制作等环节，节目制作完成，接下来需要根据播放媒介进行输出操作。

Premiere 可以把作品录制到磁带上，也可以输出为在计算机上播放的视频文件、动画文件或者静态图片序列，还可以刻录到 DVD 光盘上。Premiere 为各种输出途径提供了多种文件格式和视频编码方式，不同的输出方式之间也有相互交叉。选择菜单栏中的文件“导出”命令，在子菜单中显示各种输出选项（图 6-43）。以下为大家讲解 Premiere 软件的输出。

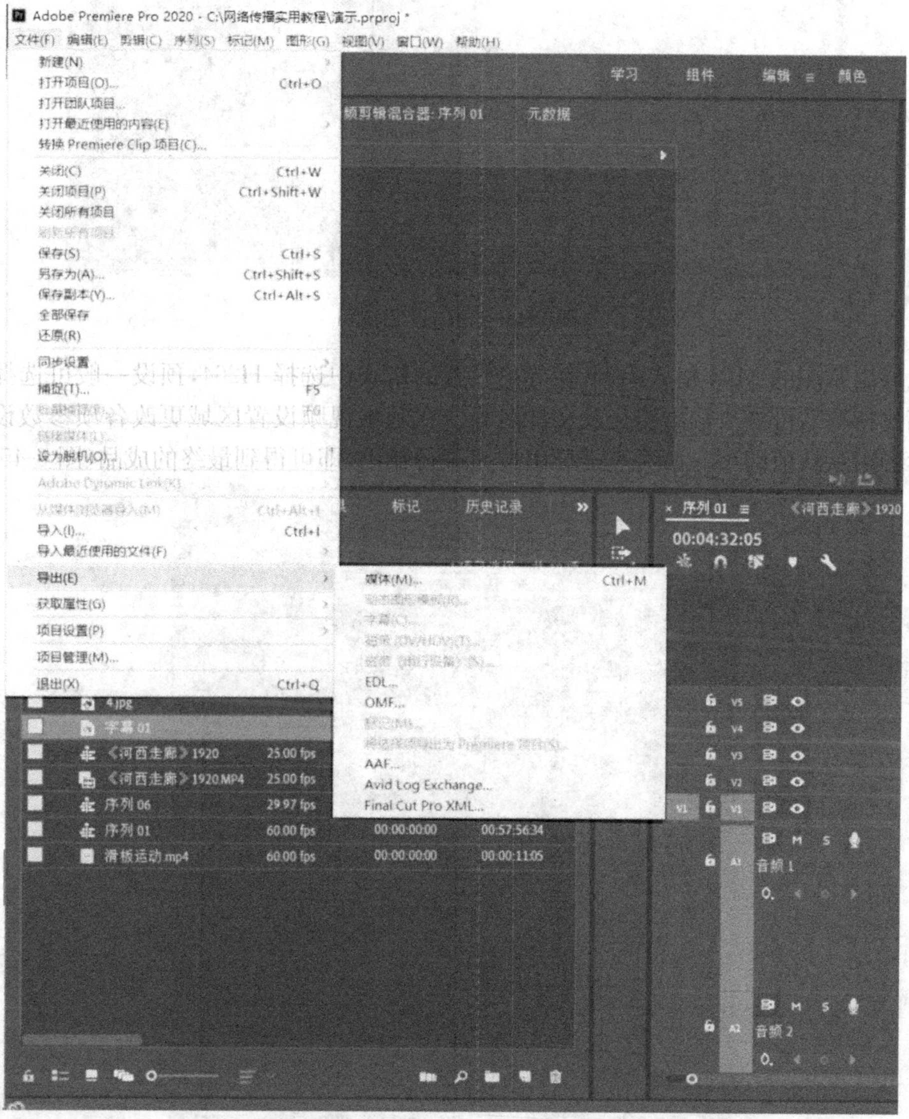

图 6-43 导出菜单

选择菜单栏的文件“导出”,快捷键 Ctrl＋M 是最便捷的输出方式之一。选择好输出范围,根据输出文件的用途及播放媒介将序列输出为各种媒体格式,包括视音频文件、图片文件及音频文件等。选择导出媒体菜单后,会出现导出设置窗口(图 6-44)。

图 6-44　导出设置窗口

以导出常用的 MP4 格式为例,在导出设置的格式中选择 H264,预设一般可选择“匹配源—高比特率”,可更改输出路径及文件名等。在基本视频设置区域更改各项参数设置,建议初学者用默认值即可。最后点击导出按钮进行输出,即可得到最终的成品(图 6-45)。

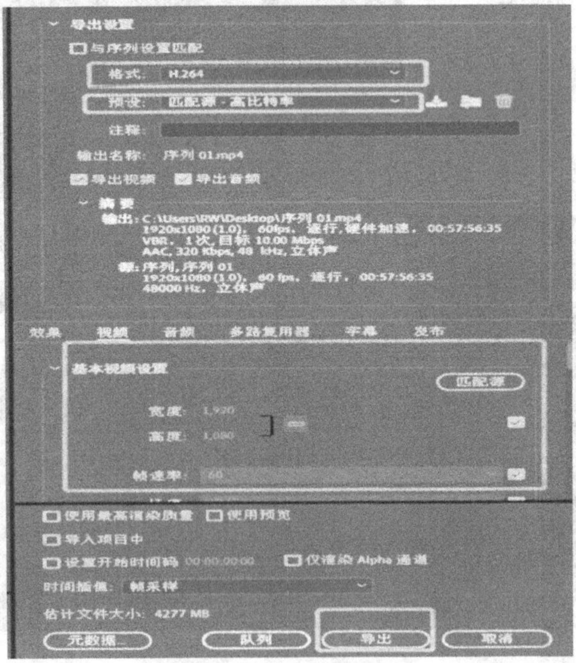

图 6-45　导出参数设置

6.4　视频格式转换

视频格式转换是指通过一些软件，将视频的格式互相转化，使其满足使用的需求。目前常用的视频格式转换软件有格式工厂(Format Factory)、迅捷视频转换器、小丸工具箱等，下面以格式工厂为例，简要介绍视频格式转换软件的使用。

1. 格式工厂简介

格式工厂是由上海格式工厂网络有限公司开发的视频格式转换软件，是全球领先的视频图片等格式转换软件，它能将几乎所有类型多媒体格式转换到常用的几种格式，在转换过程中还可以修复某些意外损坏的视频文件。这款软件上手简单，是最为人熟知的视频格式转换工具。

图 6-46　格式工厂官网二维码

2. 格式工厂的应用

在格式工厂的官网上下载格式工厂软件最新版，安装完成后，双击桌面上的格式工厂图标运行软件，这时出现的是格式工厂的主界面(图 6-47)。以下我们以将 FLV 格式转换为 MP4 格式为例，对格式工厂软件视频转换操作进行分步骤讲解。

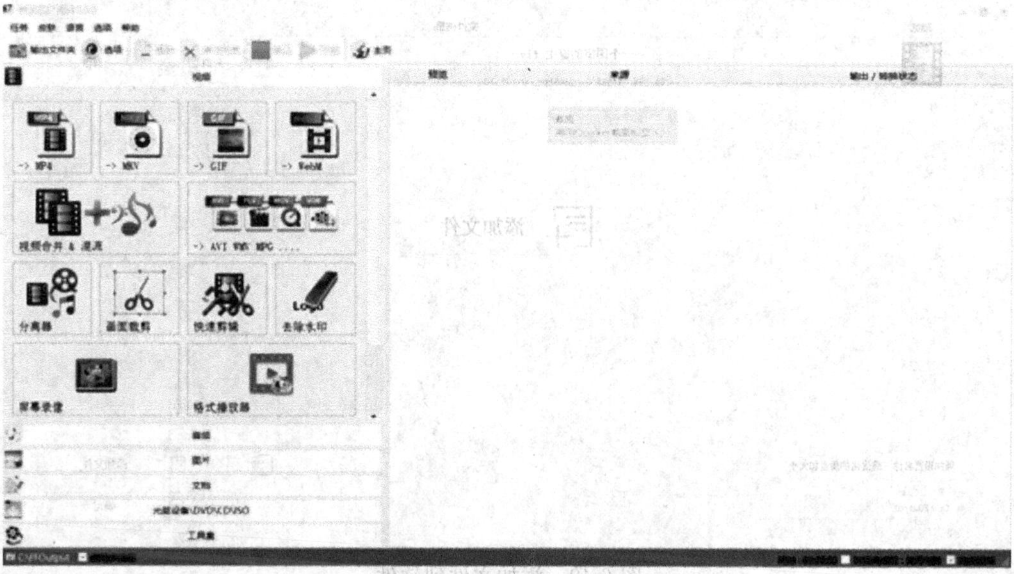

图 6-47　格式工厂主界面

(1)选择你想要转换成的格式。以要转换成 MP4 格式为例，打开软件后，点击软件主界面左上角视频里的“MP4”，会弹出一个窗口(图 6-48)。

图 6-48　添加文件窗口

(2)点击添加文件按钮，选择你需要转换的 FLV 文件，点击“确定”。这时候可以看到需要转换的 FLV 格式文件已经添加到预览的位置(图 6-49)。

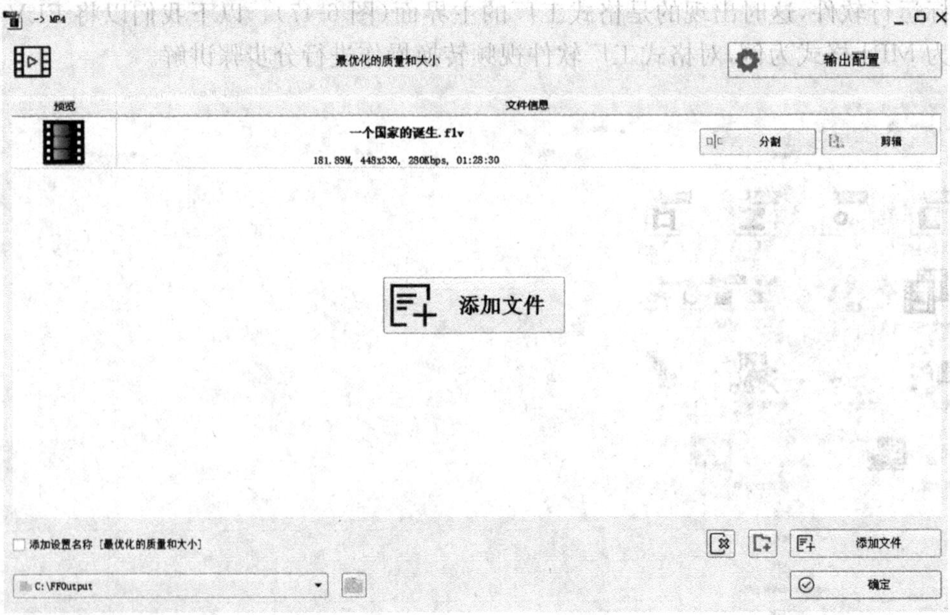

图 6-49　添加文件到软件

(3)点击左下角的　文件夹按钮，在弹出的窗口中可以选择转换完成后视频所在的位置(如图 6-50)，点击选择文件夹确定，就可以看到窗口左下角的位置变成了刚刚选择的文件夹位置。

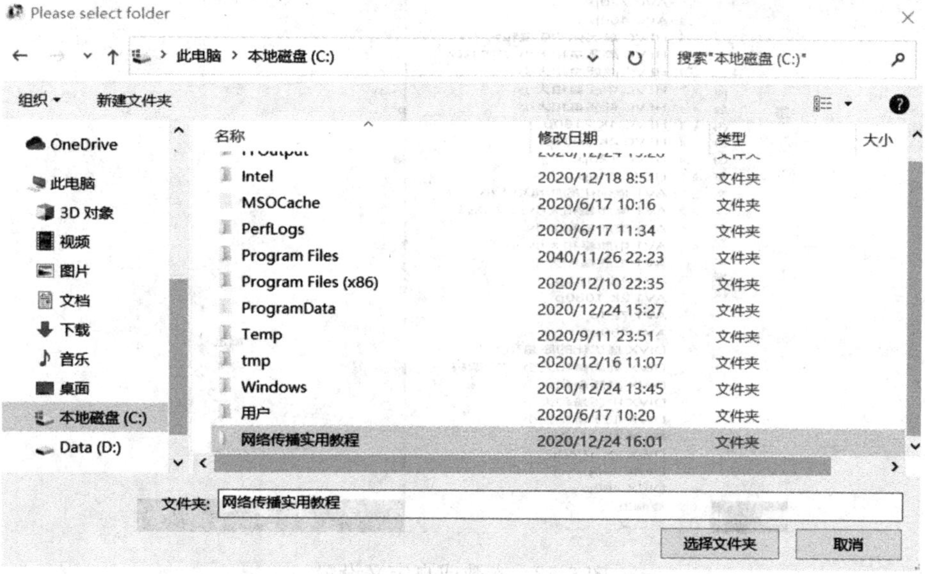

图 6-50　更改转换视频的保存位置

(4)点击右上角的输出配置按钮，在弹出的视频设置窗口(图 6-51)中可以选择转出视频的各项参数设置，点击相应的参数就可以进行修改，视频设置窗口的最上面质量和大小可以打开下拉框进行选择预设好的参数或自定义设置(图 6-52)。

图 6-51　视频设置窗口

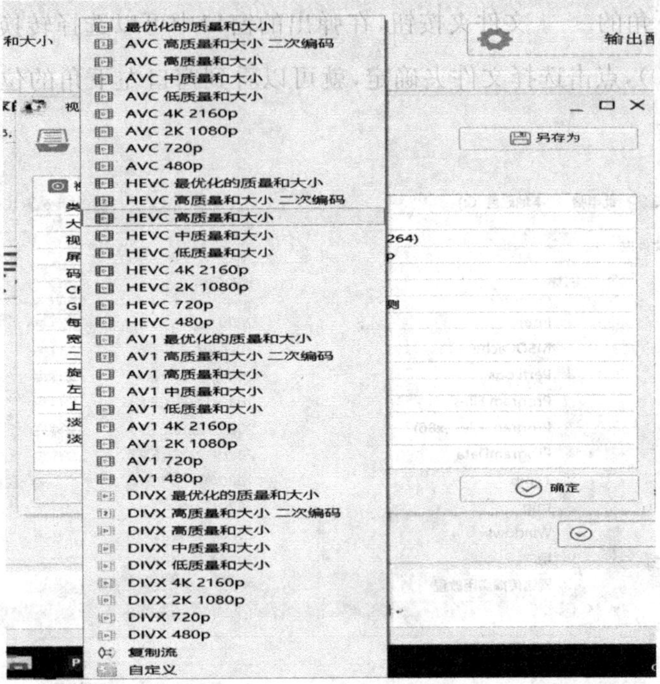

图 6-52　参数或自定义设置

(5)选择好转换视频的位置和各项参数后，点击右下角确定按钮，就可以回到主界面，此时主界面的右边显示视频转换等待中(图 6-53)。

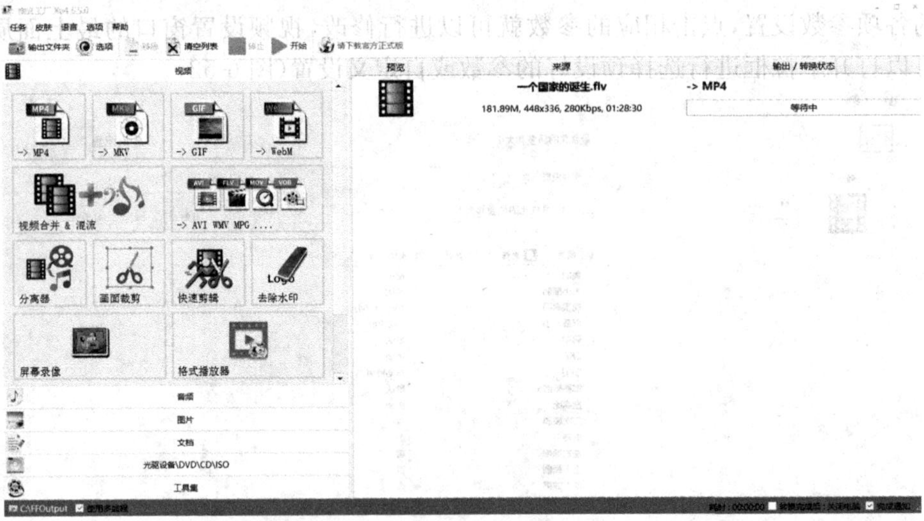

图 6-53　视频转换等待

(6)点击主界面上方的绿色开始按钮 开始 ，会看到主界面右边视频由等待中变成转换完成的百分比，当数字变成 100%，进度条内显示“完成”字样，就说明视频转换完成(图 6-54)。找到你之前设置的导出位置，就可以看到转换好的 MP4 格式视频了(图 6-55)。

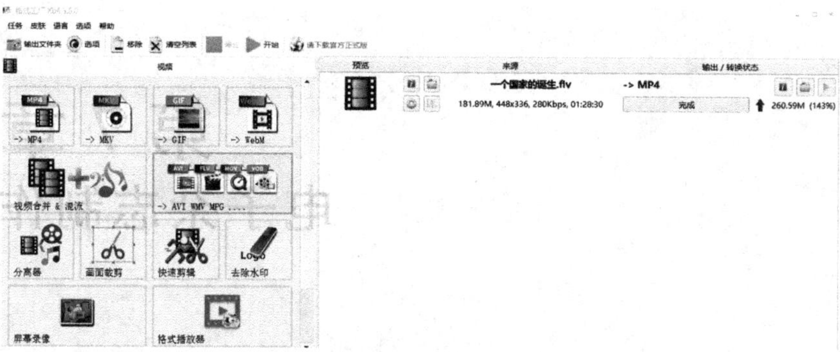

图 6-54　视频转换完成

图 6-55　导出位置

如今各类视频软件 App 越来越多，视频格式也越来越多，视频格式转换成为新媒体时代必须掌握的基本技能之一，大家可以根据自己的需要，选择任意一款视频格式转换软件进行试用。

第 7 章 电子杂志制作

电子杂志是一种比较好的媒体表现形式，它兼具了平面与互联网的特点，且融入了图像、文字、声音、视频、游戏等来呈现给读者。国内有许多发行量较大的纸质杂志发行电子杂志，电子杂志也已经成为数字传播的一个重要内容，掌握一些电子杂志制作的技能是非常必要的。

7.1 电子杂志基础知识

1. 什么是电子杂志

电子杂志，是随着计算机事业的迅速发展，特别是跨入多媒体时代而出现的一种新型出版物，它也是一种以 Flash 为主要载体独立于网站存在的电子出版物。这种出版物就其内容而言，也具有纸版杂志的属性，是有固定栏目、按顺序连续出版的刊物。但是，由于它存储和传播的载体发生了根本性的变化，这就使得电子杂志与一般的纸版杂志相比，具有无可比拟的优越性。

2. 电子杂志的优势

首先，电子杂志是在计算机上阅读，它可以借助计算机的运算速度和海量存储，极大地提高杂志包含的信息量；

其次，在计算机特有的查询功能的帮助下，它使人们可以在海量的信息中快速搜寻所需内容；

再次，电子杂志在内容的表现形式上，既有声音，又图像并茂，人们不仅可以看到文字、图片，还可以听到各种音效，看到动态的视频。

总之，电子杂志可以使人们欣赏到多种形式的内容，提高阅读品质和体验。加上电子杂志中极其方便的电子索引、随机注释，更使得电子杂志具有信息时代的特征。

值得一提的是，电子杂志打破了传统媒体的发行、传播形式，也打破了人们传统的时空观念，它更加贴近人们的生活，更好地满足了人们对文化生活的更高要求。

7.2　电子杂志制作软件的使用

目前已经有多种制作电子杂志的软件，本教材以 iebook 超级精灵为例来介绍电子杂志的基本使用。iebook 超级精灵是融入互联网、手机移动和数字电视终端三维整合传播体系的专业电子杂志、移动 H5、在线 LOGO 等制作软件及推广系统，可在 PC、iPad、iPhone、Android 等多平台上自由阅读。

1. 安装软件

(1)双击安装下载的 iebook setup. exe 文件。

iebook_setup.exe
类型: 应用程序

图 7-1　iebook 超级精灵安装文件

(2)出现如图 7-2 所示界面。

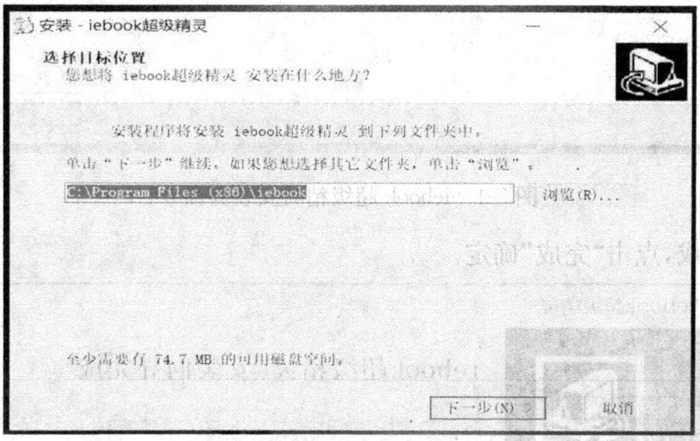
安装 - iebook超级精灵
选择目标位置
您想将 iebook超级精灵 安装在什么地方?
安装程序将安装 iebook超级精灵 到下列文件夹中。
单击“下一步”继续。如果您想选择其它文件夹，单击“浏览”。
C:\Program Files (x86)\iebook
浏览(R)...
至少需要有 74.7 MB 的可用磁盘空间。
下一步(N) >
取消

图 7-2　iebook 超级精灵安装界面 1

(3)选择安装 iebook 超级精灵程序的文件路径，然后选择“下一步”。

(4)在准备安装的窗口选择“安装”。

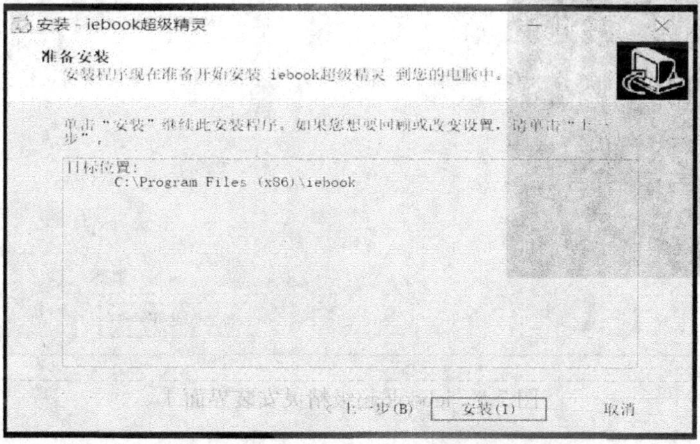
安装 - iebook超级精灵
准备安装
安装程序现在准备开始安装 iebook超级精灵 到您的电脑中。
单击“安装”继续此安装程序。如果您想要回顾或改变设置，请单击“上一步”。
目标位置:
C:\Program Files (x86)\iebook
< 上一步(B)
安装(I)
取消

图 7-3　iebook 超级精灵安装界面 2

(5)开始 iebook 超级精灵安装过程。

安装 - iebook超级精灵
正在安装
安装程序正在安装 iebook超级精灵 到您的电脑中，请等待。
正在解压缩文件...
C:\Program Files (x86)\iebook\template\8\长江七号.im
取消

图 7-4　iebook 超级精灵安装界面 3

(6)安装完成，点击“完成”确定。

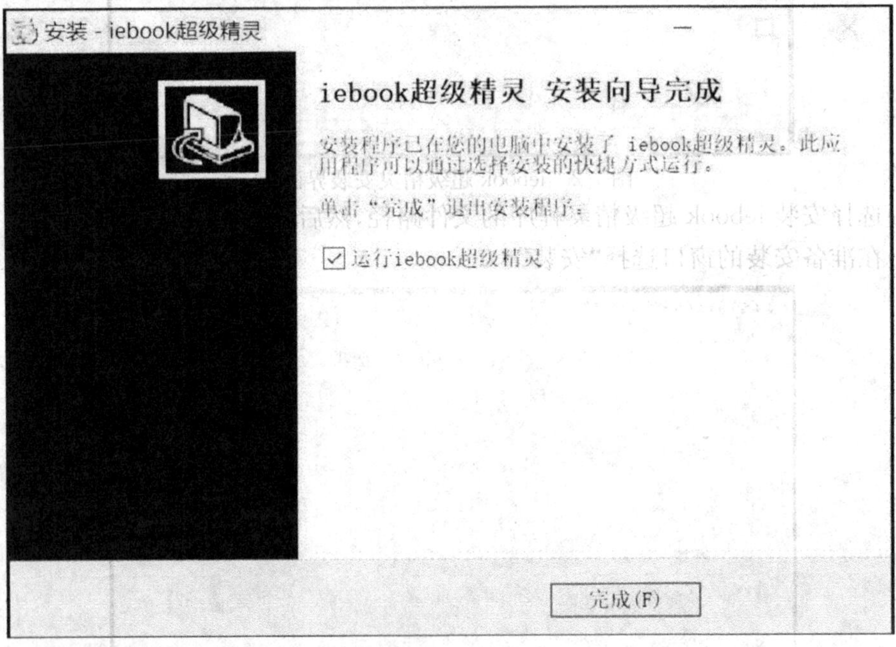
安装 - iebook超级精灵
iebook超级精灵 安装向导完成
安装程序已在您的电脑中安装了 iebook超级精灵。此应用程序可以通过选择安装的快捷方式运行。
单击“完成”退出安装程序。
运行iebook超级精灵
完成(F)

图 7-5　iebook 超级精灵安装界面 4

2. 软件界面

iebook 超级精灵的整个操作界面大致分为菜单栏、工具栏、工作区、页面元素列表框（资源管理器）、属性面板。

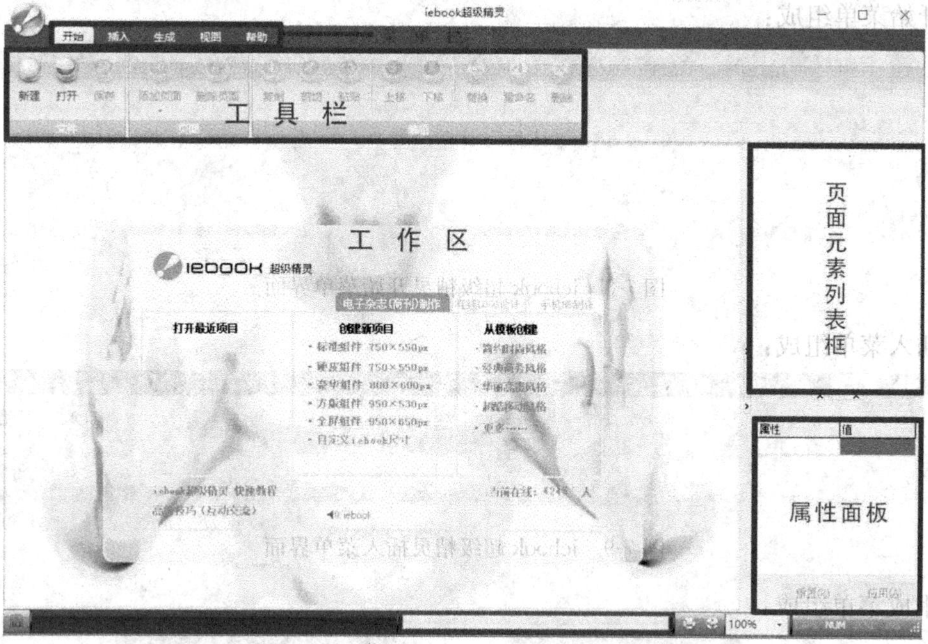

图 7-6　iebook 超级精灵操作界面

主要的操作显示大都是在工作区里完成。

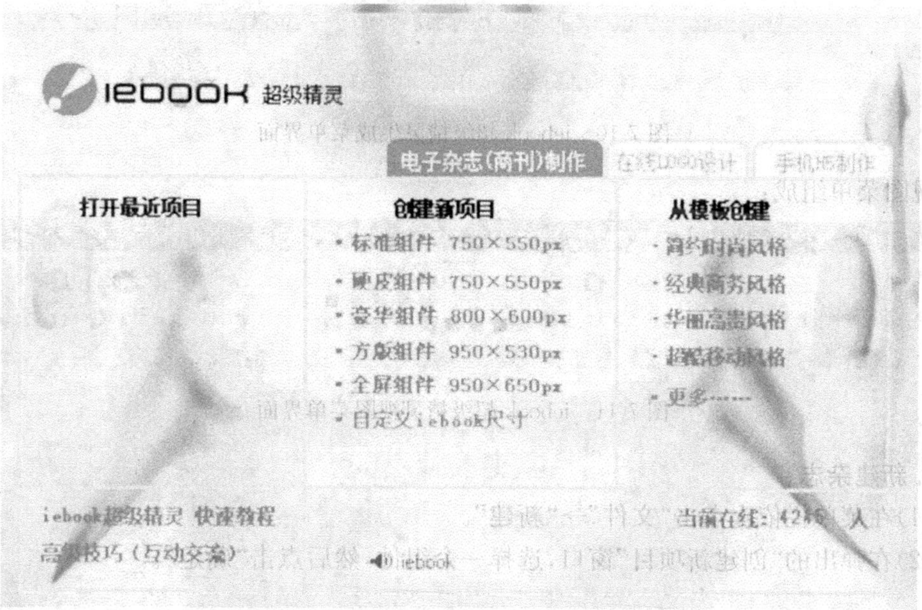

图 7-7　iebook 超级精灵工作区界面

3. 工具栏和菜单栏介绍

iebook 的菜单栏主要由开始、插入、生产、视图五个部分组成，各个工具具体的功能将在后面的使用过程中进行介绍。

开始菜单组成：

图 7-8　iebook 超级精灵开始菜单界面

插入菜单组成：

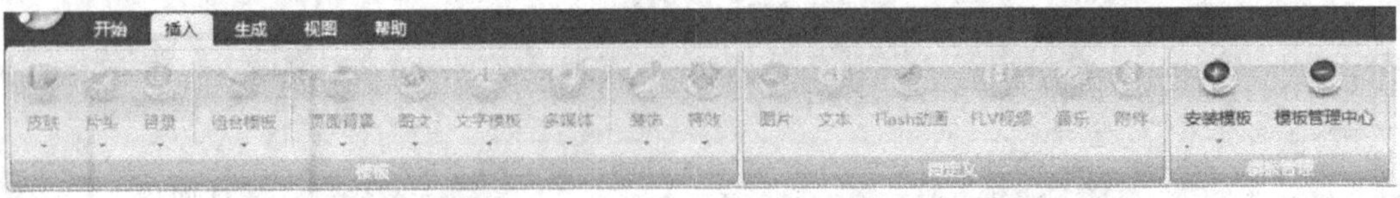

图 7-9　iebook 超级精灵插入菜单界面

生成菜单组成：

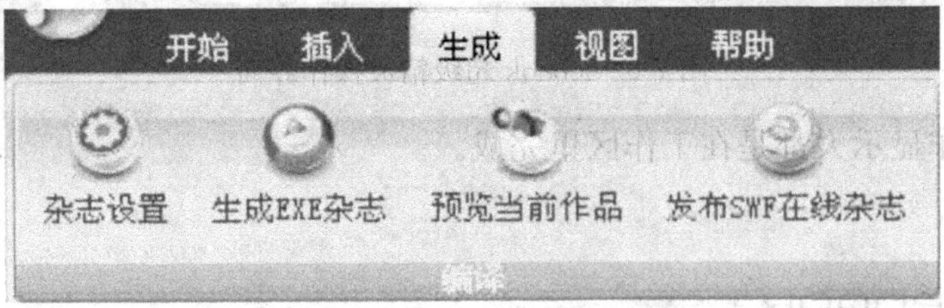

图 7-10　iebook 超级精灵生成菜单界面

视图菜单组成：

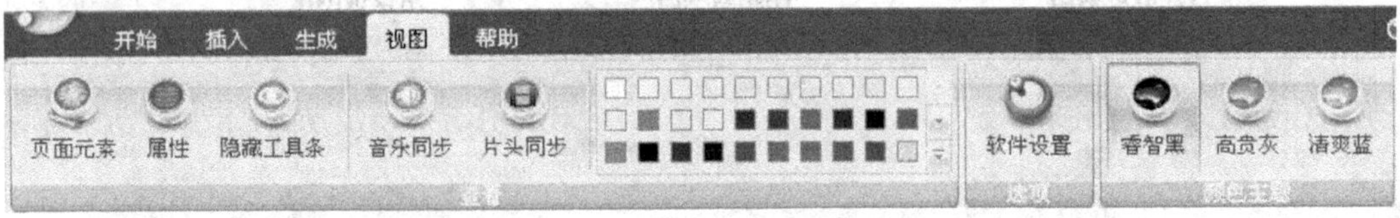

图 7-11　iebook 超级精灵视图菜单界面

4. 新建杂志

(1)在菜单栏依次点击“文件”→“新建”。

(2)在弹出的“创建新项目”窗口，选择一个组件，然后点击“确定”。

图 7-12　iebook 超级精灵创建新项目窗口

(3)一个组件项目创建完毕。

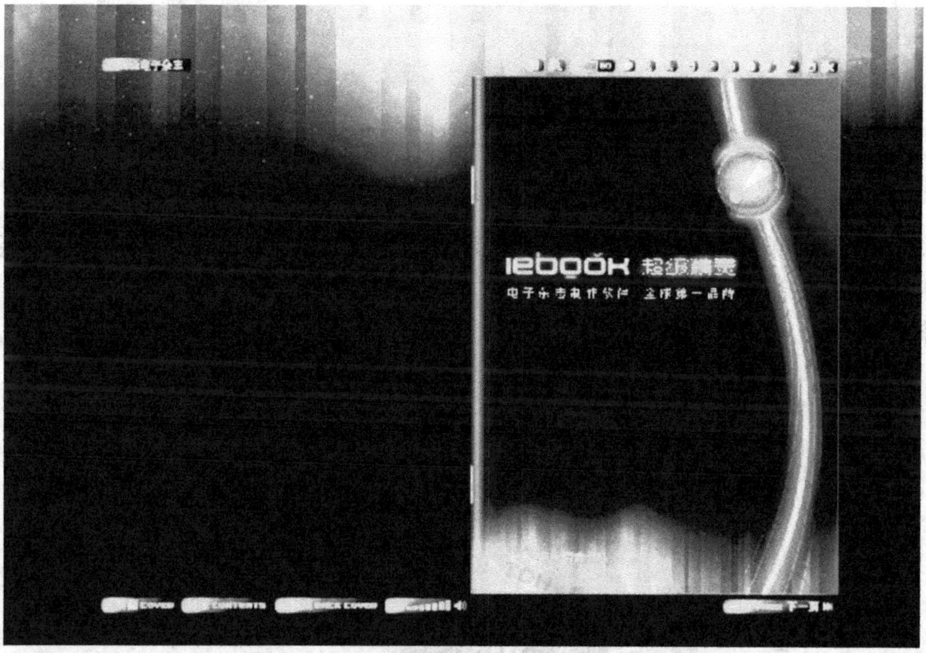

图 7-13　iebook 超级精灵创建新项目完成界面

5. 添加杂志页面

(1)单击添加页面按钮来新建一个杂志页面,可以同时添加一个页面或多个页面(1—100)。

图 7-14　添加页面按钮

(2)选择添加一个页面以后,可以看到软件工作区出现了一张白色的页面。

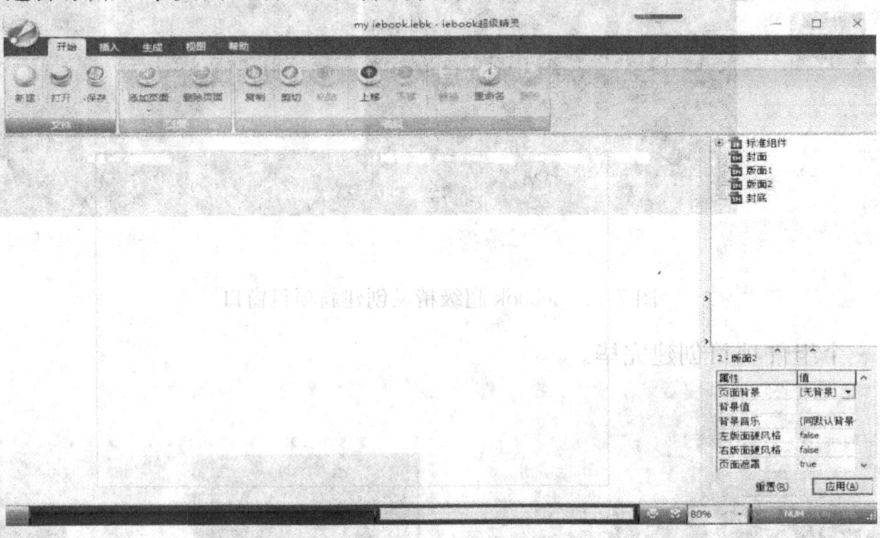

图 7-15　新添加页面的窗口

(3)我们将菜单栏切换到插入状态下,可以为页面插入背景、图文、文字模板、多媒体资源、音频、视频、装饰、特效等,我们可以根据自己的需要进行选择,图 7-16 就是插入多个元素后的效果。(图中元素来自于软件自带素材)

图 7-16　插入效果图

(4)页面元素属性及修改。在每个页面的右侧，都有页面元素属性框，可以对页面中的元素属性进行修改。

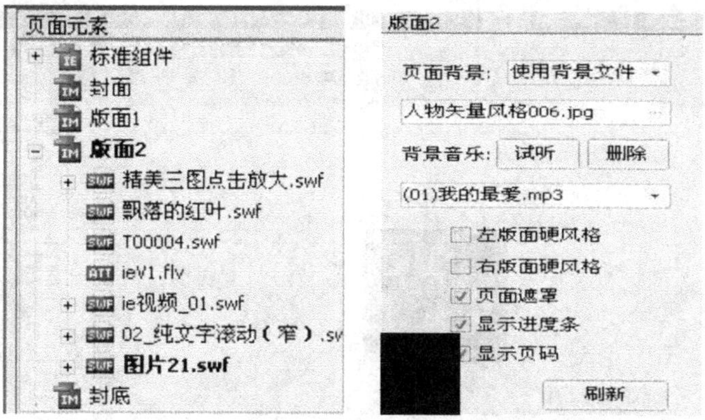

图 7-17　页面元素属性及修改视图

6. 添加目录模板

(1)将菜单栏切换到插入状态下，选择插入目录。

(2)在弹出的选择框中，选择需要的目录模板。

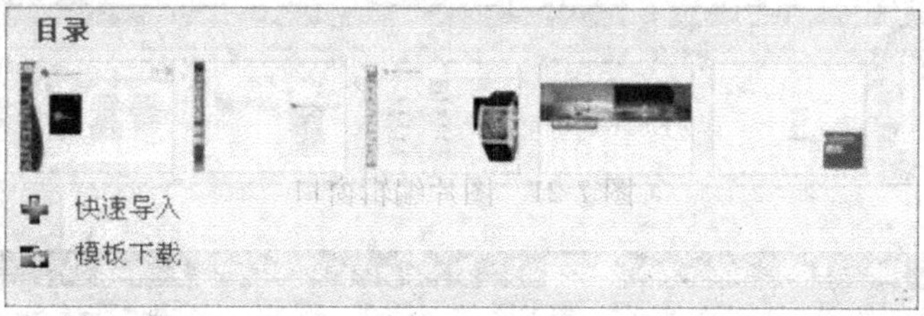

图 7-18　目录模板视图

(3)这样，我们就为杂志添加好了目录。

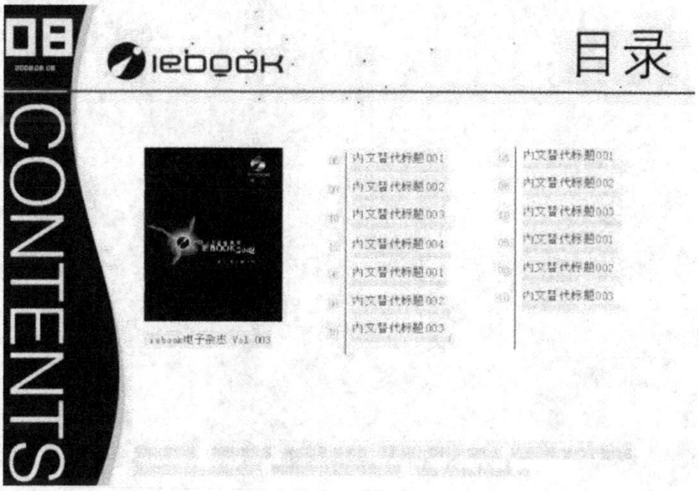

图 7-19　目录窗口

(4)修改目录属性。

①修改目录的边框色。在页面元素列表中找到目录的边框色块图片，双击图片。

图 7-20　目录属性面板栏边框色块图

在弹出的“图片”工具栏，利用相关工具进行调整，也可以用一张图片来替换。

图 7-21　图片编辑窗口

图 7-22　调整目录属性的边框色块图

②修改目录的 logo 图片。在列表面板中找到 logo 图片，双击 logo 图片。

图 7-23　修改目录的 logo 图片视图

在弹出的“图片”窗口中，选择更改图片，导入要替换的 logo 图片。

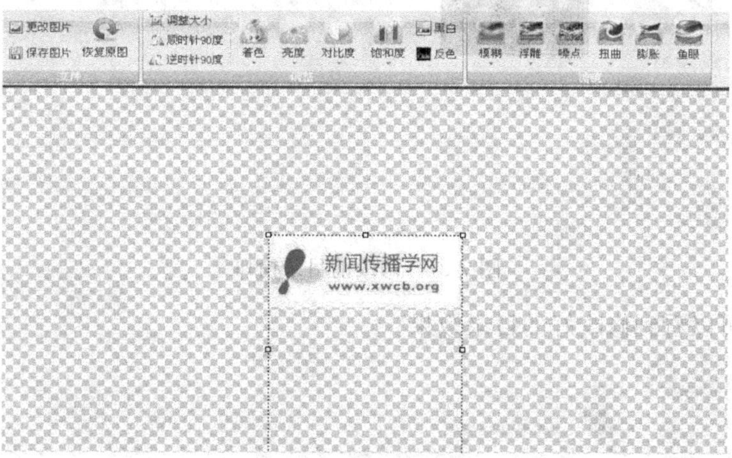

图 7-24　更改图片界面

③修改目录的文字。在属性面板中选择要修改的目录文字，在弹出的编辑窗口中进行修改。

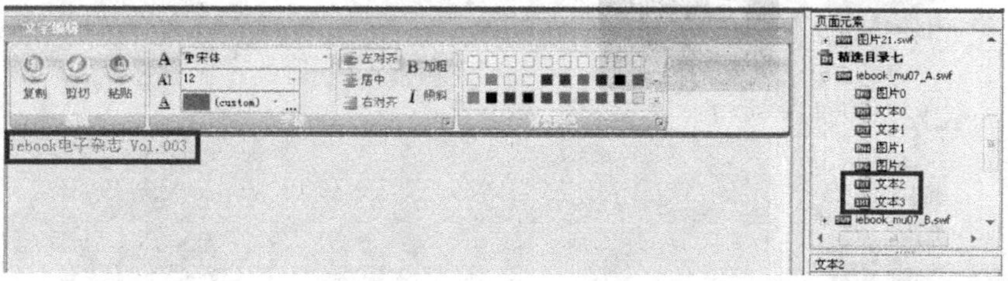

图 7-25　目录文字编辑窗口

在文字编辑窗口中选择“字体”“颜色”“对齐方式”等可对文字进行修改。

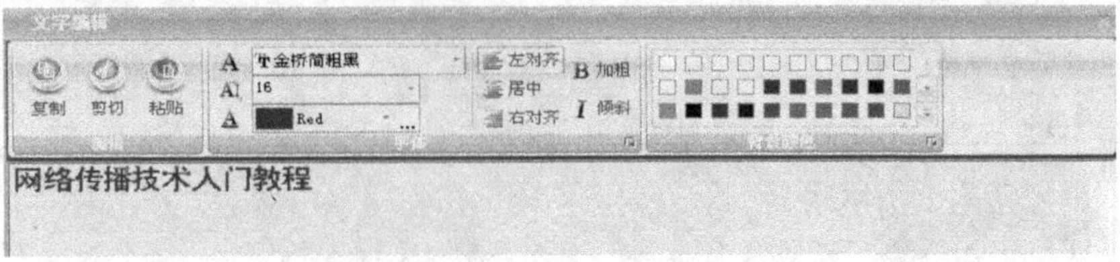

图 7-26　目录文字编辑窗口

④修改目录标签号。

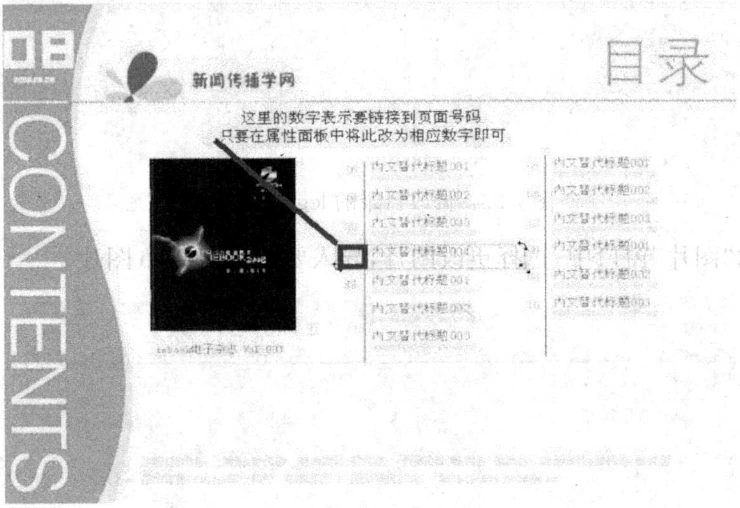

图 7-27　修改前目录窗口

最后，就可以看到修改好的目录效果。

图 7-28　修改后目录窗口

7. 图片剪切

在制作杂志的过程中，我们经常需要替换模板图片或插入图片，为了让每幅图片都达到最好的画质效果，可能需要对图片进行剪切。为保证图片画质，尽量使裁剪的图片尺寸大于等于输出大小。

依次点击“插入”→“图片”，插入所需图片。如果裁剪的图片尺寸大于等于输出大小，软件会自动将图片压缩到规定尺寸，不会对画质有影响。

图 7-29 插入图片菜单视图

单击“调整大小”，可根据杂志页面大小直接输入相应参数，或者直接拖曳边框来控制图片大小，点击“确定”。

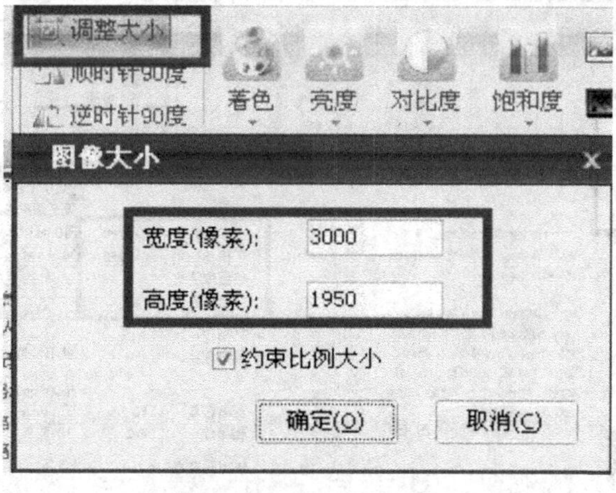

图 7-30 调整图片大小窗口

8. 添加音乐

在制作杂志的过程中，我们经常需要插入音频文件来丰富杂志的内容，步骤如下：依次点击“插入”→“音乐”，插入音频文件。

图 7-31　添加音乐操作视图

9. 添加视频

在制作杂志的过程中，我们经常需要插入视频文件来让杂志的表现形式更多样，插入视频素材的步骤如下：

依次点击“插入”→“Flv 视频”，插入 Flv 视频文件。

图 7-32　添加视频操作视图

其他内容的插入方式与上述的插入方式基本相同。

10. 编辑页面顺序

当想让页面元素列表中的各类元素顺序进行调整的时候，需要用到上移或是下移功能。

(1)首先需要在资源管理器中先选中要移动的页面元素。

(2)对着元素单击鼠标右键，在弹出的菜单中选择上移或下移，或者直接在工具栏中选择上移或下移。

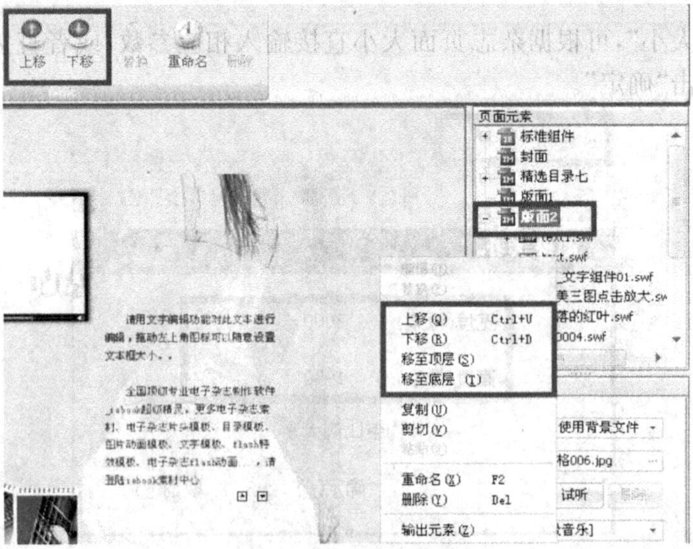

图 7-33　编辑页面顺序菜单视图

11. 生成设置

当我们完成杂志的内容制作以后，就需要将杂志编辑出来，供自己欣赏和与朋友分享。

(1)点击工具栏的“生成”按钮,弹出生成菜单。

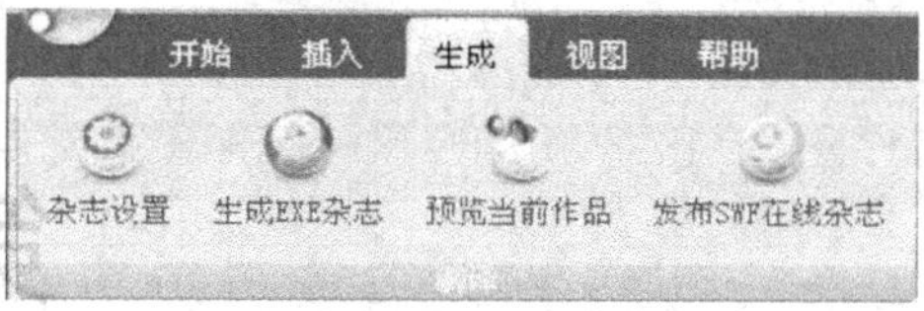

图 7-34　“生成杂志”按钮

(2)单击“杂志设置”,设置杂志相关参数。在安全设置选项中,可以对杂志进行加密。

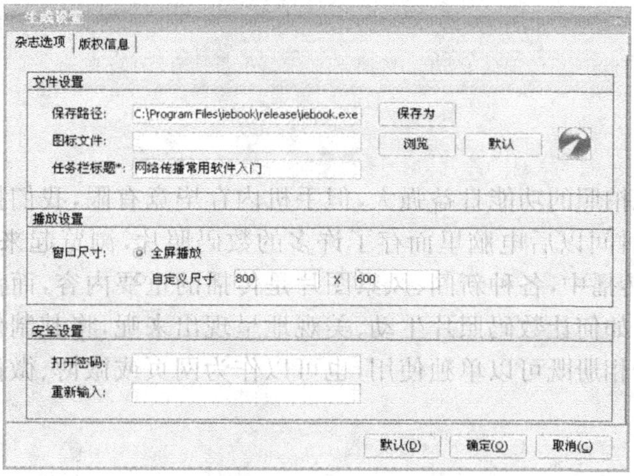

图 7-35　杂志设置菜单界面

(3)版权参数设置,目的是表明杂志的版权所有。

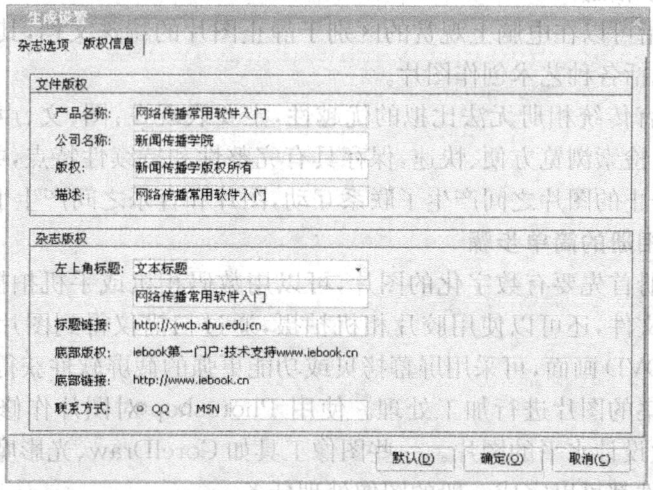

图 7-36　版权参数设置界面

电子杂志制作是一项综合性很强的工作,涉及文字、图片、视频、动画等多种元素,掌握好电子杂志制作,无论是在以后的工作还是日常生活中都是十分有用的。

第 8 章 电子相册制作

虽然智能手机拍照的功能日益强大，但手机内存毕竟有限，我们拍摄的照片需定期存到电脑里，一段时间以后电脑里面存了许多的数码照片，浏览起来不生动，效果也不好。同样，在数字传播中，各种新闻、风景图片是传播的重要内容，而传统的网页呈现形式显得有些单调。如何让数码照片生动、美观地呈现出来呢，将其制作成电子相册是个很好的方法。电子相册既可以单独使用，也可以作为网页或微博、微信公众号内容元素使用。

8.1 电子相册概述

1. 什么是电子相册

电子相册是指可以在电脑上观赏的区别于静止图片的特殊文档，其内容不局限于摄影照片，也可以包括各种艺术创作图片。

电子相册具有传统相册无法比拟的优越性，主要表现在：图、文、声、像并茂，具有方便修改编辑功能，检索浏览方便、快速，保存具有完整性和持续性特点，共享率高，方便传播。简单来说，静止的图片之间产生了联系互动，图片和音乐之间产生了联系和融合。

2. 制作电子相册的简单步骤

制作电子相册首先要有数字化的图片，可以用数码相机或手机拍摄，也可以直接复制得到数字格式文件，还可以使用胶片相机拍摄，通过扫描仪得到图片文件。如果是游戏画面或 VCD、DVD 画面，可采用屏幕拷贝或功能更强的截屏软件获得图片。

其次要对收集的图片进行加工处理。使用 Photoshop 对图片作修整编辑和效果装饰，可以得到专业设计水平的图片。一些图像工具如 CorelDraw、光影魔术手、Photostyle 及各图片浏览软件都可以完成一般的图像处理任务。

选择适当的制作电子相册工具，如 Photofamily、Photo story、Flash Slideshow Builder 等。

最后将制作好的文件复制到硬盘或光盘上，就可以得到一个精美的电子相册了。

8.2　电子相册制作软件的使用

常用的电子相册制作软件有 Photofamily、Photo story、Flash Slideshow Builder 等，下面着重介绍 Flash Slideshow Builder。

Flash Slideshow Builder 是一款专业的 Flash 相册制作工具，它融合了图片、音乐、文字等元素，可以制作出活泼生动的 Flash 幻灯片。制作者可以在几分钟内把照片、音乐制作成漂亮的 Flash 幻灯片。软件内置 210 种转换效果、30 种模板，可以导出为 Flash 动画、屏幕保护、EXE、超文本格式。

(1)Flash Slideshow Builder 界面介绍，如图 8-1。

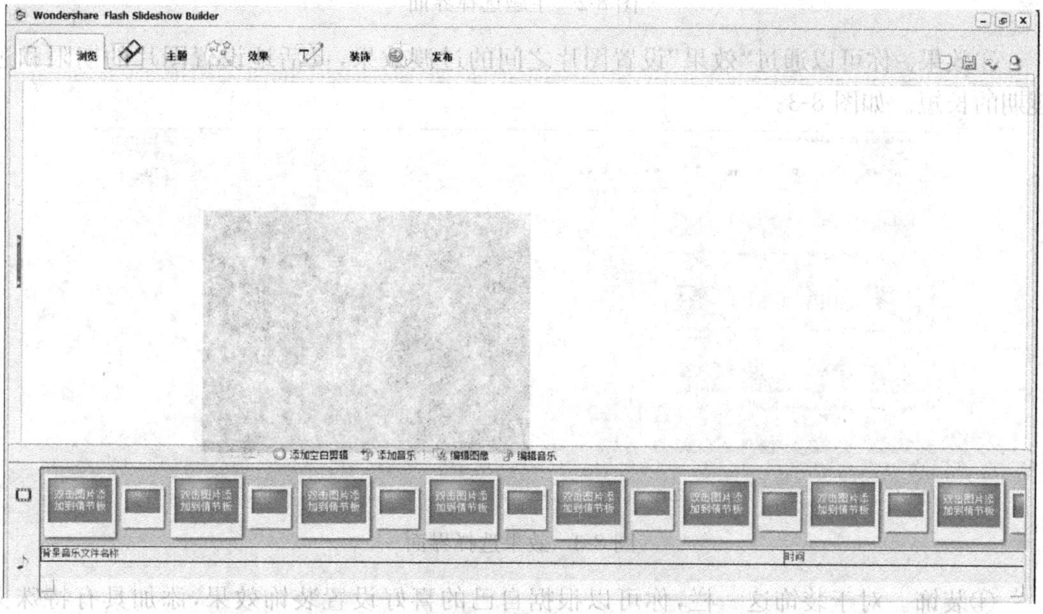

图 8-1　Flash Slideshow Bnilder 初始界面

Flash Slideshow Builder 界面比较直观，上面菜单栏包括浏览、主题、效果、装饰、发布，中间部分用于浏览效果和选择主题，下面部分涉及了图片和音乐的添加。从整体上看，整个界面清晰、易操作。

(2)Flash Slideshow Builder 的工具栏介绍。

①浏览。点击“浏览”，可以直观浏览本地计算机所有资源，便于操作者制作电子相册。

②主题。点击“主题”，主题栏下有三种风格：常规、缩略图、自定义，每种风格下有一系列主题。你可以选择最喜欢的作为整个电子相册的主题风格。如图 8-2。

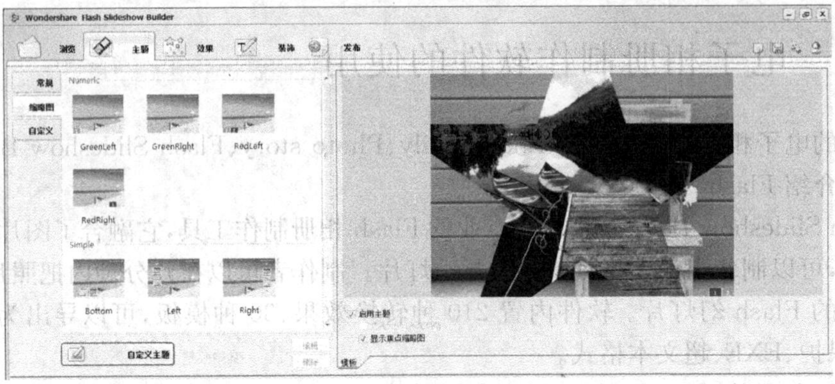

图 8-2　主题选择界面

③效果。你可以通过"效果"设置图片之间的过渡效果，灵活地设置图片的期限和过渡期的长短。如图 8-3。

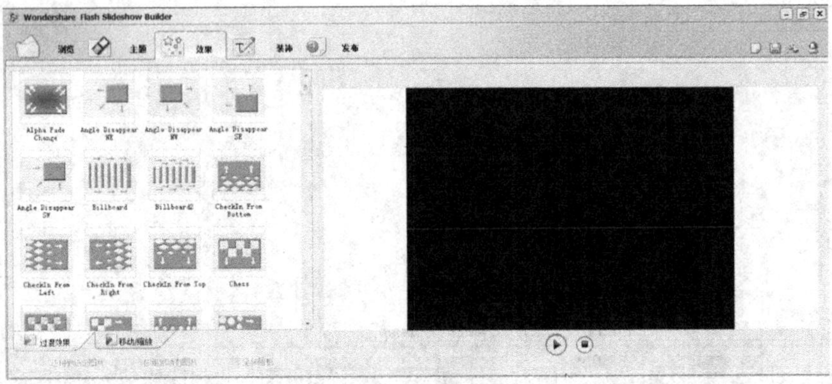

图 8-3　效果选择界面

④装饰。对于装饰这一栏，你可以根据自己的喜好设置装饰效果，添加具有特殊文字效果的图片文字标题，还可以添加 cliparts 在幻灯片中的照片，也可以应用效果滑稽的声音。如图 8-4。

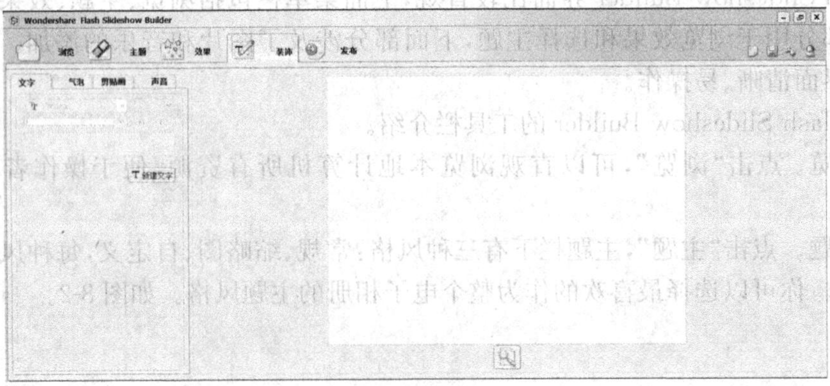

图 8-4　装饰选择界面

⑤发布。发布的功能主要包括:创建一个嵌入你的网页、博客或 MySpace 个人资料显示的 SWF 文件,设为 HTML 文件,通过电子邮件发送显示等。如图 8-5。

图 8-5　发布界面

下面介绍电子相册的制作过程:

(1)依次点击“图片”→“插入图片”。双击图片面板,添加图片,如图 8-6。

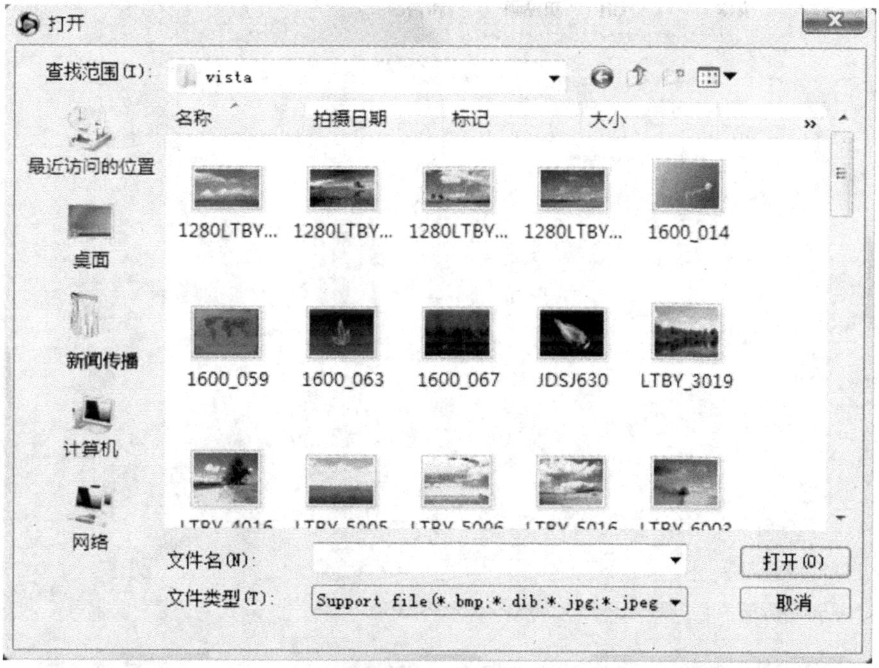

图 8-6　插入图片界面

(2)选择主题,如图 8-7。

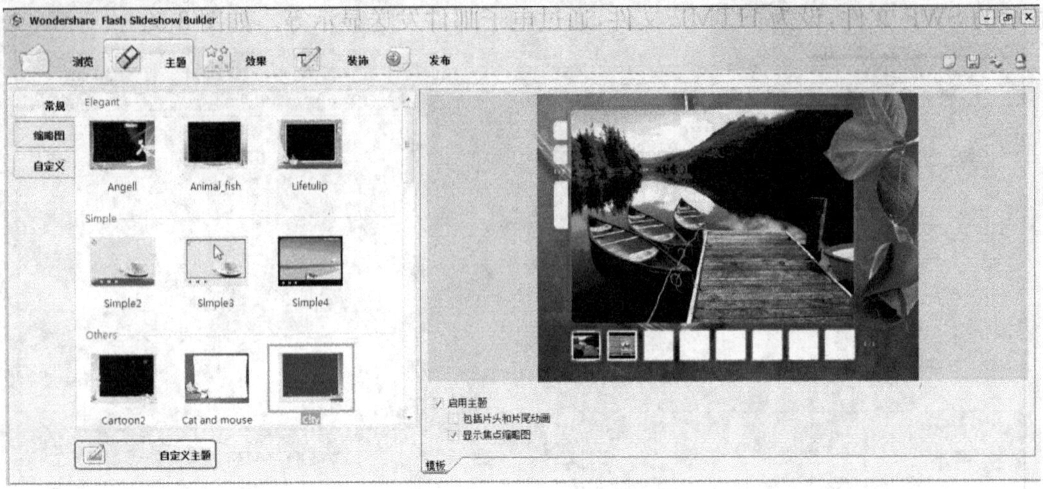

图 8-7　选择主题界面

(3)添加装饰,如文字和招贴画等,如图 8-8。

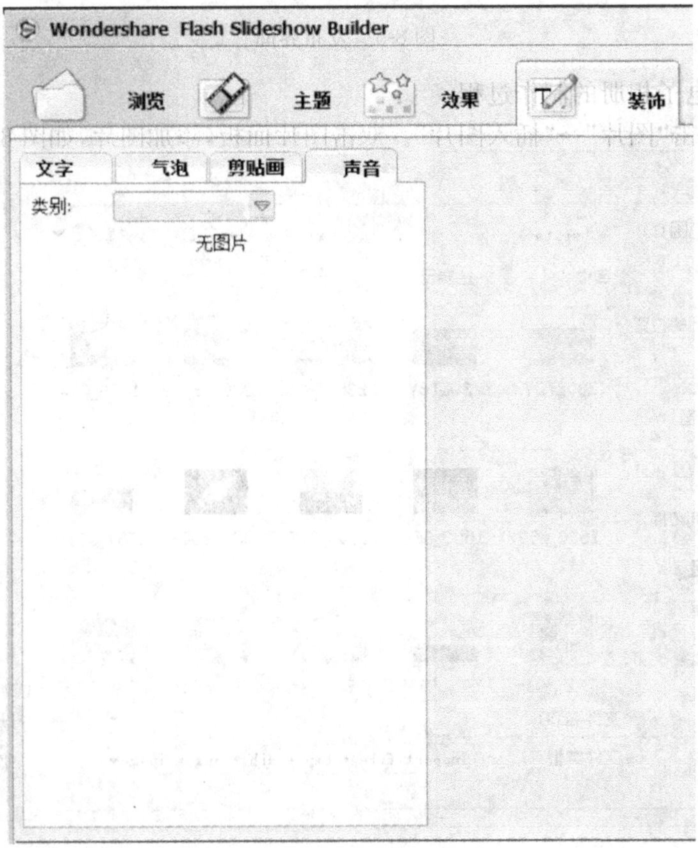

图 8-8　添加装饰界面

(4)添加过渡效果,如图 8-9。

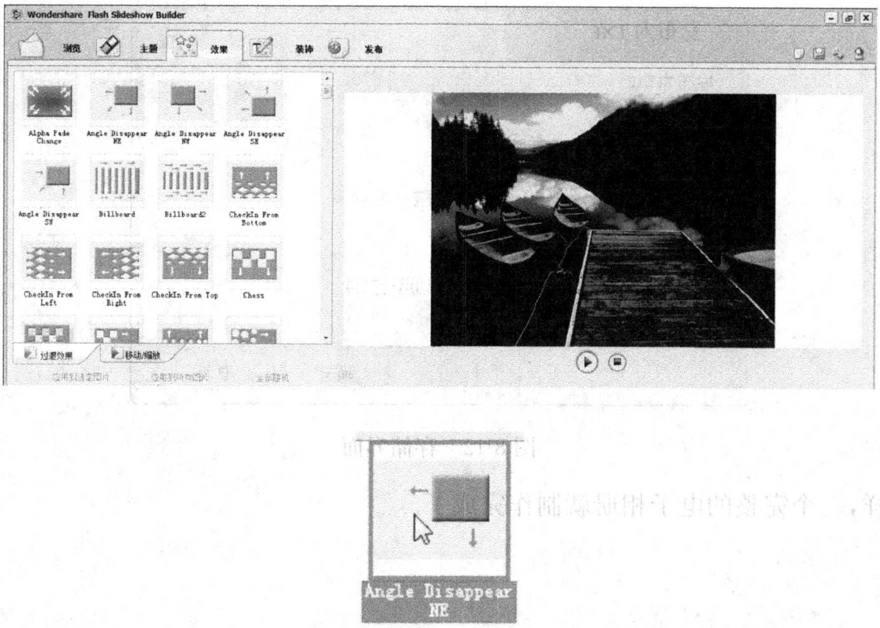

图 8-9　添加过渡效果界面

(5)添加背景音乐,如图 8-10。

图 8-10　添加背景音乐界面

(6)发布,如图 8-11。

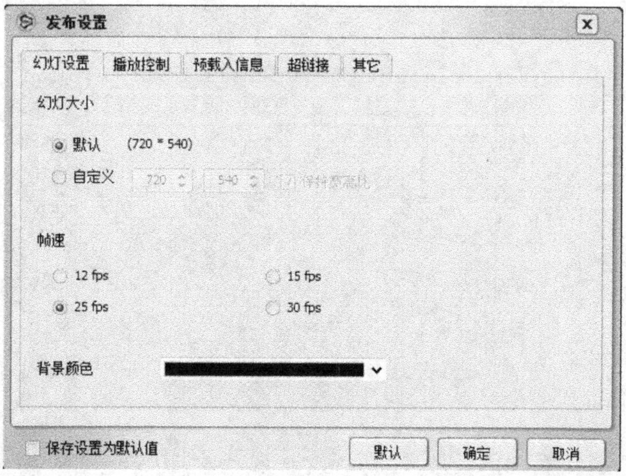

图 8-11　发布界面

(7)选择相应的发布格式,选择存储位置,如图 8-12。

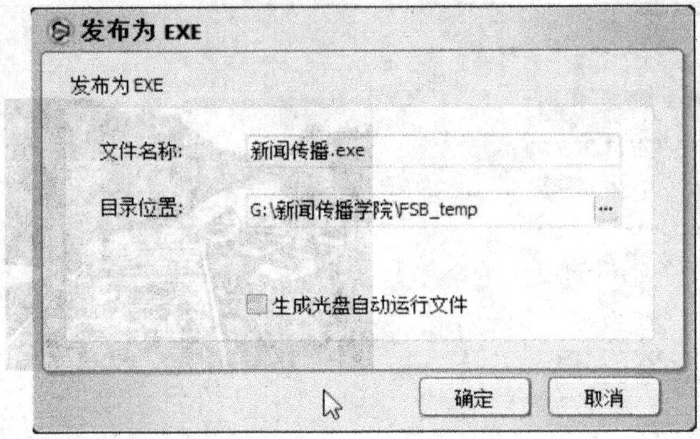

图 8-12 存储界面

这样,一个完整的电子相册就制作完成了。

第9章 网页设计

在前面的章节中，我们已经学习了数字传播技术基础知识、音频、视频编辑、图片、电子杂志和电子相册制作的相关知识，那么，如何将这些作品在一个平台上发布展示出来呢？这时候我们就需要利用网站这个传播平台了。网站可以整合图片、音频、视频、动画等素材，并进行传播和发布。一个网站是由许多个网页组成的，网页是组成网站的基础，所以要从网页制作起步。网页的设计、编辑已经成为新媒体从业人员必须掌握的基本技能。现在新媒体网站要求编辑除了编辑内容，还要参与页面、专题页的设计等。本章我们主要介绍 Dreamweaver 这种常用的网页编辑软件，Dreamweaver 功能多，也容易制作动态的网页，是一款功能强大的网页编程软件。

9.1 网页设计简介

我们经常上网，也经常说某某网页做得很好，那究竟什么是网页呢？本节我们就带大家走近网页设计。

1. 万维网概述

WWW 全称为“World Wide Web”，中文名字为“万维网”“环球网”等，常简称为 Web。其分为 Web 客户端和 Web 服务器程序。WWW 可以让 Web 客户端访问浏览 Web 服务器上的页面。它是一个由许多互相链接的超文本组成的系统，通过互联网访问。在这个系统中，每个事物都被称为“资源”，并且有一个全局“统一资源标识符”(URI)标识，这些资源通过超文本传输协议(Hypertext Transfer Protocol)传送给用户，而用户通过点击链接来获得资源。

2. HTML 语言

HTML 全称为 Hyper Text Markup Language，意思为超文本标记语言。它包括一系列标签，通过这些标签可以将网络上的文档格式统一，使分散的 Internet 资源连接为一个逻辑整体。HTML 文本是由 HTML 命令组成的描述性文本，HTML 命令可以说明文字、图形、动画、声音、表格、链接等。

超级文本标记语言是标准通用标记语言下的一个应用，也是一种规范、一种标准，它通过标记符号来标记要显示的网页中的各个部分。网页文件本身是一种文本文件，通过在文本文件中添加标记符，可以告诉浏览器如何显示其中的内容（如文字如何处理、图片如何显示等）。浏览器按顺序阅读网页文件，然后根据标记符解释和显示其标记的内容。需要注意的是，不同的浏览器对同一标记符可能会有不同的解释，因而可能会有不同的显示效果。

3. 网页设计相关概念与技术

（1）超链接（Hyper Link）是特殊的文字标识，它指向了 WWW 中的资源，例如网页、声音、文件、网页的一个段落或者 WWW 中的其他资源等，这些资源均可放在任何一个服务器上。在网页中，一个超链接既可以是一些文字，也可以是一张图片。

（2）统一资源定位器（Uniform Resource Locator，简称 URL）用于描述 Internet 上资源的位置和访问方式。下面是安徽大学新闻传播学院一个网页的网址：http://sjc.ahu.edu.cn/2021/0729/c14632a265914/page.htm.

图 9-1 “安徽大学新闻传播学院”主页

（3）网站（Web Site）是一个存放网络服务器上的完整信息的集合体。它包含一个或多个网页，这些网页以一定的方式链接在一起，成为一个整体，用来描述一组完整的信息或达到某种期望的宣传效果。

(4)网页(Web pages)是网站的组成部分，制作者可以将需要公布的信息按照一定的方式分类，放在每个网页上，网页里可以有文字、图像、声音及视频信息等。网页可以看成一个单一体，是网站的一个元素。

(5)首页(Home page)也可以称为主页，它是一个单独的网页，和一般网页一样，可以存放各种信息。它同时又是一个特殊的网页，作为整个网站的起始点和汇总点，它是浏览者访问一个网站时看到的第一个网页。

(6)层叠样式表(Cascading Style Sheets，简称 CSS)是一种用来表现 HTML(标准通用标记语言的一个应用)或 XML(标准通用标记语言的一个子集)等文件样式的计算机语言。CSS 不仅可以静态地修饰网页，还可以配合各种脚本语言动态地对网页各元素进行格式化。在主页制作时采用 CSS 技术，可以有效地对页面的布局、字体、颜色、背景和其他效果进行更加精确的控制。

(7)JavaScript 是一种基于对象和事件驱动并具有相对安全性的客户端脚本语言。在 HTML 基础上，使用 JavaScript 可以开发交互式 Web 网页，例如可以在线填写各类表格、联机编写文档等。

4. 常用的网页制作软件

(1)HTML 代码最简单，可以使用 Windows 操作系统中自带的记事本进行编辑。

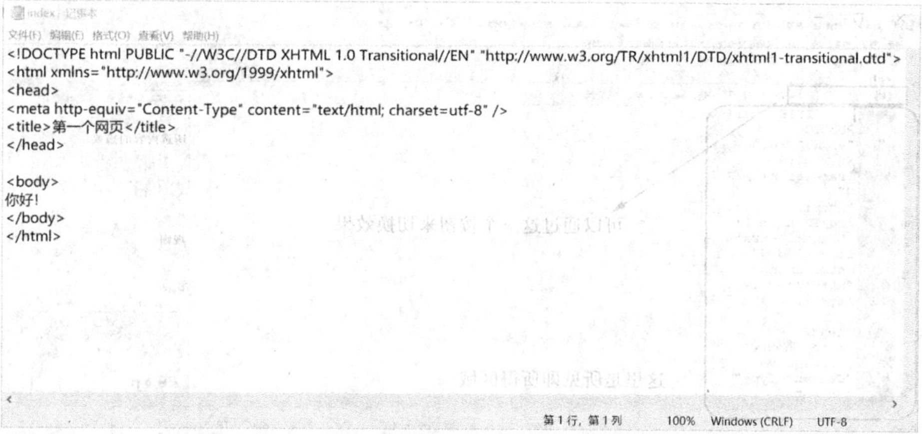
index - 记事本
文件(F)　编辑(E)　格式(O)　查看(V)　帮助(H)
<!DOCTYPE html PUBLIC "-//W3C//DTD XHTML 1.0 Transitional//EN" "http://www.w3.org/TR/xhtml1/DTD/xhtml1-transitional.dtd">
<html xmlns="http://www.w3.org/1999/xhtml">
<head>
<meta http-equiv="Content-Type" content="text/html; charset=utf-8" />
<title>第一个网页</title>
</head>
<body>
你好!
</body>
</html>
第 1 行，第 1 列　100%　Windows (CRLF)　UTF-8

图 9-2　使用记事本打开网页文件

(2)Photoshop 在图像编辑、视觉传达设计、数码照片处理等方面都有广泛应用，是进行网页设计时不可或缺的图像处理软件。近几年也开始使用 PS 直接设计与制作静态网页，我们后面会给大家展示。

(3)Dreamweaver 是一款拥有可视化编辑界面，用于制作并编辑网站和移动应用程序的网页设计软件。由于它支持使用代码、拆分、设计、实时视图等多种方式来创作、编写和修改网页(通常是标准通用标记语言下的一个应用 HTML)，初级人员使用它无须编写任何代码就能快速创建 Web 页面。其成熟的代码编辑工具更适用于 Web 开发高级人员的创作，“实时视图”和“多屏幕预览”面板可呈现 html5 代码，方便使用者检查自己的设计。

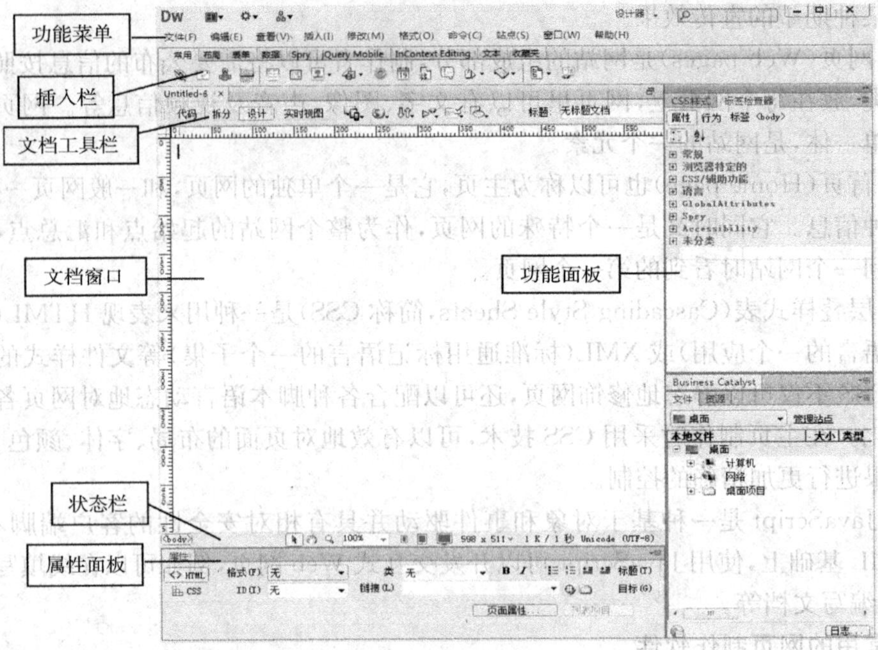

图 9-3　Dreamweaver 主界面

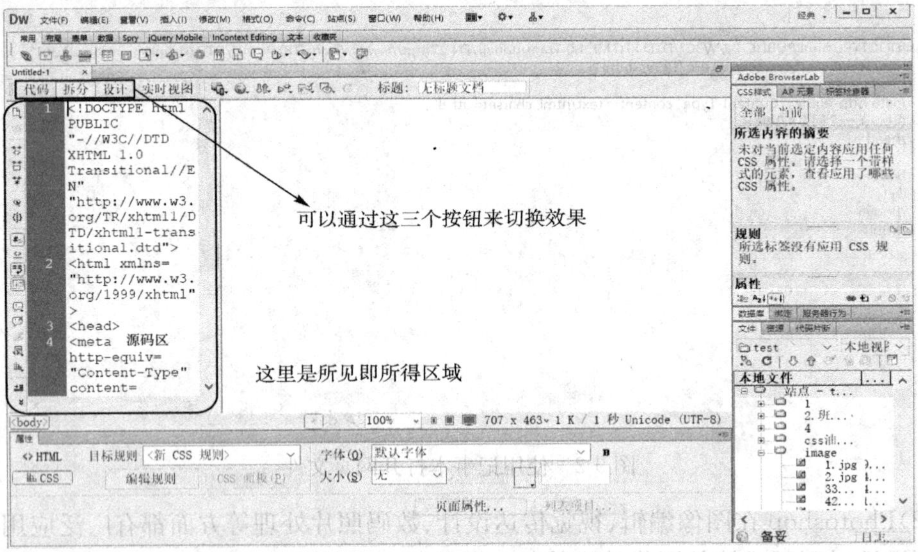

图 9-4　Dreamweaver 编辑界面

Dreamweaver 编辑区左上角有三个切换按钮，点“设计”按钮，会出现默认的编辑区。点“拆分”按钮，编辑区会变成一个一半是可视的编辑区，另一半是代码编辑区的窗口。点击“代码”按钮，则会在整个编辑区内显示网页代码。做好网页后，我们可以点一下“实时视图”按钮来查看所做的网页，如果不满意，可以再点“设计”等按钮回到编辑区进行修改。至此，我们已经基本上了解了几款网页制作软件，下面我们学习如何来制作一个简单的网页。

5. 怎样设计出优秀的网页

网页设计行业竞争很激烈，如何使自己设计制作的网页脱颖而出，是每个设计者都要考虑的问题。优秀的网页设计者需要大量的技术的积累与经验的沉淀，我们来看一下设计出优秀的网页需要了解哪些知识。

(1)网页设计的三个理念。

①网站的内容决定了网页的风格。

②总分总：首先要总体考虑，然后再局部，最后再回归总体。

③网站的用途决定设计思路。

(2)网页设计的视觉体验。

①视差滚动风格让多层背景以不同的速度移动，形成立体的运动效果，带来出色的视觉体验。

②虚拟现实的仿真是网页技术与艺术的高度融合，也是发展趋势。

③沉浸感的全屏设计风格，以全屏式的大幅图像和视频为主，以这种方式引领浏览者到设定的情境中来。

(3)网页色彩搭配技巧。色彩是自然美、生活美、艺术美的重要组成部分。色彩设计是指遵循科学与艺术的内在逻辑，对色彩进行富有鲜明创见性及理想化的组合过程，是理性与感性相结合的创作过程。色彩既是界面设计的语言，又是视觉信息传达的手段和方式，是网页界面设计中不可或缺的元素。

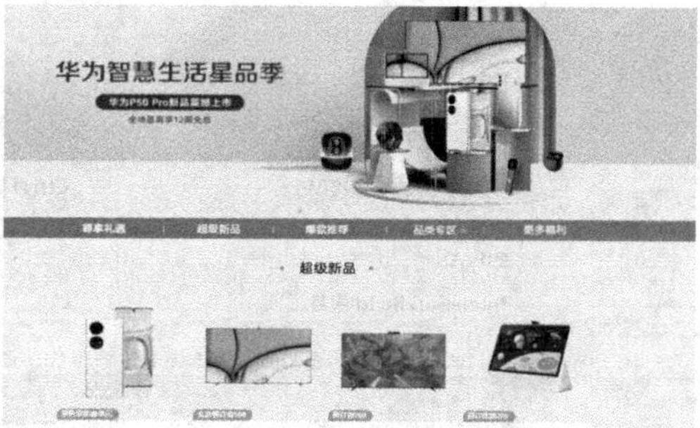

图 9-5 网页色彩搭配示例

色彩的缤纷多样使得设计者在搭配时常常会感到迷惑，是用这种颜色好呢，还是用那种颜色更合适？这时就需要从基本的色彩搭配开始，进而掌握高层次的色彩搭配。从基本的色彩搭配进行页面配色设计，到能熟练运用各种色彩进行设计创作，是一个循序渐进的过程，也是一个不断学习进步的过程。可以遵循以下原则来搭配网页色彩：

①用一种色彩。这里是指先选定一种色彩，然后调整透明度或者饱和度。说得通俗些，就是将色彩变淡或者加深，产生新的颜色，然后应用于网页。这样的页面看起来色彩统一，有层次感。

②用两种色彩。先选定一种色彩，然后选择它的对比色。这样会使整个页面色彩丰富而不花哨。

③用一个色系。简单地说就是用同一个色系的色彩，例如淡蓝、淡黄、淡绿。因为是

同一个色系，所以搭配出来的网页色彩和谐有序。

④用黑色(灰色)和一种彩色。黑色和灰色是百搭的颜色，当不知道该用哪种颜色时，可以采用黑色或灰色进行尝试。

⑤控制色彩的数量。不要将所有颜色都用到，尽量控制在 3 种色彩以内，避免色彩杂乱。

⑥背景和前文的对比要尽量大，以便突出主要文字内容。背景色一般采用素淡清雅的色彩，避免采用花纹复杂的图片和纯度很高的色彩作为背景色，同时背景色要与文字的色彩对比强烈一些。

⑦保持网站所有页面色彩风格一致，尽量避免同一主题网站使用若干种不相干的配色。

色彩在网页界面设计中的作用，主要有视觉区域划分、突出主题、吸引视线、增强艺术性等。以色彩的科学知识为基础，进而从美学的角度去探讨色彩设计的表现形式，可以大大增强网页界面设计作品的艺术性，创作出更富审美情趣的作品。

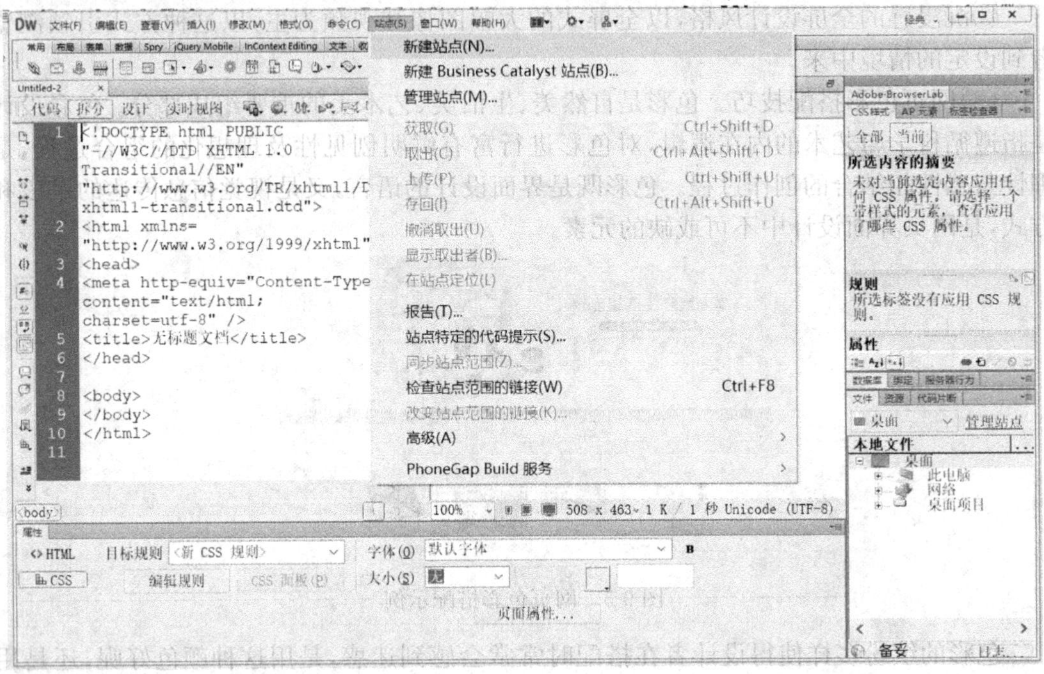

图 9-6　新建站点

6. 制作简单的网页

首先我们要知道，网站是由许许多多的网页、图片等组成的。我们说的主页，其实是指网站的第一页。打个比方，回到家里，首先你会进入客厅(客厅等于主页)，客厅里面有许多的家具(家具等于是主页的内容)，在客厅里休息了以后，你会干其他事情，比如进厨房煮饭(厨房等于是你的网站中的第二个网页)，而厨房里也会有很多用具(厨房用具等于是网站中第二个网页的内容)，如此等等。在开始用 Dreamweaver 制作网页时，首先要定义一个本地站点。

(1)定义一个本地站点。在菜单栏中依次选择“站点”→“新建站点”命令。也可以在在菜单栏中依次选择“站点”→“管理站点”命令，在“管理站点”对话框中单击“新建站点”按钮。这两种方法都可以打开“站点设置对象”对话框(见图 9-7)。

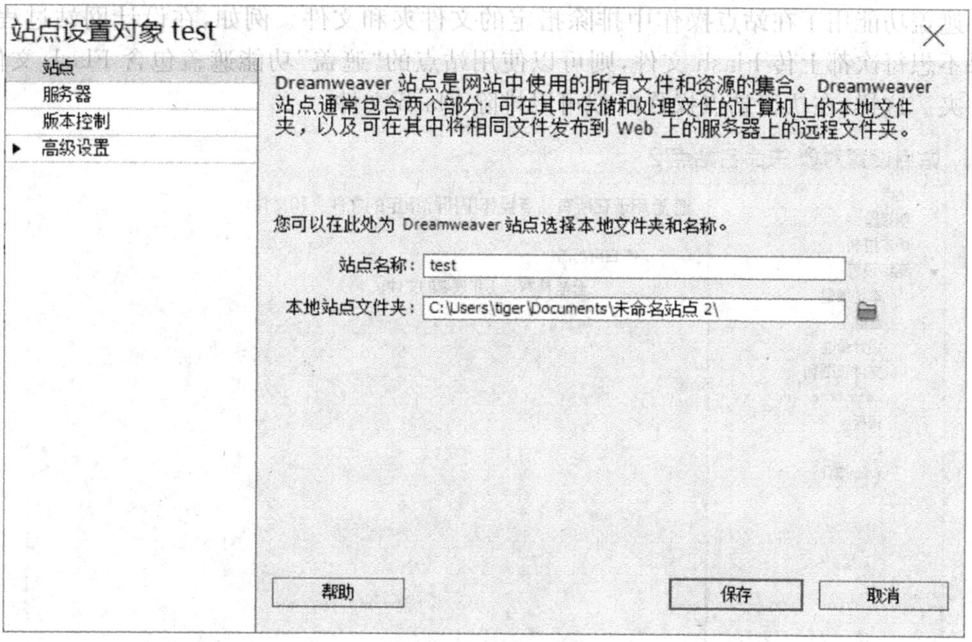

图 9-7　设置站点信息

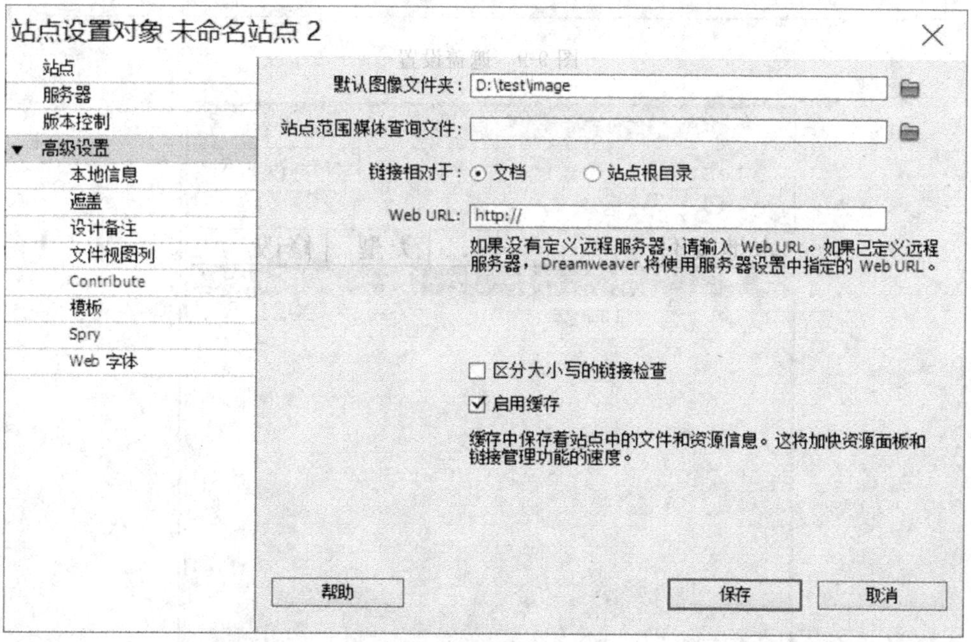

图 9-8　站点高级设置

选择“站点设置对象”对话框中的“高级设置”选项(图 9-8),在“站点设置对象”对话框的“高级设置”选项列表中还可以定义“遮盖”“设计备注”“文件视图列”等站点的基本属性。

遮盖功能用于在站点操作中排除指定的文件夹和文件。例如,在设计网站过程中,如果不想每次都上传 Flash 文件,则可以使用站点的“遮盖”功能遮盖包含 Flash 文件的文件夹。这样,在执行站点操作时就可以排除 Flash 文件。

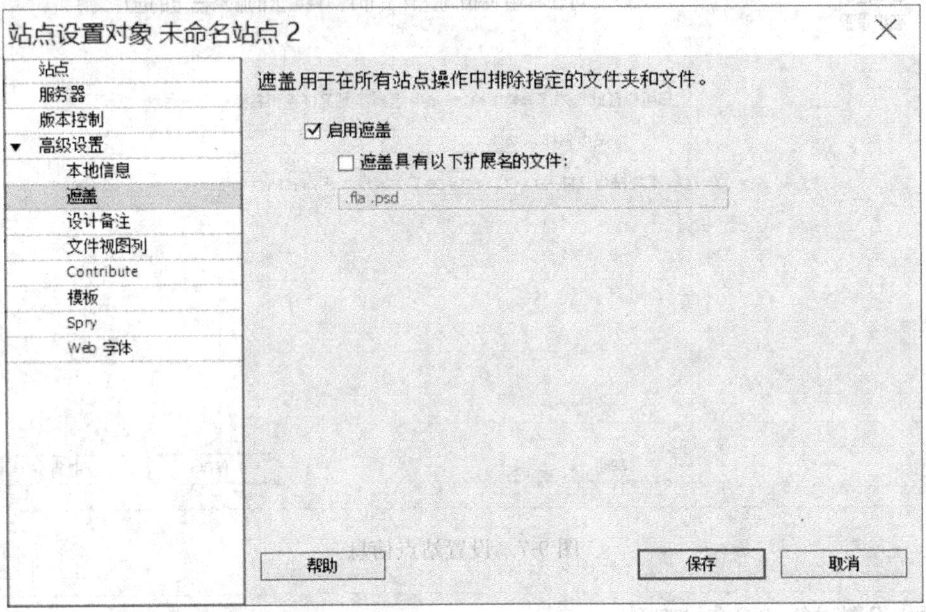

图 9-9　遮盖设置

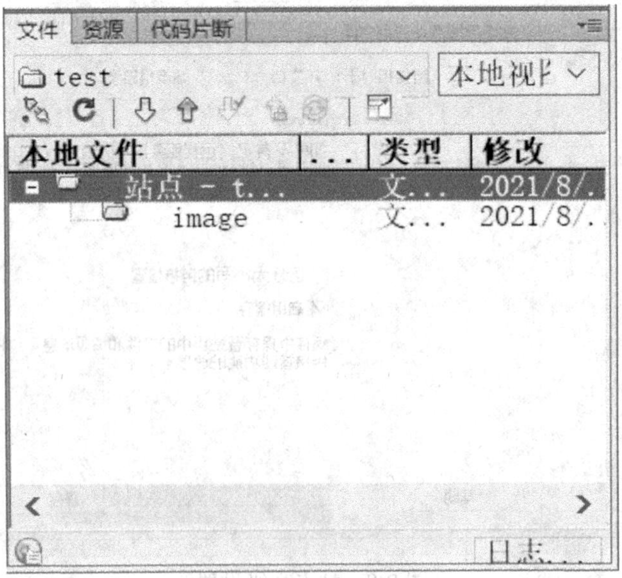

图 9-10　站点建好后信息

(2)编辑一个简单的页面。如图 9-11 这个网页非常简单，背景图片加上导航栏，导航栏在鼠标移动上去后会变换效果。这里要用到简单的 CSS 设置和鼠标经过图像，下面我们就来实践一下。

test.html
网站首页
公司简介
公司新闻
产品展示
技术支持
客户留言
关于我们

图 9-11　简单的网页实例

打开 Dreamweaver 后创建一个 HTML 文档，首先我们需要把背景图片加入，这里我们使用 CSS 里面的背景设置，找到状态栏，找到 CSS 属性页，“目标规则”选择“新 CSS 规则”然后点击“编辑规则”。

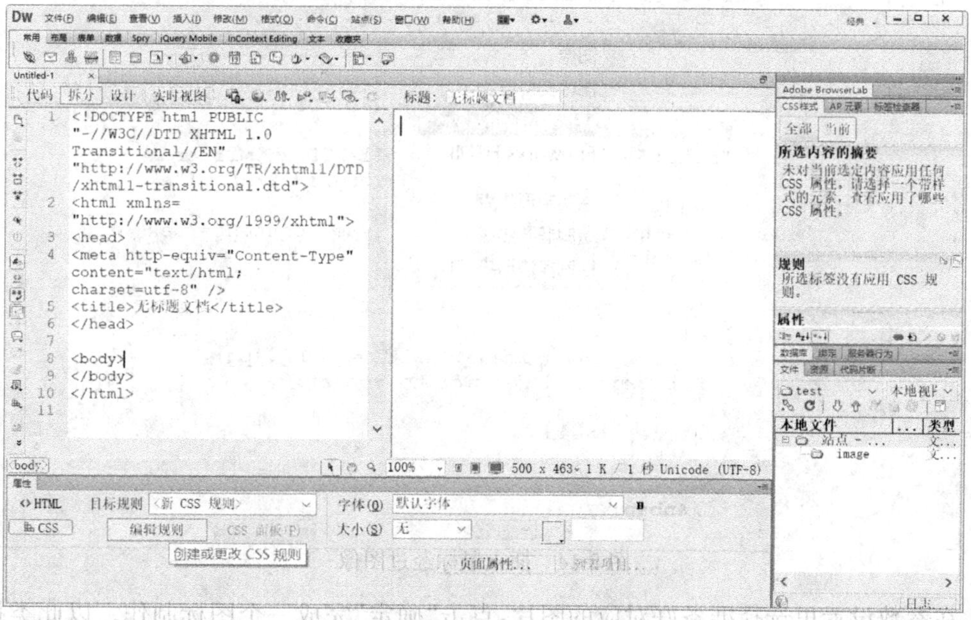
<!DOCTYPE html PUBLIC "-//W3C//DTD XHTML 1.0 Transitional//EN" "http://www.w3.org/TR/xhtml1/DTD/xhtml1-transitional.dtd">
<html xmlns="http://www.w3.org/1999/xhtml">
<head>
<meta http-equiv="Content-Type" content="text/html; charset=utf-8" />
<title>无标题文档</title>
</head>
<body>
</body>
</html>
目标规则 <新 CSS 规则>
编辑规则
创建或更改 CSS 规则
字体(O) 默认字体
大小(S) 无
页面属性...

图 9-12　创建 CSS 规则

进入图 9-13 的界面，“选择器类型”选择“标签(重新定义 HTML 元素)”选项，“选择器名称”选择“body”，说明我们是对 HTML 文件主体部分进行定义的，完成后点击“确定”按钮，就进入了具体规则的设置页面。在这里的分类选项里我们把“背景”选项下“background-image”的值设置为“ image/bg. jpg”。这样，就把背景图片设置好了。

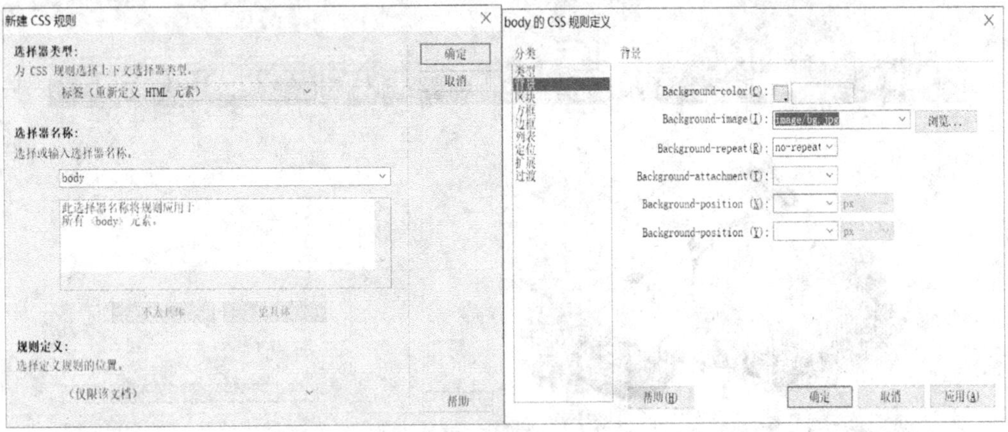

图 9-13　设置 CSS 规则

接着来完成导航栏的制作。把光标定位到插入的位置后在插入栏点击鼠标经过图像，如图 9-14。

图 9-14　插入鼠标经过图像

在参数设置里选择准备好对应的图片，点击“确定”完成一个图标制作。以此类推完成剩余图标的制作。完成后可以使用实时视图模式来观看效果，也可以在浏览器中预览效果。一个简单的网页就制作完成了。

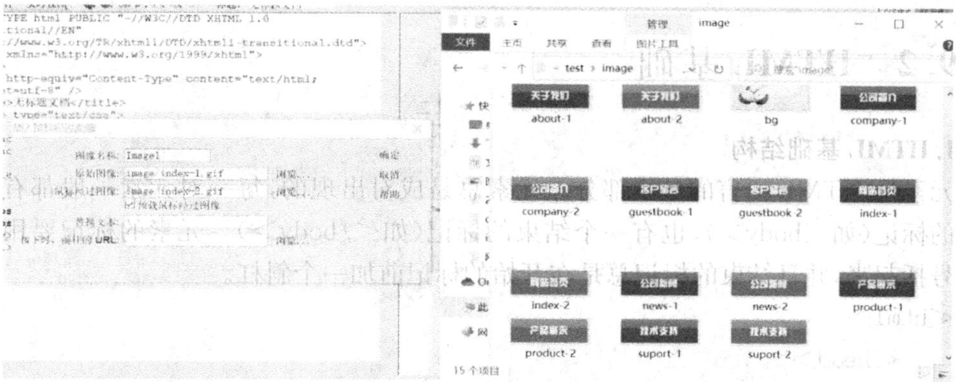

图 9-15　设置鼠标经过图像参数

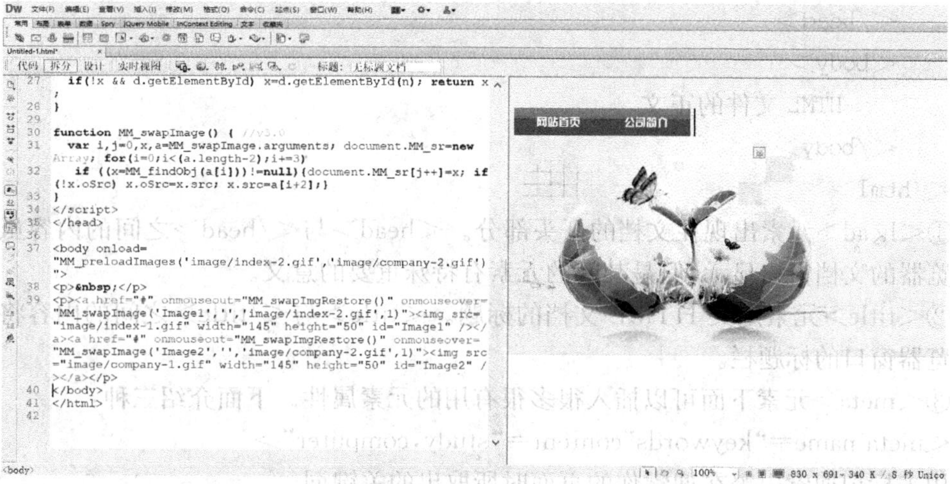

图 9-16　完成部分鼠标经过图像

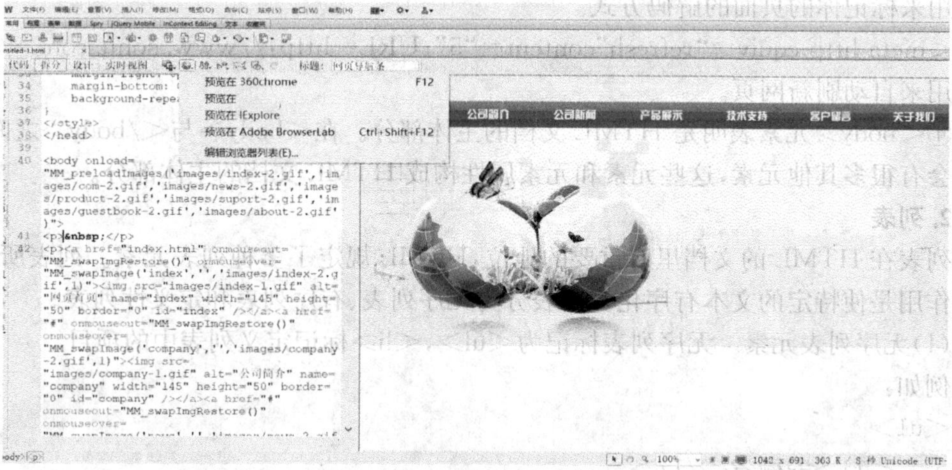

图 9-17　在浏览器中预览效果

9.2　HTML 基础

1. HTML 基础结构

元素是 HTML 语言的基本部分。元素总是成对出现的，每一对元素一般都有一个开始的标记（如<body>），也有一个结束的标记（如</body>）。元素的标记要用一对尖括号括起来，并且结束的标记总是在开始的标记前加一个斜杠。

```
<html>
    <head>
        <title>网页标题</title>
        <meta>
    </head>
    <body>
        HTML 文件的正文
    </body>
</html>
```

①<head>元素出现在文档的开头部分。<head>与</head>之间的内容虽不会在浏览器的文档窗口显示，但是其间的元素有特殊重要的意义。

②<title>元素定义 HTML 文档的标题。<title>与</title>之间的内容将显示在浏览器窗口的标题栏。

③<meta>元素下面可以插入很多很有用的元素属性。下面介绍三种：

<meta name="keywords"content="study，computer">

用来标记搜索引擎在搜索你的页面时所取出的关键词。

<meta http-equiv="Content-Type" content="text/html; charset=gb2312">

用来标记你的页面的解码方式。

<meta http-equiv="refresh"content="5"；URL=http://www. sohu. com>

用来自动刷新网页。

④<body>元素表明是 HTML 文档的主体部分。在<body>与</body>之间，通常都会有很多其他元素，这些元素和元素属性构成 HTML 文档的主体部分。

2. 列表

列表在 HTML 的文档里有重要的地位，HTML 规定了多种列表元素。列表所起的主要作用是使特定的文本有序化。列表分为无序列表、有序列表和定义性列表。

(1)无序列表元素。无序列表标记为<ul>，<li>标记定义列表中的项目。

例如：

```
<ul>
    <li>安徽省</li>
    <li>江苏省</li>
    <li>上海市</li>
```

　　＜li＞浙江省＜/li＞

＜/ul＞

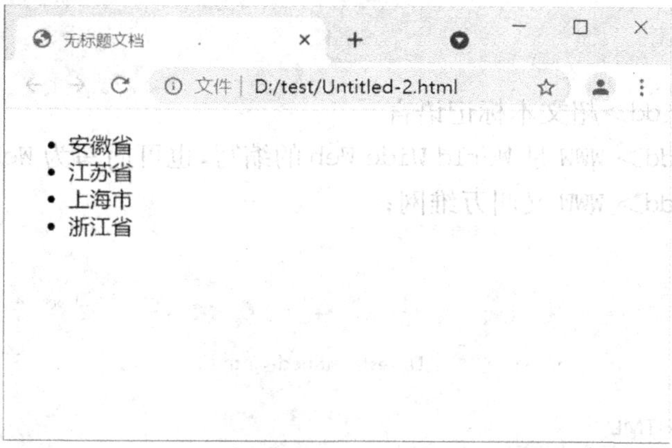

图 9-18　无序列表

无序列表的默认符号是圆点。＜ul＞元素有 type 属性，通过定义不同的 type 属性可以改变列表的项目符号。目前，type 属性的属性值有 disc（圆）、circle（圆圈）、square（方块）。

(2)有序列表。有序列表由＜ol＞定义，同样由＜li＞定义列表元素。

例如：

＜ol＞

＜li＞安徽省＜/li＞

　　＜li＞浙江省＜/li＞

　　＜li＞江苏省＜/li＞

＜/ol＞

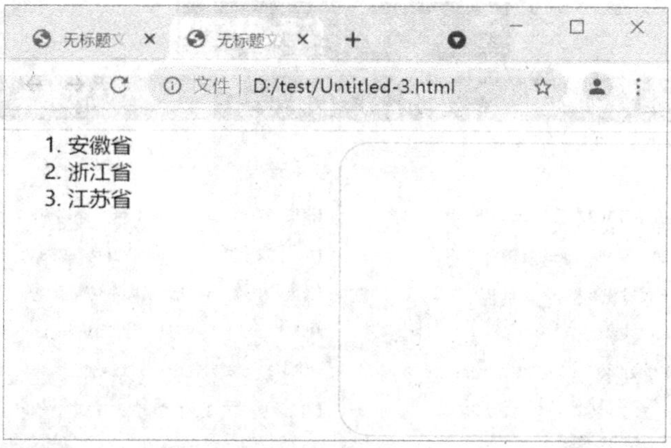

图 9-19　有序列表

＜ol＞元素也有自己的 type 属性，type 属性的属性值有 1、A、a、I、i 等。＜ol＞元素还可以定义列表的起始编号，如我们希望列表的第一个编号不是 1，则需要定义＜ol＞元素的 start 属性。

(3)定义性列表。定义性列表由<dl>标记定义，其中标题项由<dt>定义，标题项的定义与说明由<dd>定义。

例如：

<dl>

<dt>HTML：<dd>超文本标记语言

<dt>WWW：<dd> WWW 是 World Wide Web 的缩写，也可简写为 Web；

<dt>WWW：<dd> WWW 又叫万维网；

</dl>

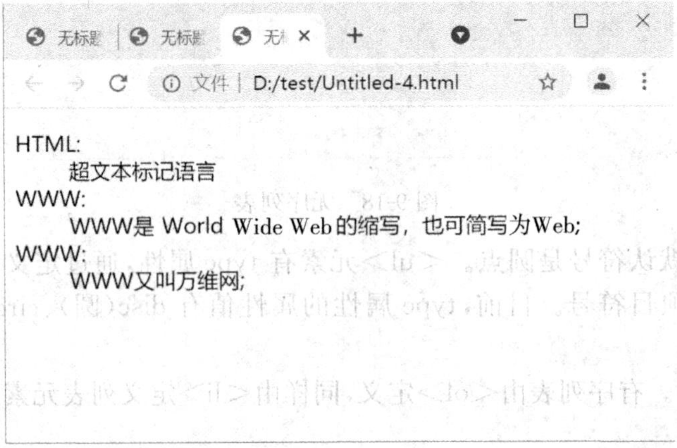

图 9-20　定义列表

(4)列表的应用。列表元素在网页中有很多应用，如导航栏、排行榜、新闻标题的列表和轮播图。以下是安徽大学网站的首页部分内容，其中导航栏与新闻标题列表都使用了列表元素。

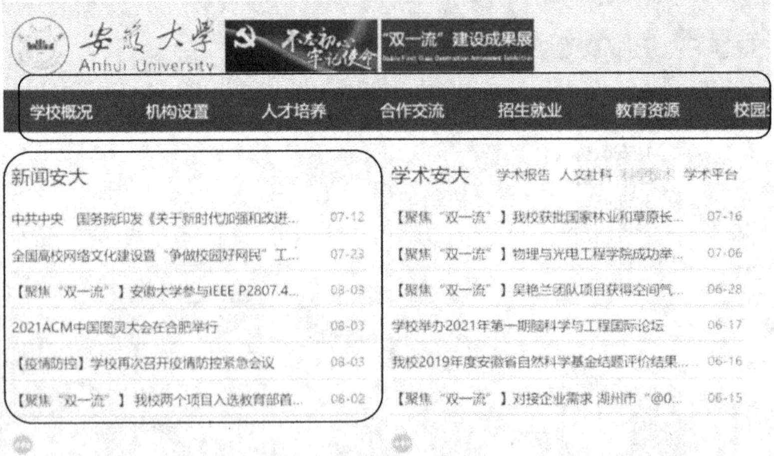

图 9-21　列表的应用

下面我们就来动手做一做。

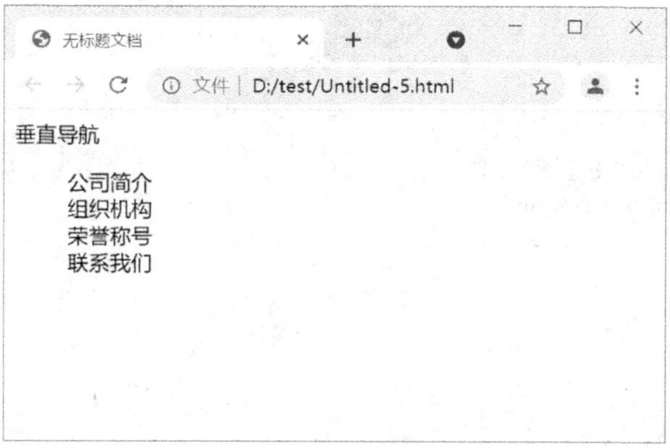
无标题文档
文件 | D:/test/Untitled-5.html
垂直导航
公司简介
组织机构
荣誉称号
联系我们

图 9-22　垂直导航效果图

新建好 HTML 文档后，在“插入”菜单里找到“文本”选项（如图 9-23），可以看见列表元素 ul、ol、dl 与列表项元素 li。这里我们使用无序列表，点击“ul”图标就会在网页文件中插入无序列表，无序列表中需要几个列表项就插入几个“li”标签，然后输入文字信息（如图 9-24）。

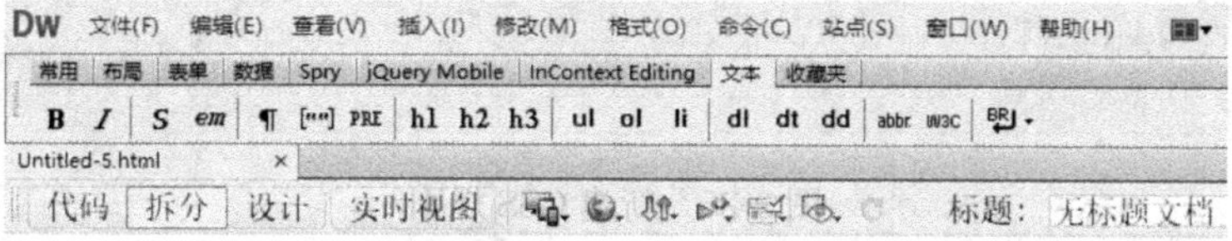
DW 文件(F) 编辑(E) 查看(V) 插入(I) 修改(M) 格式(O) 命令(C) 站点(S) 窗口(W) 帮助(H)
常用 布局 表单 数据 Spry jQuery Mobile InContext Editing 文本 收藏夹
B I S em ¶ PRE h1 h2 h3 ul ol li dl dt dd abbr W3C
Untitled-5.html
代码 拆分 设计 实时视图
标题: 无标题文档

图 9-23　插入栏里的列表选项

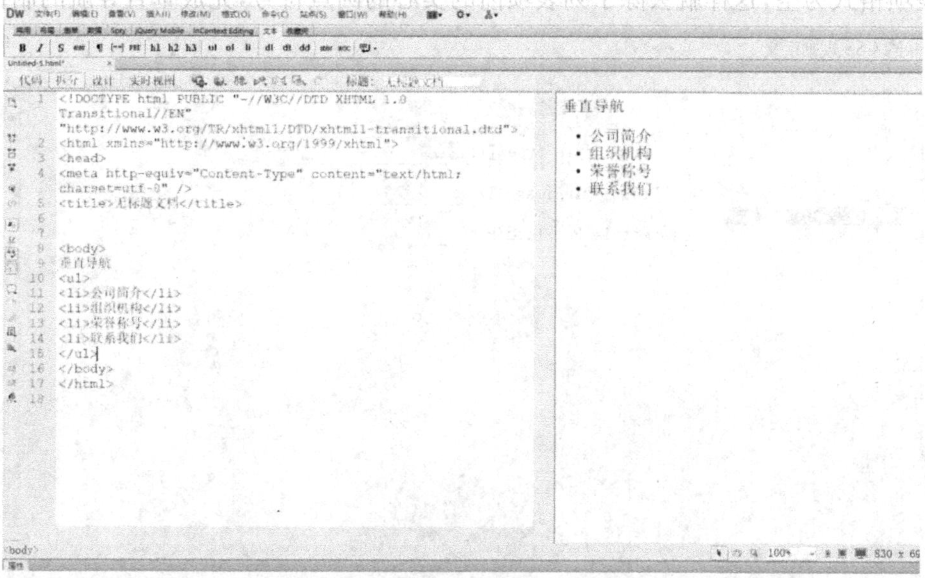
<!DOCTYPE html PUBLIC "-//W3C//DTD XHTML 1.0 Transitional//EN" "http://www.w3.org/TR/xhtml1/DTD/xhtml1-transitional.dtd">
<html xmlns="http://www.w3.org/1999/xhtml">
<head>
<meta http-equiv="Content-Type" content="text/html; charset=utf-8" />
<title>无标题文档</title>
<body>
垂直导航
<ul>
<li>公司简介</li>
<li>组织机构</li>
<li>荣誉称号</li>
<li>联系我们</li>
</ul>
</body>
</html>
垂直导航
公司简介
组织机构
荣誉称号
联系我们

图 9-24　插入无序列表

因为无序列表的默认符号是圆点，所以虽然我们没有定义但显示出实心的圆点符号。去除这个符号需要使用到 CSS：新建 CSS 规则，选择器名称选为 li 也就是列表项标签，点击“确定”。

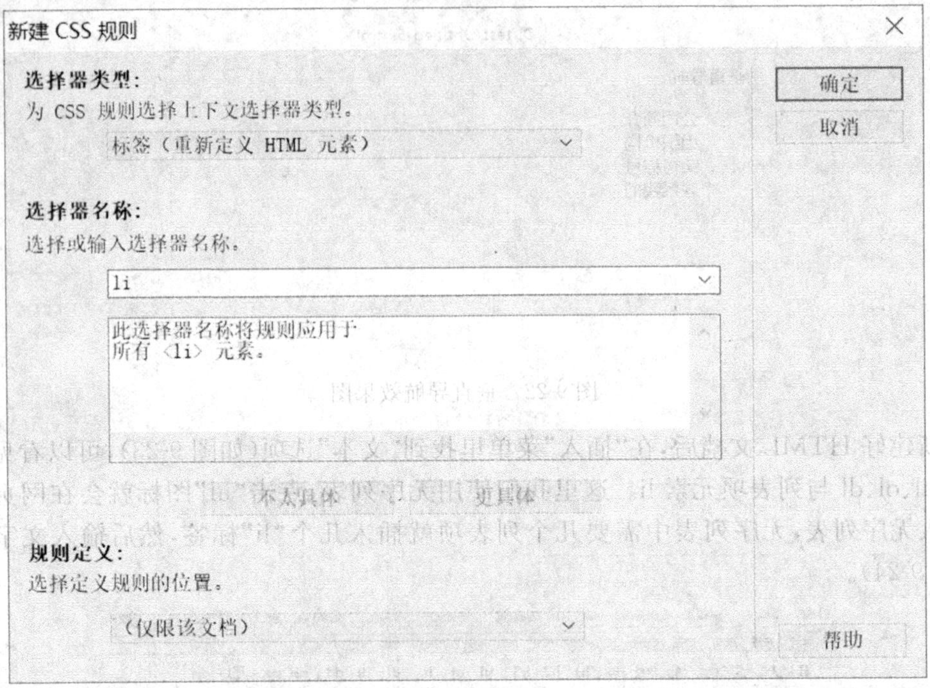

图 9-25　新建 CSS 规则

在 CSS 列表规则设置里找到“列表”，将“list-style-type”的值设置为 none，也就是设置列表项格式为空，这样就去除了列表项前的实心的圆点符号，完成垂直导航的制作。

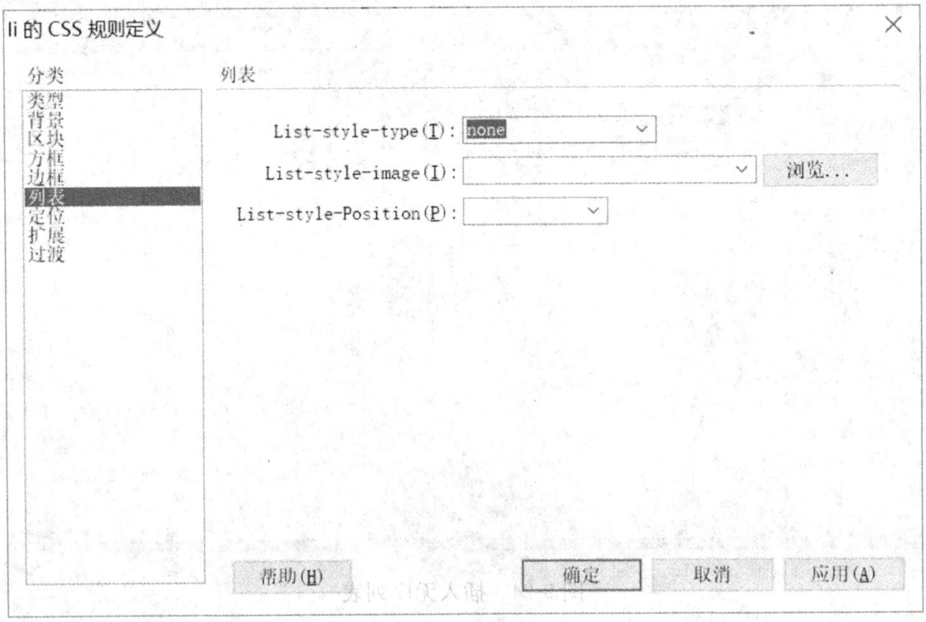

图 9-26　设置 CSS 规则

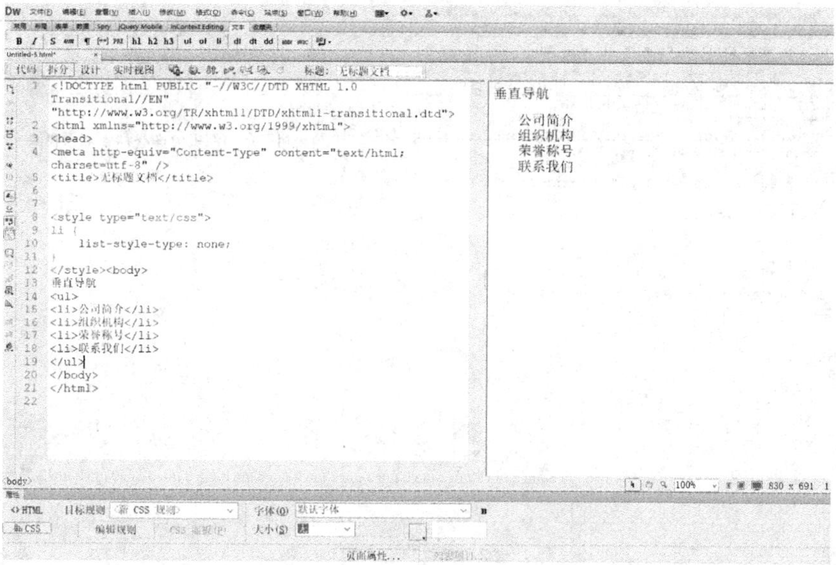

图 9-27 完成垂直导航栏的制作

垂直导航制作完成了，那水平导航如何制作呢？我们接着把做好的垂直导航改为水平导航栏。在属性面板中点击“编辑规则”（如图 9-28），进入规则修改后找到“区块”→“Display”，修改值为“inline”（如图 9-29）。这时我们会发现原先垂直显示的导航栏变为水平显示。

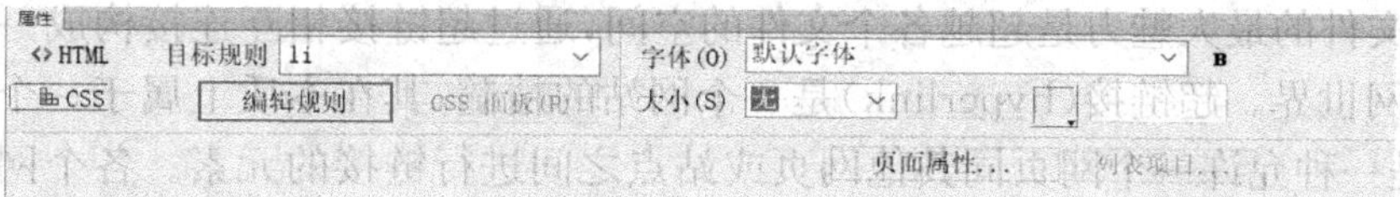

图 9-28 CSS 编辑属性

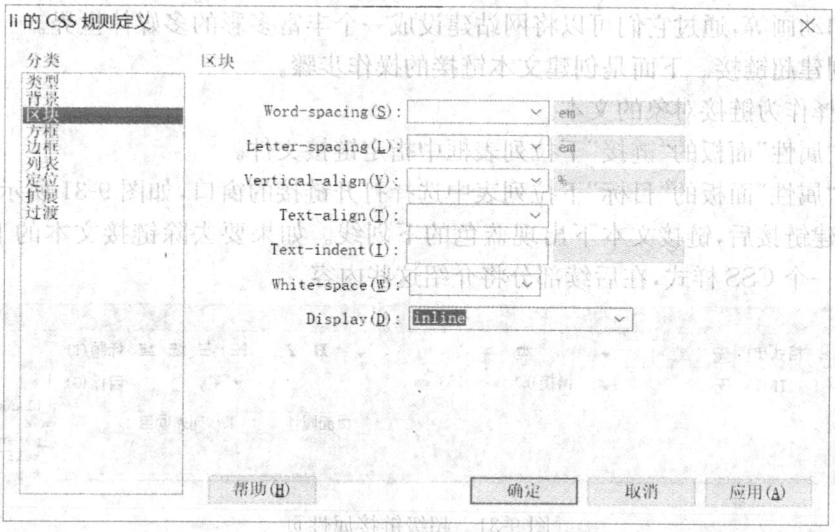

图 9-29 CSS 规则修改

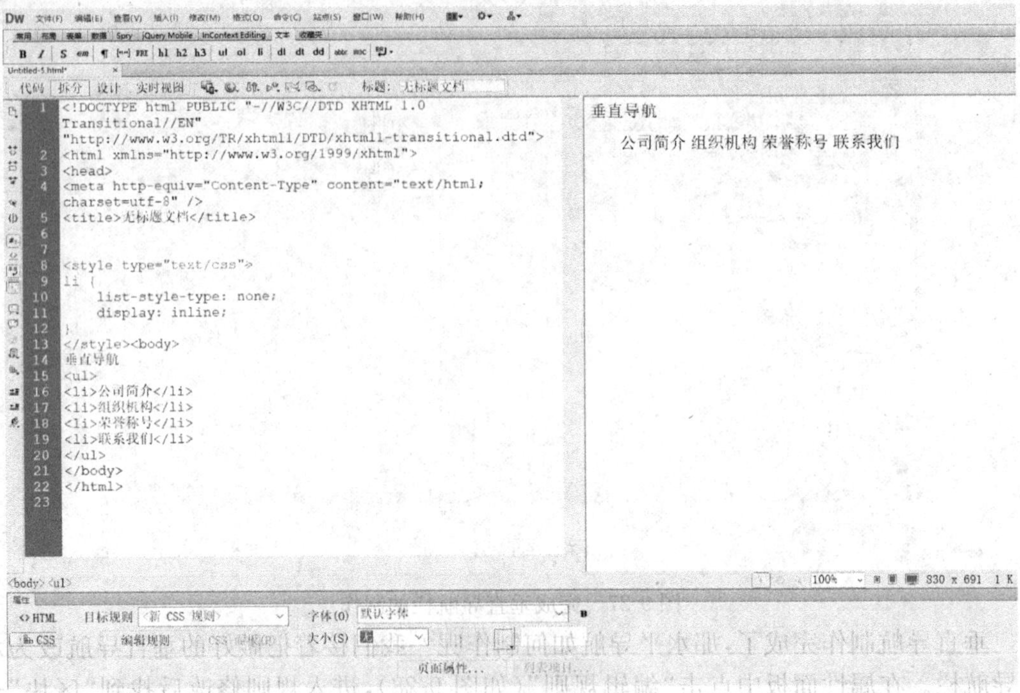

<!DOCTYPE html PUBLIC "-//W3C//DTD XHTML 1.0
Transitional//EN"
"http://www.w3.org/TR/xhtml1/DTD/xhtml1-transitional.dtd">
<html xmlns="http://www.w3.org/1999/xhtml">
<head>
<meta http-equiv="Content-Type" content="text/html;
charset=utf-8" />
<title>无标题文档</title>
<style type="text/css">
li {
list-style-type: none;
display: inline;
}
</style><body>
垂直导航
<ul>
<li>公司简介</li>
<li>组织机构</li>
<li>荣誉称号</li>
<li>联系我们</li>
</ul>
</body>
</html>
垂直导航
公司简介 组织机构 荣誉称号 联系我们

图 9-30　完成水平导航栏制作

3. 超链接

网页文件的最大魅力是超越各个文件的空间，通过超链接相互连接构成一个纷繁复杂的互联网世界。超链接(hyperlink)是一个网站的精髓，其在本质上属于一个网页的一部分，它是一种允许一个网页同其他网页或站点之间进行链接的元素。各个网页链接在一起后，才能真正构成一个网站。超文本具有的链接能力，层层链接相关文件，这种具有超级链能力的特性，即称为超链接。超链接除了可链接文本，还可链接各种媒体，如声音、图像和动画等，通过它们可以将网站建设成一个丰富多彩的多媒体世界。

(1)创建超链接。下面是创建文本链接的操作步骤。

①选择作为链接对象的文本。

②在“属性”面板的“链接”下拉列表框中指定链接文件。

③在“属性”面板的“目标”下拉列表中选择打开链接的窗口，如图 9-31 所示。

④创建链接后，链接文本下出现蓝色的下划线。如果要去除链接文本的下划线，则需要定义一个 CSS 样式，在后续部分将介绍这些内容。

属性
HTML
CSS
格式(F) 无
ID(I) 无
类 无
链接(L) www.163.cm
标题(T)
目标(G)
页面属性...
列表项目...
_blank
new
_parent
_self
_top

图 9-31　超级链接属性页

(2) 电子邮件链接。在 HTML 页面中建立 E-mail 链接，用户单击链接，系统会自动启动默认的电子邮件软件，打开一个邮件窗口。基本语法：<a href="mailto：E-mail 地址[? subject=邮件主题[& 参数=参数值]]">链接内容</a>

参数：

subject 主题

cc 抄送

bcc 暗送

body 内容

例如：

```
<html>
    <head>
        <title>发送邮件</title>
    </head>
<body>
<p>
    这是邮件链接：
<a href="mailto:abc@ahu.edu.cn? cc=efg@ahu.edu.cn&subject= 你好 &bcc=a@gmail.com&body=今日工作安排!">
联系我们</a>
</p>
</body>
</html>
```

(3)FTP 链接。

```
<html>
    <head>
        <title>ftp 链接</title>
</head>
<body>
    <p>
    一个 FTP 链接：<a href= "ftp://ftp.ahu.edu.cn/">安徽大学 FTP 服务器 </a>
</p>
</body>
</html>
</html>
```

图 9-32　FTP 链接

(4)下载文件的链接。如果希望制作下载文件的链接，只需在链接地址处输入文件所在的位置即可。当浏览器用户单击链接后，浏览器会自动判断文件的类型，以作出不同情况的处理。

基本语法：<a href="url">链接内容</a>

```
<html>
    <head>
        <title>下载文件</title>
    </head>
<body>
    <p>
        下载电子书：
        <a href="ds.rar">数据结构——C#</a>
    </p>
</body>
</html>
```

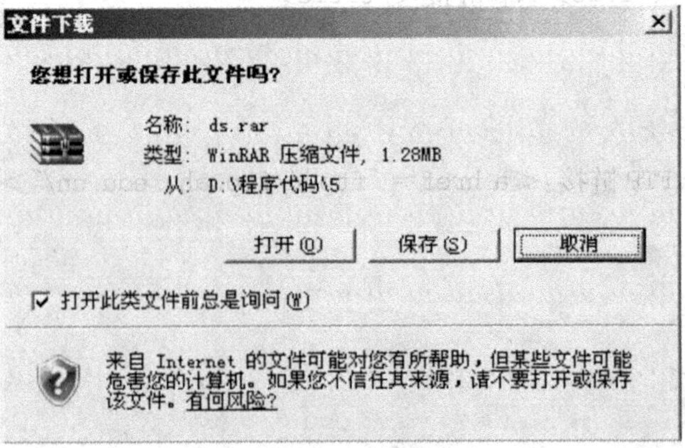

图 9-33　下载文件链接显示

（5）图像映射。图像映射就是在图像上先划分出不同的区域，然后定义哪个目标与图像的哪个区域对应，单击图像的某一区域，就会把用户带到一个目标，单击另一区域，又会把用户带到另外的目标。其实，图像映射就是将图像内的区域与一系列 URL 链接起来了，从而单击特定区域就会把用户带到相应的目标。这里所讲的映射是客户端图像映射，它和服务器端图像映射相比，运行速度更快。

基本语法：

```
<img src="URL"  usemap="id/name">
<map name="name" id="id">
<area shape="" coords="" href="URL">
</map>
```

下面我们来看个例子，这个例子里是安徽大学磬苑校区的一个手绘地图，我们通过图像映射实现点击地图上的区域显示出相关信息。如图 9-34，我们预先准备好了两个页面分别是新闻传播学院与行知楼的照片。创建好页面后插入手绘地图，如图 9-35。

图 9-34　预先准备好了两个页面文件

图 9-35　插入图片

使用鼠标选中图片后，在状态栏会出现“热点”属性页面，有三个绘制热点的工具分别是圆形、矩形、任意多边形，我们选取圆形工具在图片上绘制出新闻传播学院的区域，如图 9-36，然后在对应的热点属性页“链接”处填入预先准备好的新闻传播学院 xwxy.html 的页面，在“目标”处选择“new”，说明这个链接要在一个新的页面打开，这样就完成了这个热点的设置。

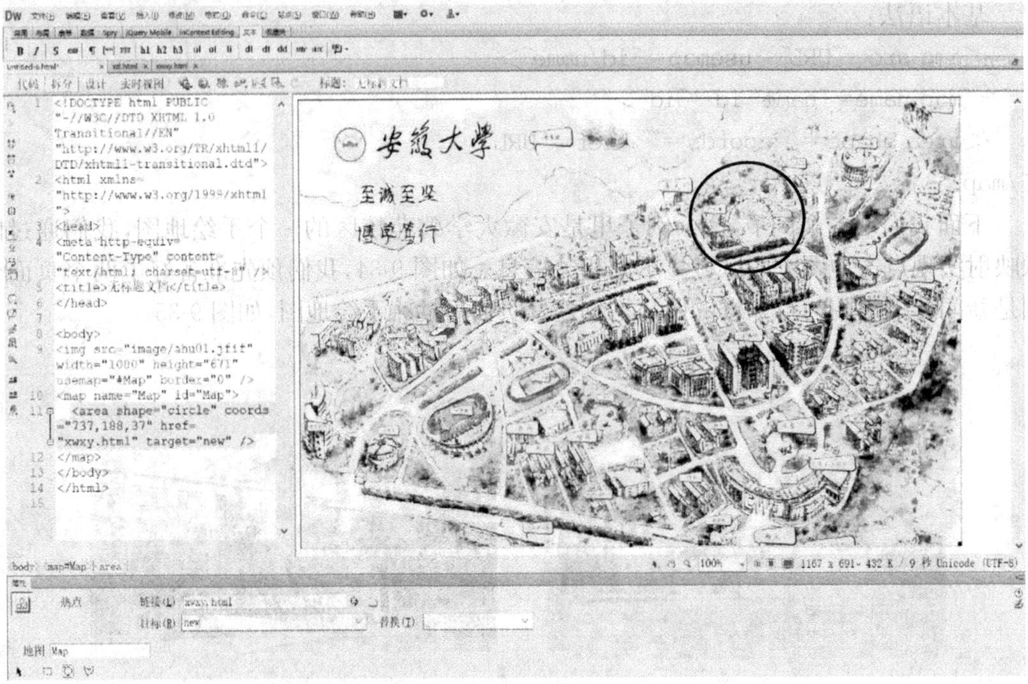
<!DOCTYPE html PUBLIC "-//W3C//DTD XHTML 1.0 Transitional//EN" "http://www.w3.org/TR/xhtml1/DTD/xhtml1-transitional.dtd">
<html xmlns="http://www.w3.org/1999/xhtml">
<head>
<meta http-equiv="Content-Type" content="text/html; charset=utf-8" />
<title>无标题文档</title>
</head>
<body>
<img src="image/ahu01.jfif" width="1000" height="671" usemap="#Map" border="0" />
<map name="Map" id="Map">
<area shape="circle" coords="737,188,37" href="xwxy.html" target="new" />
</map>
</body>
</html>
安徽大學
至诚至坚
博学笃行
热点
链接(L) xwxy.html
目标(R) new
替换(T)
地图 Map

图 9-36　绘制热点

属性
热点
链接(L) xwxy.html
目标(R) new
替换(T)
地图 Map

图 9-37　热点属性页

我们还可以再添加一些内容，让鼠标经过我们绘制热点区域后显示一些文字信息，如<area shape="circle" coords="737,188,37" href="xwxy.html" title="安徽大学新闻传播学院" target="new" />，这里我们通过添加 title 属性来完成上述操作。接着我们按照上述方法完成行知楼热点绘制与属性参数的填写，这样就完成了图像映射的制作。

(6)测试超链接。Dreamweaver 在站点管理方面的功能相当完善，使用其命令可以测试站点中的链接。在站点管理窗口中选择检查对象，可以是某个文件、文件夹域整个站点，然后依次选择“站点”→“检查站点范围的链接”命令，打开“链接检查器”面板，如图 9-38 所示。

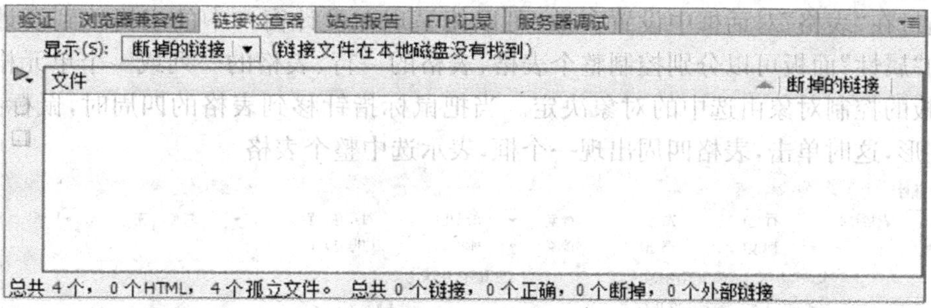

图 9-38　测试超链接

(7)修改链接样式。给文本添加链接后，文本颜色变为蓝色，并且文本下方出现下划线。如果要使其呈现缤纷的效果，就要借助 CSS 样式的功能。超链接文本没有下划线，当鼠标放在超链接文本上时，下划线出现，并且改变链接文本的颜色，具体的操作方法我们后面介绍。

4. 表格与表单

Dreamweaver 中既可以导入外部的数据文件，还可以将网页中的数据表格导出为纯文本的数据文件。最初，使用表格只是为了以更方便阅读的格式显示数据。而现在，表格的格式控制能力可以用来构造网页的框架，即先使用较大的表格对网页的版面进行大致的布局，再使用嵌套的表格对细节进行刻画。表格已经成为一种控制版面和制作模板的强有力的工具。表格包含以下 3 个基本元素：行、列、单元格。

(1)插入表格的基本步骤。

①将插入点置于页面中要插入表格的位置。

②在插入栏的“常用”选项卡中单击按钮。也可以选择“插入”→“表格”命令，或使用快捷键 Ctrl＋Alt＋T 快速插入表格。

③在弹出的“表格”对话框中设置表格的参数值，如图 9-39 所示。单击“确定”按钮。

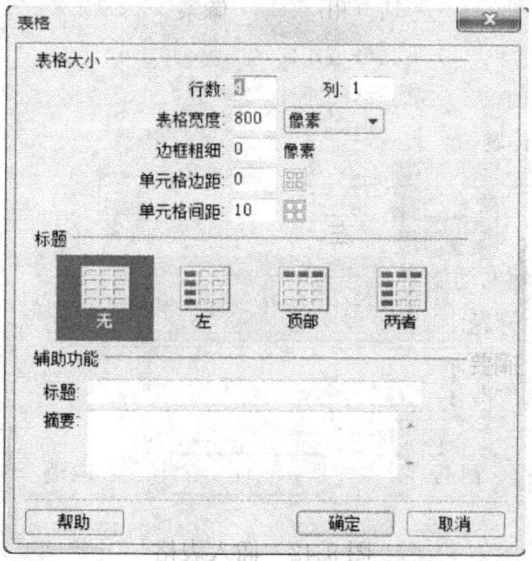

图 9-39　表格的参数页

通过在“表格”对话框中设置参数，可以使呈现在设计窗口中的表格达到设计要求。表格的“属性”面板可以分别控制整个表格、表格的一行、表格的一列或一个单元格。“属性”面板的控制对象由选中的对象决定。当把鼠标指针移到表格的四周时，鼠标指针变为十字形，这时单击，表格四周出现一个框，表示选中整个表格

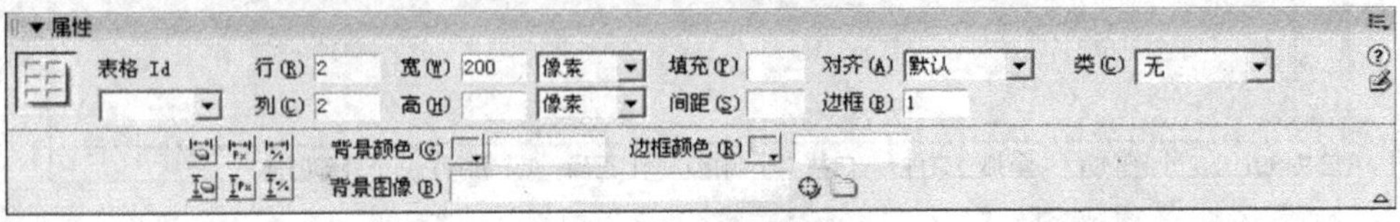

图 9-40 表格属性页

当把鼠标指针移到上边框附近，鼠标指针变为向下的箭头时，单击，可以选中表格的一列。

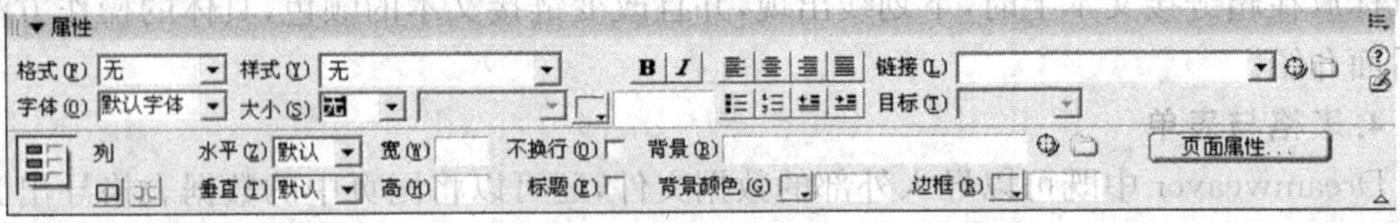

图 9-41 表格列属性页

(2)编辑表格。

①选择“插入”→“表格”命令，在出现的“表格”对话框中输入数值。单击“确定”按钮后，即生成一个 7 行 2 列的表格。

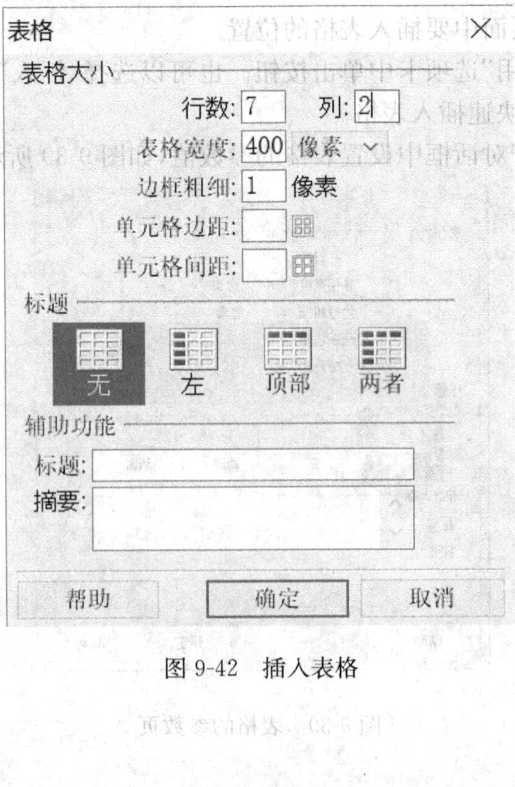

图 9-42 插入表格

②选中表格第 4 行右侧的单元格，并单击“拆分单元格为行和列”按钮，选择按照列拆分，并将“列数”设成 3，把选中的单元格拆分成 3 个单元格。用同样的方法将第 7 行的第 2 个单元格也拆分成 3 列

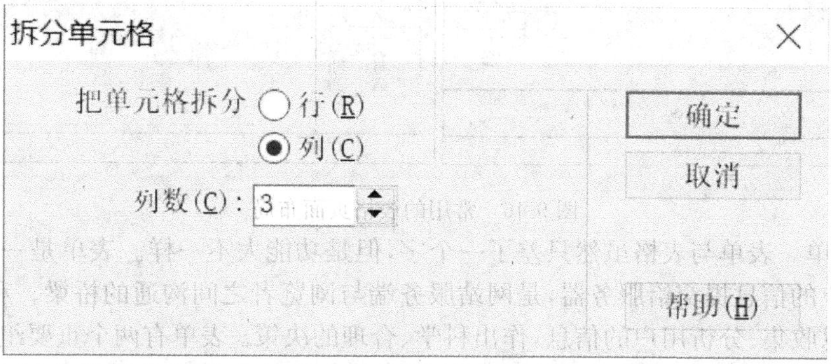

图 9-43　拆分单元格

③将表格的第一列所有单元格全部选中，再将“属性”面板中的“背景颜色”设置成＃FFFF66。

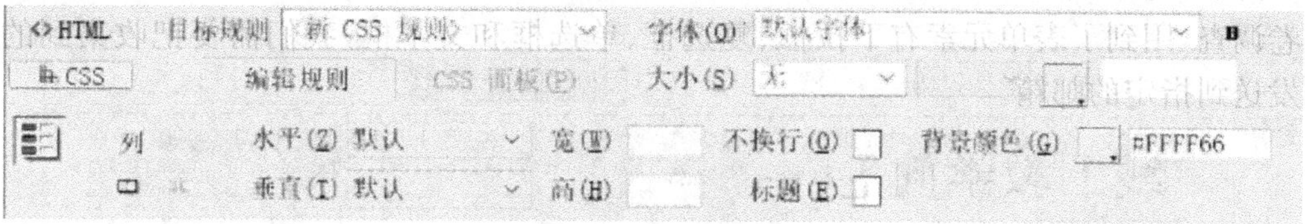

图 9-44　单元格属性

④在表格中输入文本。输入文本时要在“属性”面板中进行居左设置，这样就得到了最后的表格。

书名	计算机组装与维护（第三版）		
作者	孙中胜 汪志宏		
书号	ISBN978-113-28018-5		
开本	16开	页数	600
列别名	计算机		
丛书名	计算机技术		
出版社	某某出版社		

图 9-45　图书信息表

(3)使用表格布局网页。表格也常用来进行网页的设计与布局，我们就来教大家如何更好地利用表格来布局自己设计的网页。虽然现在很多网站都不推荐用表格来布局了，但是使用表格是一种容易操控和理解的布局方式，极易上手。

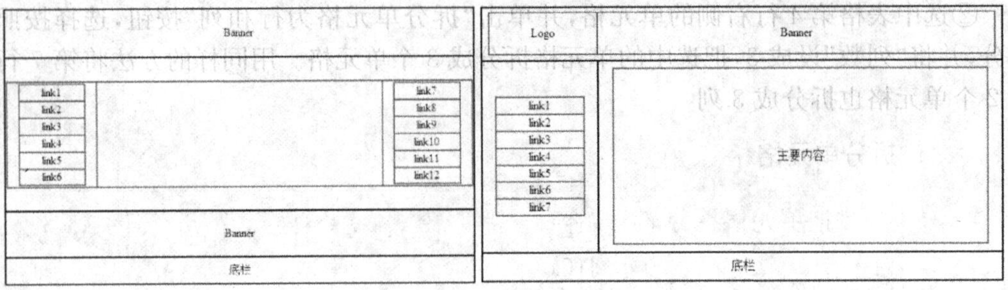

图 9-46　常用的表格页面布局

(4)表单。表单与表格虽然只差了一个字,但是功能大不一样。表单是一个容器,是把来自用户的信息提交给服务器,是网站服务端与浏览者之间沟通的桥梁。利用表单处理程序可以收集、分析用户的信息,作出科学、合理的决策。表单有两个重要组成部分:描述表单的 HTML 源代码,处理用户在表单域中输入的信息的服务器端应用程序客户端脚本 ASP. NET、JSP 等。表单使用的＜form＞标记是成对出现的,在首标记＜form＞和尾标记＜/form＞之间的部分就是一个表单。

为了方便大家学习表单,我们来做一个表单应用的实例。如图 9-47 是一个线上教学问卷调查,用到了表单元素有下拉框、复选框、单选框和文本框,我们需要把收集到的信息发送到指定的邮箱。

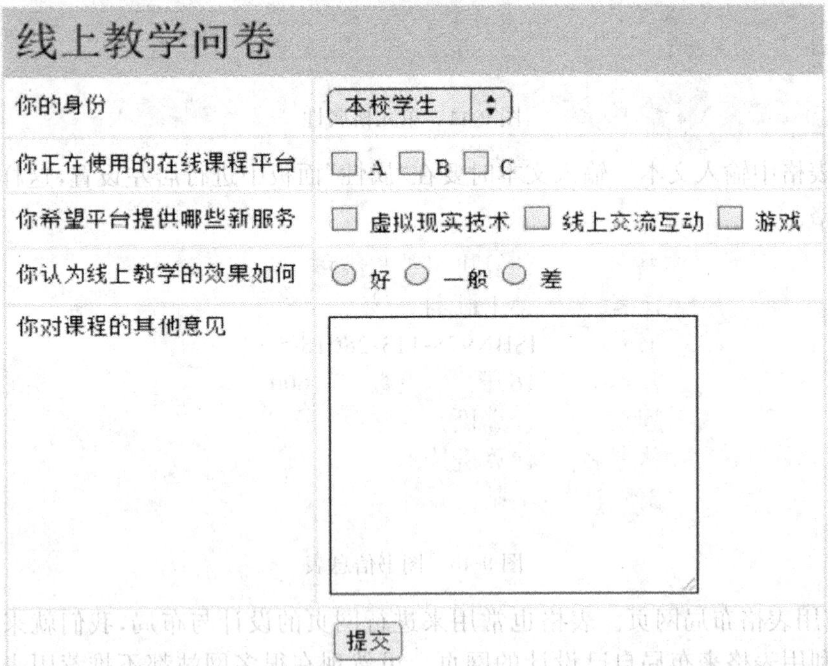

图 9-47　线上教学问卷

首先我们把表格框架建好，文字录入如图 9-48 所示。

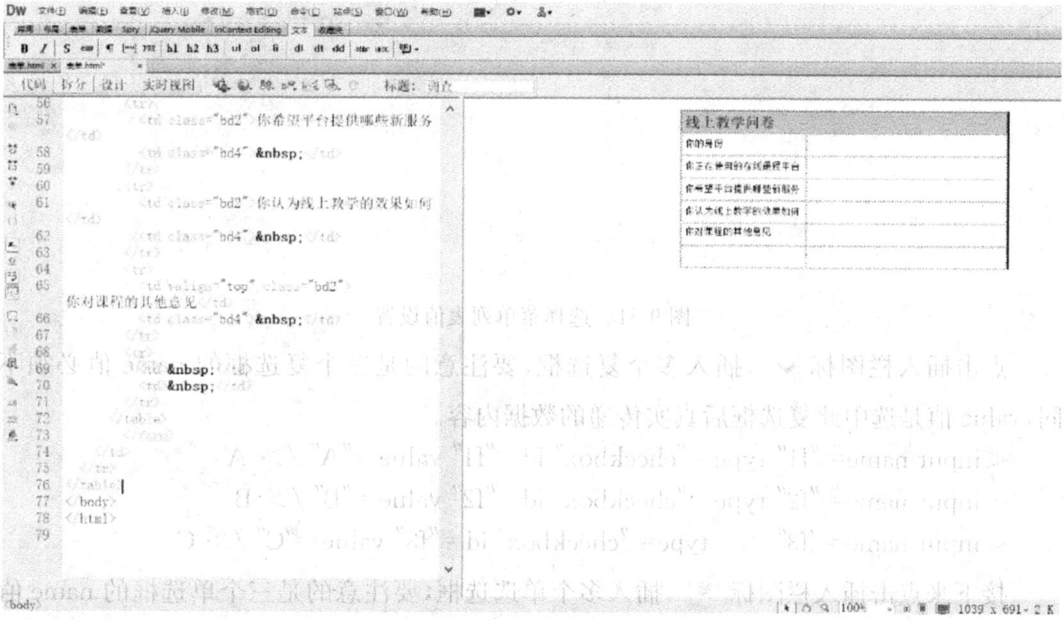

图 9-48　建好表格

在插入栏找到“表单”选项，我们选择第一个图标插入一个表单域。表格中的所有信息都要被表单域包含。

＜form action＝″mailto:jxpg@ahu. edu. cn″ method＝″post″ name＝″form1″ id＝″form1″＞，action 是告知这个表单域中的数据提交到何处，例子中我们提交到指定邮箱。接着我们要插入各种表单元素了。

图 9-49　插入栏的表单元素

点击图标 插入“选择”菜单，然后点击鼠标选中你插入的菜单，在属性页面中找到“列表值”输入相关信息，如图 9-50。

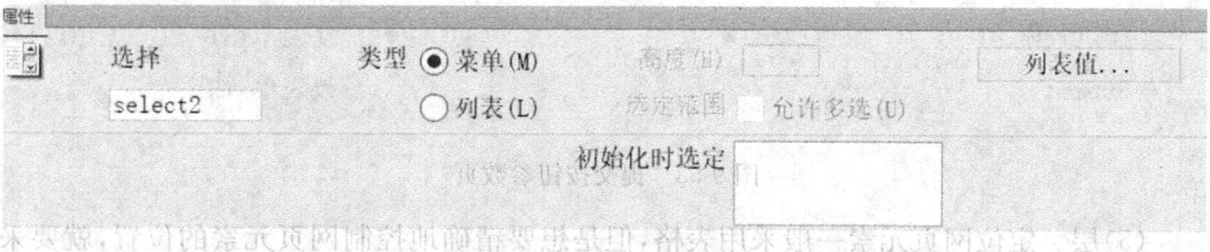

图 9-50　选择菜单属性页

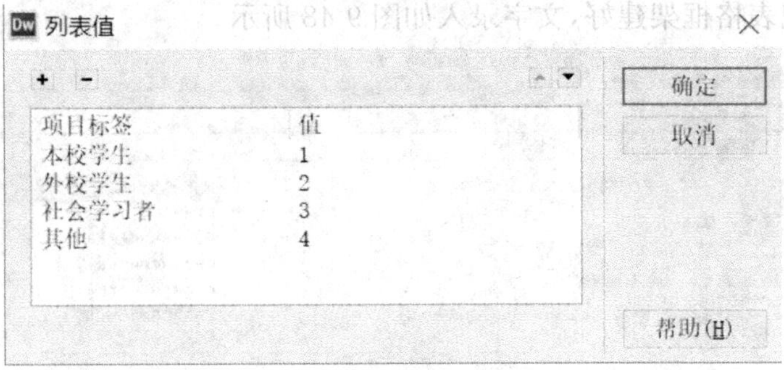

图 9-51　选择菜单列表值设置

点击插入栏图标，插入多个复选框，要注意的是三个复选框的 name 值必须不同，value 值是选中此复选框后真实传递的数据内容。

<input name=″f1″ type=″checkbox″ id=″f1″ value=″A″ /> A

<input name=″f2″ type=″checkbox″ id=″f2″ value=″B″ /> B

<input name=″f3″　　type=″checkbox″ id=″f3″ value=″C″ /> C

接下来点击插入栏图标，插入多个单选选框，要注意的是三个单选框的 name 值必须相同，否则就无法实现单选，value 值是选中此单选框后真实传递的数据内容。

<input type=″radio″ name=″jxxg″ value=″2″ />好

<input type=″radio″ name=″jxxg″ value=″1″ />一般

<input　　type=″radio″ name=″jxxg″ value=″0″ />差

最后点击插入栏图标插入文本域，如图 9-52 设置字符宽度与行数，选中类型为多行，再点击图标插入提交按钮设置好按钮参数就完成了页面的制作。

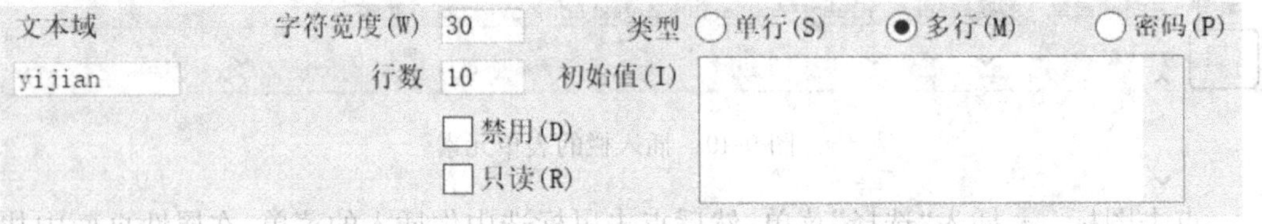

图 9-52　文本域参数页

图 9-53　提交按钮参数页

(5)层。定位网页元素一般采用表格，但是想要精确地控制网页元素的位置，就要采用层了。层是一个容器类对象，在其中可以插入文本、图像、表格、表单、其他媒体对象，甚至另外一个层对象。利用层的属性可以对这些对象精确定位。另外，层和时间轴相配合可以产生动画效果，利用层重叠、显示及隐藏可以制作出各种特效。

层的 HTML 标记一般采用<div>和<span>，浏览器能识别这两个标记。<div>和<span>的区别是前者是文档块标记，可以将任意一块文档放入该标记中，而后者是文档行标记，可以将任意一行文档置于该标记中。在默认情况下，Dreamweaver 使用的是<div>标记。

Div 标签是用来定义网页内容中的逻辑区域的，其包括 Class、Style、Title、ID 等属性，可以使用 Div 标签将 HTML 文档中的大块(block-level)内容进行结构和背景的设计，从而创建出不同的结构以及颜色区域等。

在 Dreamweaver 中创建 Div 标签的步骤如下。

(1)在“文档”窗口中将插入点放置在要显示 Div 标签的位置。

(2)依次点击“插入”→“布局对象”→“Div 标签”，或者在“插入”面板的“布局为类”中单击“插入 Div 标签”按钮。

(3)设置以下任一选项，创建 Div 标签，如图 9-54 所示。

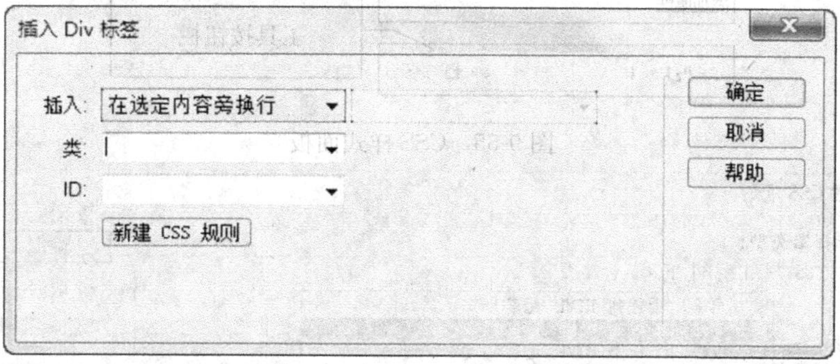

图 9-54 创建 Div 标签

9.3 使用 CSS 格式化网页

1. CSS 基础

(1)CSS 入门。CSS 是 W3C 定义和维护的标准，是一种用来为结构化文档(如 HTML 文档或 XML 应用)添加样式(字体、间距和颜色等)的计算机语言。它可以使网页制作者的工作更加轻松和灵活，现在越来越多的网站采用了 CSS 技术。

在 Dreamweaver 中，“CSS 样式”面板是新建、编辑、管理 CCS 的主要工具。选择“窗口”→“CSS 样式”命令可以打开或者关闭“CSS 样式”面板。在没有定义 CSS 前，“CSS 样式”面板是空白的。如果在 Dreamweaver 中定义了 CSS，那么“CSS 样式”面板中会显示所定义好的 CSS 规则。

(2)定义 CSS 样式。在“CSS 样式”面板上，单击“新建 CSS 规则”按钮，会打开如图 9-56 所示的“新建 CSS 规则”对话框。

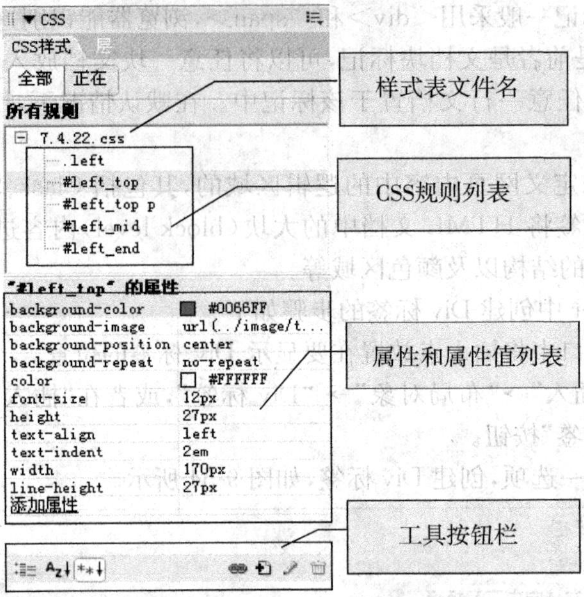

图 9-55　CSS 样式面板

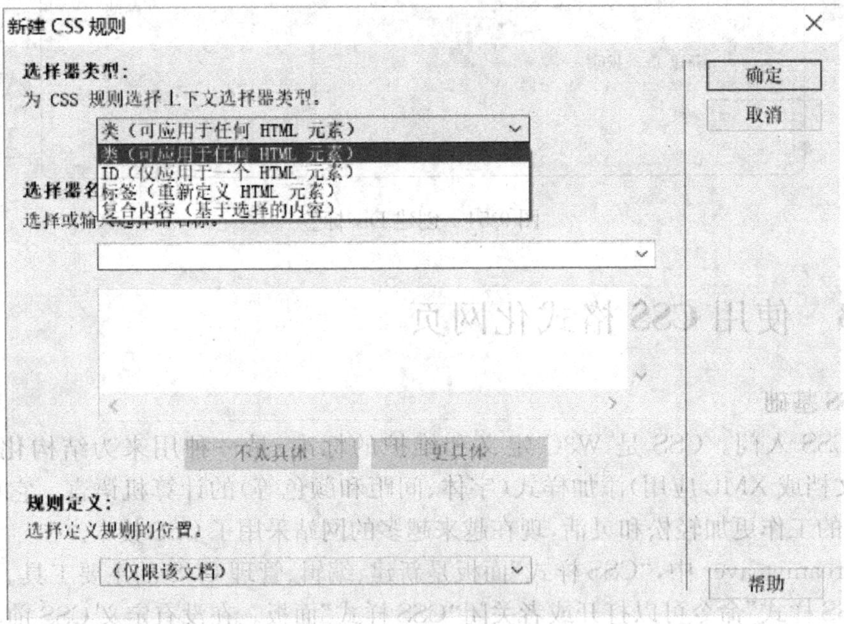

图 9-56　新建 CSS 规则窗口

①“选择定义规则的位置”选项包括两个单选项。

新建样式表文件：此选项将会把设定的样式最终保存在一个外部单独的样式表文件中，这个样式表文件可以被其他 HTML 文件共同使用。也就是说，可以使站点内的所有页面文件使用同一个样式表文件，甚至不同的站点只要是网页就可以使用。

仅对该文档：此选项将会把设定的样式仅仅放在当前文件的头文件中，这些样式只能在此文件中使用。

②“选择器类型”选项包括 4 个单选项。

“类(可应用于任何 HTML 元素)”:选择此类型后,需要在上方的“名称”文本框中填入一个样式名字,需要注意的是,此类名称必须以“.”开头。这种方式定义的样式可以用来定义绝大多数的 HTML 对象,可以使这些对象有统一的外观。如创建一个. ahu 的样式。

“ID 仅应用于一个 HTML 元素”,“标签”对应的是 HTML 中的标签元素,我们之前的水平导航栏制作里就用到了。“复合内容”是结合上面几种。

2. CSS 样式表的定义与使用

在 CSS 里可以使用四种不同的方法,将样式表的功能加到网页里。

(1)直接定义标记的 style 属性,将 CSS 样式定义在 HTML 标记内,这是最简单的样式定义方法。<标记 style="样式属性:属性值;样式属性:属性值;…">

例:这个例子里直接在 HTML 标签中定义,这种定义方式我们并不常用。

```
<html>
    <head>
        <title>直接定义标记的 style 属性</title>
    </head>
    <body>
<p style="font-size:20px; color:#003366">
        这段文字为蓝色显示,字体大小 20px</p>
<p>这段文字使用默认字体显示</p>
    </body>
</html>
```

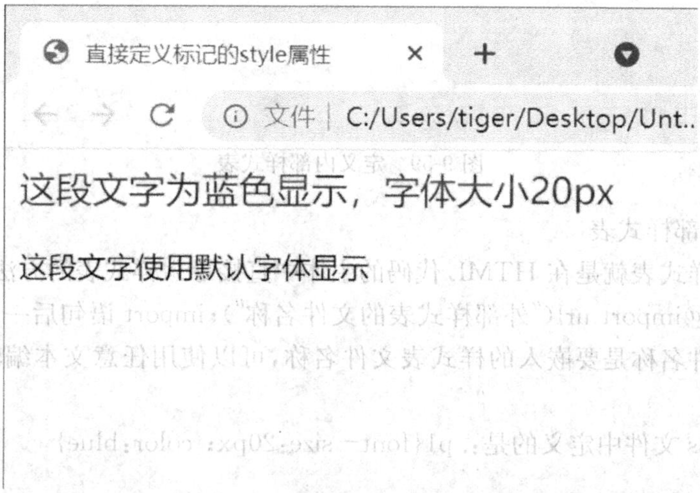
直接定义标记的style属性
文件 | C:/Users/tiger/Desktop/Unt..
这段文字为蓝色显示，字体大小20px
这段文字使用默认字体显示

图 9-58　直接定义标记的 style 属性

(2)定义内部样式表。内部样式表允许在 HTML 文档的顶部设置样式,后在整个 HTML 文件中直接调用该样式的标记。

例：

```
<html>
  <head>
    <title>定义内部样式表</title>
      <style text="text/css">
      <!--
      .a1{font-size:27px; color:blue;}
      -->
      </style></head>
   <body>
      <p class="a1">此行文字被内部的样式定义</p>
      <p>此行文字使用默认显示</p>
   </body>
</html>
```

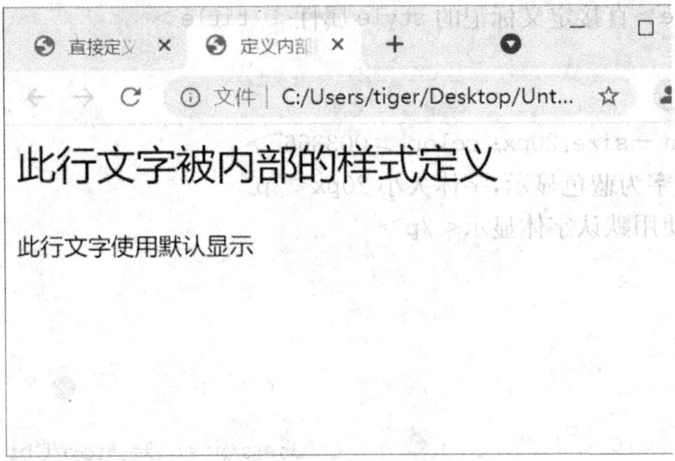
直接定义
定义内部
文件
C:/Users/tiger/Desktop/Unt...
此行文字被内部的样式定义
此行文字使用默认显示

图 9-59　定义内部样式表

(3)嵌入外部样式表

嵌入外部样式表就是在 HTML 代码的主体中直接导入样式表的方法。<style type="text/css">@import url("外部样式表的文件名称")；import 语句后一定要加"；"。外部样式表的文件名称是要嵌入的样式表文件名称，可以使用任意文本编辑器编辑，后缀为. css。

例：外部 abc. css 文件中定义的是：. p1{font-size:20px; color:blue}

```
<html>
   <head>
      <title>嵌入外部样式表</title>
         <style type="text/css">
         @import url("abc.css");
```

```
        </style>
    </head>
    <body>
        <p class=p1>此行文字被定义显示</p>
        <p>此行文字使用默认显示义</p>
    </body>
</html>
```

(4)链接外部样式表。除了以嵌入外部样式表的方法达到在 HTML 文件中引用样式表的目的,还可以用链接的方式,使用外部 CSS 文件。<link type="text/css" rel="stylesheet" href="外部样式表的文件名称">它的功能与嵌入外部样式表类似。

3. CSS 选择器

什么是选择器呢？每一条 CSS 样式定义由两部分组成，选择器指明了 样式的作用对象,也就是你设定的样式作用于网页中的哪些元素。最简单的选择符可以对给定类型的所有元素进行格式化,更复杂的选择符可以根据元素的 class 或 id、上下文、状态等来应用格式化规则。

(1)元素选择器。元素选择器是最常见的 CSS 选择器,又称为类型选择器,如果使用元素选择器,选中的是本网页文档中所有的相对应元素,例如元素选择去使用 P 元素,则选中本网页中所有<p></p>所包含的文字内容,在对文字内容设置的相应样式,就可以改变显示效果了。如有如下设置了 P 元素内字体大小与颜色,那么示例中除非指定其他情况,指定类型的所有元素(这里是标记 p)都将被格式化。

```
<style type="text/css">
    p{font-size:17px; color:red;}
</style>
```

(2)类选择器。使用 HTML 元素选择器可以设置网页中所有相同标记的统一格式,但如果需要对相同标记中某些个别标记作特殊设置时,使用 HTML 元素标记就无法实现,此时需要引入其他的选择器来完成。类选择器允许以一种独立于文档元素的方式来制定样式。该选择器既可以单独使用,也可以与其他元素结合使用。以下两种定义方式都是可以的。

. classname{样式属性:属性值;样式属性:属性值;......}

HTML 标记. classname1{样式属性:属性值;样式属性:属性值;......}

例如:

". news{color:red;}"会影响所有标记中定义了"class="news""类的元素,而"ul. news{color:red;}"只影响属性中定义了"class="news""类的 ul 元素。

类选择器的定义必须要以英文圆点开头,类选择器的名称不能用中文改名称,可以使用大小写字母与数字命名。

(3)ID 选择器。ID 选择器与类选择器有很多类似,区别主要在于:

①语法定义上 ID 选择器前使用"#"号。

②引用时是通过 ID 属性。

③在一个页面文件中 ID 选择器只能使用一次。

④ID 选择器不能结合使用。

＃idname{样式属性:属性值;样式属性:属性值;......}

(4)通用选择器,CSS 全局选择符可以匹配文档中的任意一个元素。使用 * 代表文档中的所有元素,匹配文档中的任意一个元素。

* { color: pink; font－size: 12px; border: 1px solid blue; }

(5)实例。

```
<html>
    <head>
        <title>类选择器与 ID 选择器</title>
<style type="text/css">
<!--
        #test{background-color:#33CCFF ;border:0.2cm groove orange;}
        .a1{font-size:17px; color:#FF0000;}
        p.a2{font-size:27px; color:#0000FF;}
    -->
    </style>
  </head>
  <body>
<div id="test">
<p>第一段文字,此段文字以默认方式显示</p>
<p class="a1">第二段文字,此段文字以 17 像素大小</p>
<p class="a2">第三段文字,此段文字以 27 像素大小</p>
    </div>
  </body>
</html>
```

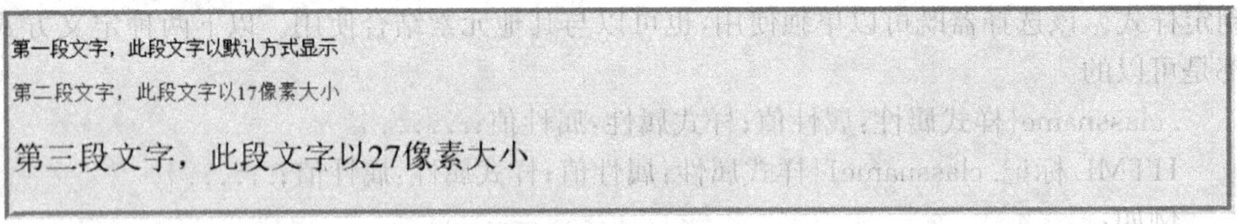
第一段文字，此段文字以默认方式显示
第二段文字，此段文字以17像素大小
第三段文字，此段文字以27像素大小

图 9-60 浏览器显示效果

4. Dreamweaver 里 CSS 样式设置简介

在 Dreamweaver 的 CSS 样式里包含了 W3C 规范定义的所有 CSS 的属性, Dreamweaver 把这些属性分为 Type(类型)、Background(背景)、Block(区块)、Box(方框)、Border(边框)、List(列表)、Positioning(定位)、Extensions(扩展)和过渡 9 个部分。

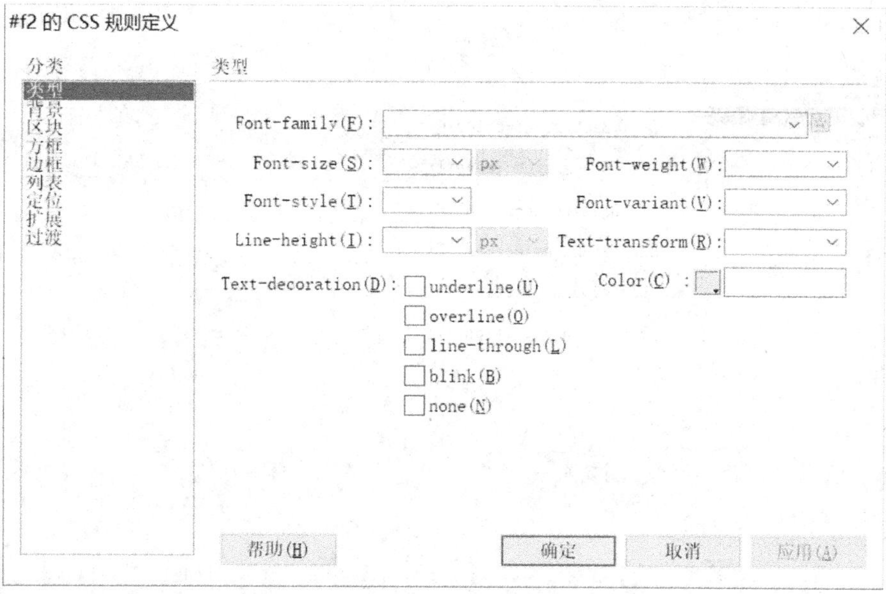

图 9-61 类型选项

(1)类型:主要是对文字的字体大小、颜色、效果等基本样式进行设置。

①字体:字体系列是指对文字设定几种字体,当遇到第一种字体不能显示时会自动用系列中的第二种字体或后面的字体显示。相对应的 CSS 属性是 font-family。

②大小:可以通过选取数字和度量单位来选择具体的字体大小,或者也可以选择一个相对的字体大小。相对应的 CSS 属性是 font-size。

③样式:定义字体样式为“正常”“斜体”或“偏斜体”。默认设置为正常。相对应的 CSS 属性是 font-style。

④行高:设置文本所在行的行高。默认为正常,也可以自己键入一个精确的数值并选取一个计量单位。相对应的 CSS 属性是 line-height。

⑤修饰:向文本中添加下划线、上划线或删除线,或使文本闪烁。相对应的 CSS 属性是 text-decoration。

⑥粗细:对字体应用特定或相对的粗体量。“正常”等于 400,“粗体”等于 700。相对应的 CSS 属性是 font-weight。

⑦变体:设置文本的小型大写字母变体。相对应的 CSS 属性是 font-variant。

⑧大小写:将选区中每个单词的第一个字母转为大写,或者令单词全部大写或全部小写。相对应的 CSS 属性是 text-transform。

⑨颜色:定义文字颜色。相对应的 CSS 属性是 color。CSS 中颜色的值有 3 种表示方法。#RRGGBB 格式,是由红绿蓝三种颜色的值组合,每种颜色的值为“00～FF”的两位十六进制正整数。用颜色名称,CSS 可以使用已经定义好的颜色名称,例如 red 表示红色,yellow 表示黄色。

(2)背景:主要是对元素的背景进行设置,包括背景颜色、背景图像、背景图像的控制。一般是对 BODY(页面)、TABLE(表格)、DIV(区域)的设置。

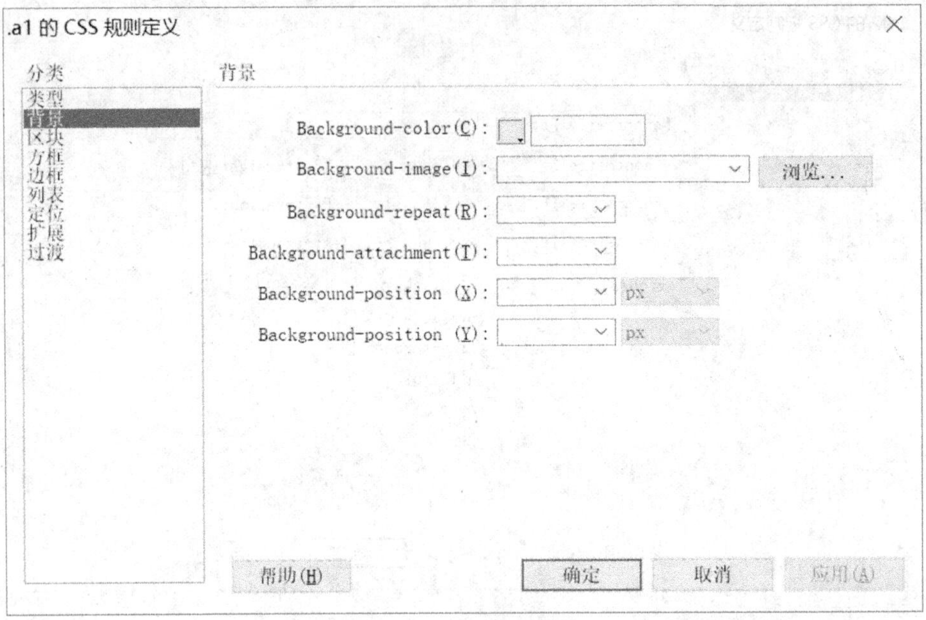

图 9-62　背景选项

①背景颜色：设置元素的背景色。相对应的 CSS 属性是 background-color。可以单击“颜色”按钮打开调色板，然后在其中选择需要的颜色。或者直接在文本框中输入颜色代码。

②背景图像：设置元素的背景图像。相对应的 CSS 属性是 background-image。

③重复：确定背景图像是否以及如何重复。相对应的 CSS 属性是 background-repeat。

④附件：确定背景图像是固定在其原始位置还是随内容一起滚动。相对应的 CSS 属性是 background-attachment。

⑤水平位置：指定背景图像相对于元素的水平位置。相对应的 CSS 属性是 background-position。

⑥垂直位置：指定背景图像相对于元素的垂直位置。相对应的 CSS 属性是 background-position。

(3)区块选项主要是设置对象文本文字间距、对齐方式、上标、下标、排列方式、首行缩进等。

①单词间距：设置单词之间的间距。相对应的 CSS 属性是 word-spacing。

②字母间距：设置字符之间的间距。可以指定负值。相对应的 CSS 属性是 letter-spacing。

③垂直对齐：指定元素的垂直对齐方式。相对应的 CSS 属性是 vertical-align。

④文本对齐：设置文本的排列方式。相对应的 CSS 属性是 text-align。

⑤文本缩进：设置文本第一行的缩进值。相对应的 CSS 属性是 text-indent。

⑥空格：设置如何处理元素内的空白符。相对应的 CSS 属性是 white-space。

⑦显示：指定是否以及如何显示元素。“无”指定到某个元素时，它将禁用该元素的

显示。相对应的 CSS 属性是 display。

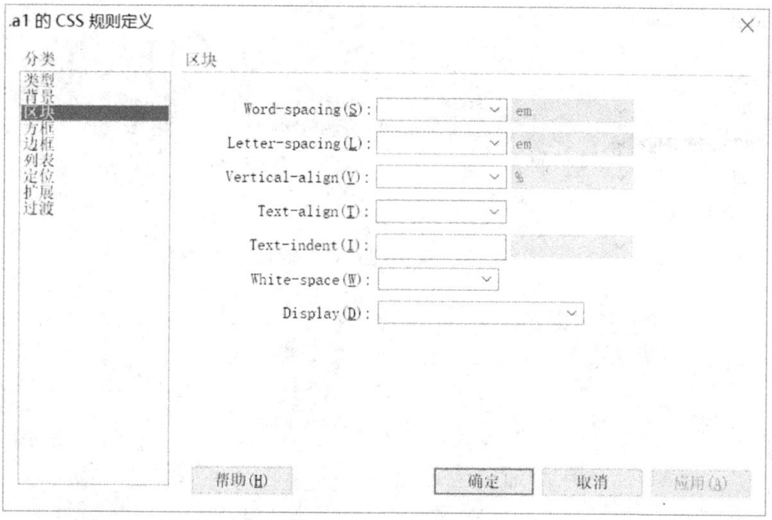

图 9-63　区块选项

(4)方框：方框选项主要设置对象的边界、间距、高度、宽度和漂浮方式等。

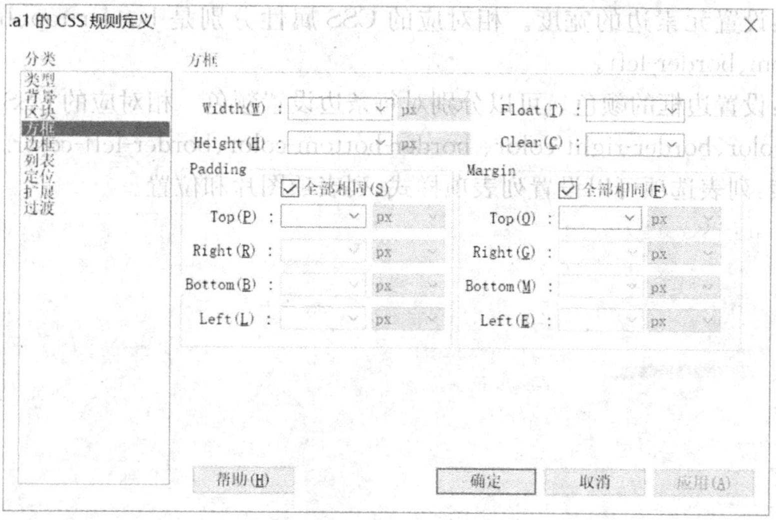

图 9-64　方框选项

①宽：定义元素的宽。相对应的 CSS 属性是 width。

②高：定义元素的高。相对应的 CSS 属性是 height。

③浮动：定义元素的漂浮方式。相对应的 CSS 属性是 float。

④清除：定义元素的哪一侧不允许出现浮动元素。相对应的 CSS 属性是 clear。

⑤填充：定义元素内容与其边框的空距(如果元素没有边框就是指页边的空白)。相对应的 CSS 属性分别是 padding-top、padding-right、padding-bottom、padding-left。

⑥边界：定义元素的边框与其他元素之间的距离(如果没有边框就是指内容之间的距离)。相对应的 CSS 属性分别是 margin-top、margin-right、margin-bottom、margin-left。

(5)边框:边框选项可以设置对象边框的宽度、颜色及样式。

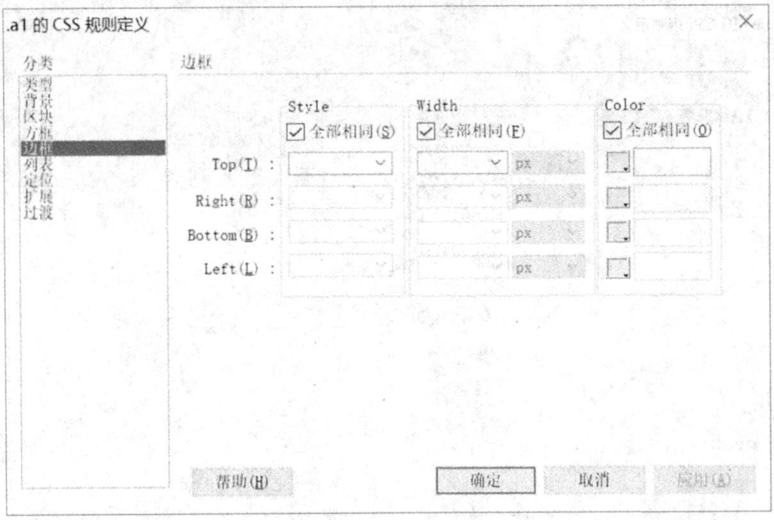

图 9-65　边框选项

①样式:设置边框样式。相对应的 CSS 属性是 border-style。

②宽度:设置元素边的宽度。相对应的 CSS 属性分别是 border-top、border-right、border-bottom、border-left。

③颜色:设置边框的颜色。可以分别对每条边设置颜色。相对应的 CSS 属性分别是 border-top-color、border-right-color、border-bottom-color、border-left-color。

(6)列表:列表选项可以设置列表项样式、列表项图片和位置。

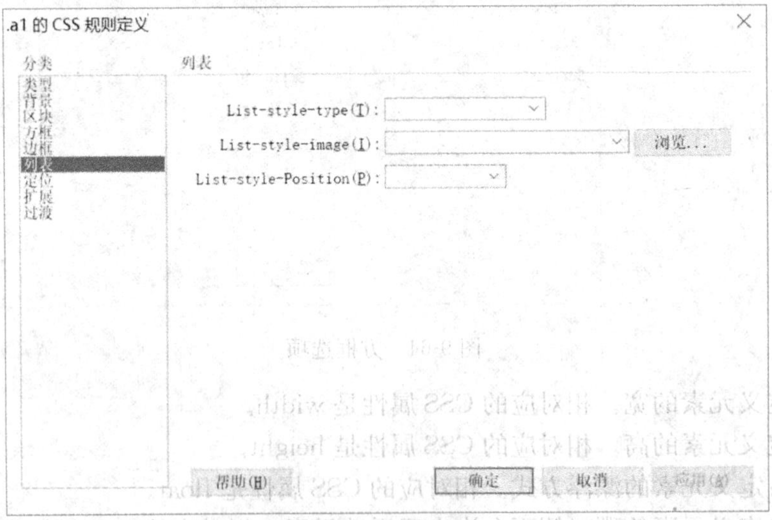

图 9-66　列表选项

①类型:设置列表项所使用的预设标记。可以设置的样式有 disc(实心圆)、circle(空心圆)、square(方块)等。相对应的 CSS 属性是 list-style-type。

②项目符号图像:设置列表项的图像。相对应的 CSS 属性是 list-style-image。

③位置：设置列表项在文本内还是在文本外。相对应的 CSS 属性是 list-style-position。下拉列表中包括两个选项。内：列表项目标记放置在文本以内。外：列表项目标记放置在文本以外。

(7)定位：定位选项中的 CSS 属性用来确定与选定的 CSS 样式相关的内容在页面上的定位方式。

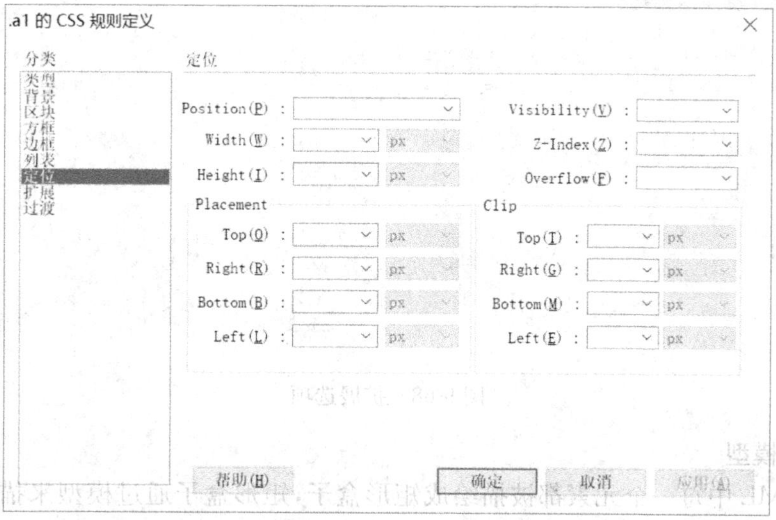

图 9-67　定位选项

①类型：设定对象的定位方式。相对应的 CSS 属性是 position。有 4 种方式可供选择。

②显示：确定内容的初始显示条件。相对应的 CSS 属性是 visibility。

③Z 轴：确定内容的堆叠顺序。Z 轴值较高的元素显示在 Z 轴值较低的元素(或根本没有 Z 轴值的元素)的上方。

④溢出：确定当容器(如 DIV 或 P)的内容超出容器的显示范围时的处理方式，下拉列表中包括 4 个选项。相对应的 CSS 属性是 overflow。

⑤定位：指定内容块的位置和大小，包括上、下、左、右 4 个选项。浏览器如何解释位置取决于“类型”设置。如果内容块的内容超出指定的大小，则将改写大小值。

⑥剪辑：定义内容的可见部分，包括上、下、左、右 4 个选项。如果指定了剪辑区域，可以通过脚本语言(如 JavaScript)访问它，使用“改变属性”行为可以设置擦除效果。

(8)扩展。扩展选项中的 CSS 属性包括分页、光标和过滤器(滤镜效果)选项。

①分页：打印网页时，在样式所控制的对象之前或者之后强行分页。下拉列表中包括 4 个选项：自动、总是、左对齐和右对齐。

②光标：当鼠标指针位于样式所控制的对象上时改变鼠标指针的外观。下拉列表中包括一些具体的选项，选择后可以改变鼠标指针的视觉效果。

③过滤器：对样式所控制的对象应用特殊效果(包括模糊和反转等滤镜效果)。下拉列表中包括一些具体的选项，这些效果应用到网页中元素上后，可以得到类似于 Photoshop 的滤镜效果。

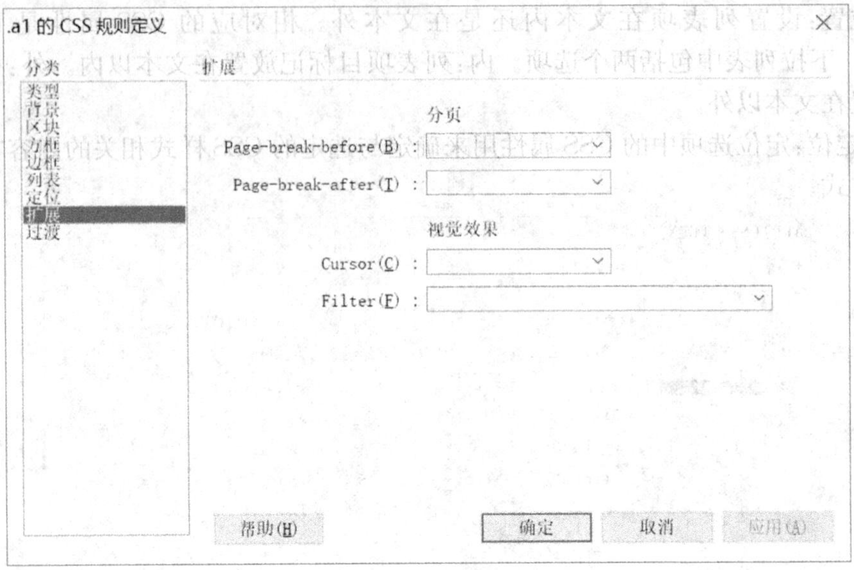

图 9-68　扩展选项

5. 盒子模型

在 HTML 中每一个元素都被描绘成矩形盒子，矩形盒子通过模型来描述其占用的空间，这就是盒子模型。一般使用矩形盒子的时候，搭配 margin 属性、border 属性、padding 属性和 content(元素内容)可以更好地控制元素的样式。

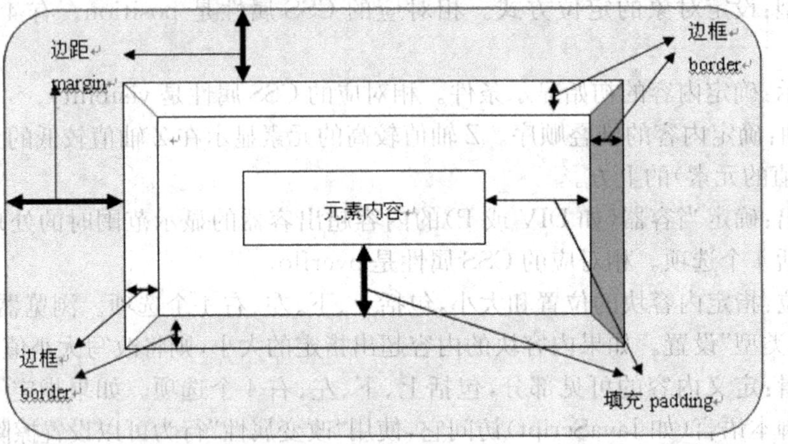

图 9-69　盒子模型

(1)外边距 margin：元素的外边距指的是盒子模型的边框与其他盒子之间的距离，使用 margin 来定义。margin 四个边界一般按顺时针方向上(margin-top)、右(margin-right)、下(margin-bottom)、左(margin-left)属性。四个边界的设置语法一样。

(2)元素边框 border：元素边框是围绕元素内容 content 和内边距的一条或多条线。可以设置边框的样式、宽度与颜色。

(3)内边距 padding：内边距指的是盒子模型的边框与显示内容之间的距离。

(4)实例演示，本例中展示了安徽大学校园的风光，

校园风景
文件 | D:/test/校园风景.html
校园风景
安徽大学(Anhui University)坐落于素有"三国故地、包拯家乡，江淮首郡、吴楚要冲"美誉的历史文化名城、安徽省省会合肥市，学校是世界"双一流"和国家"211工程"首批入列高校，是安徽省与教育部、与国家国防科工局共建高校，是安徽省属重点综合型大学。

图 9-70　安徽大学校园风光

首先我们新建一个 HTML 文档，新建一个 CSS 规则，主要是创建页面区间宽度 600px，margin：0 auto，margin-left 与 margin-right 设置值为 auto 可以保持页面居中。

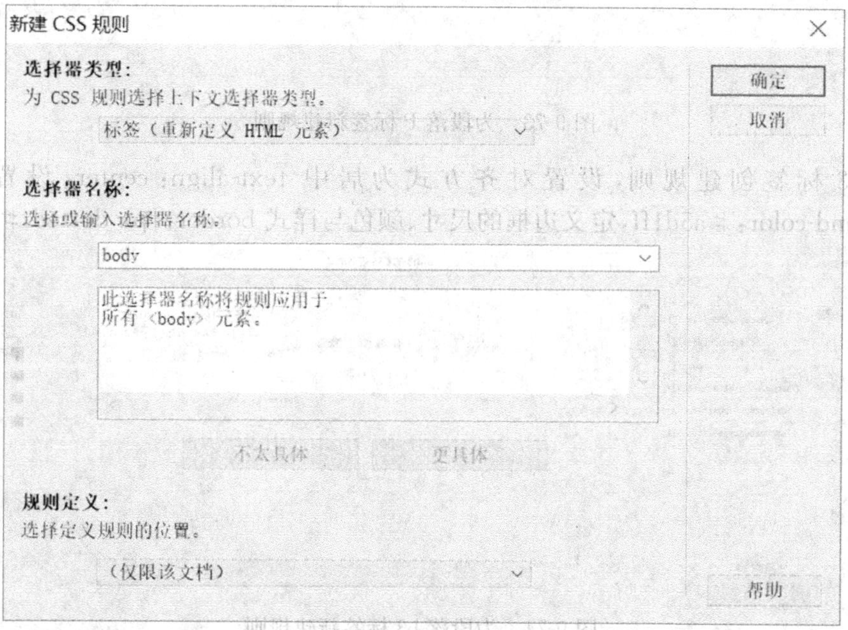
新建 CSS 规则
选择器类型：
为 CSS 规则选择上下文选择器类型。
标签（重新定义 HTML 元素）
确定
取消
选择器名称：
选择或输入选择器名称。
body
此选择器名称将规则应用于
所有 <body> 元素。
不太具体
更具体
规则定义：
选择定义规则的位置。
（仅限该文档）
帮助

图 9-71　为 body 标签新建规则

接着设置字体与字号 font-family：Arial 与 font-size：13px。

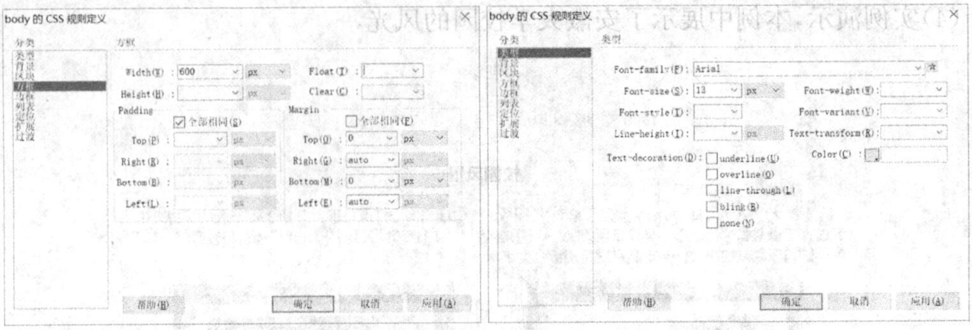

图 9-72　设置格式内容

p{text－indent:25px;text－align: left;}设置在段落标签＜P＞＜/P＞中文本第一行的缩进值 25px，文字的对齐方式为左对齐。

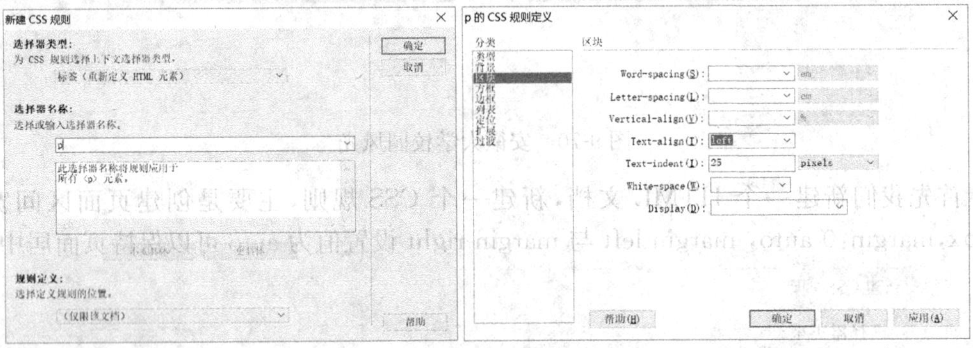

图 9-73　为段落 P 标签新建规则

为 h3 标签创建规则，设置对齐方式为居中 text-align: center，设置背景色 background-color:＃a5d1ff，定义边框的尺寸、颜色与样式 border:1px dotted ＃222222。

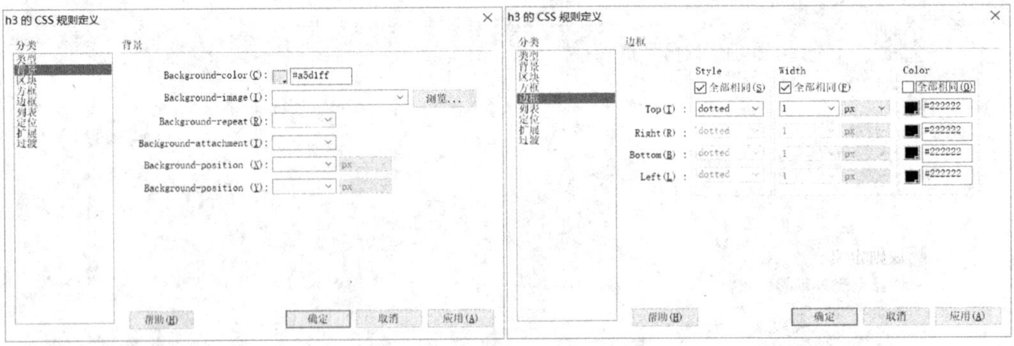

图 9-74　为段落 h3 标签新建规则

完成上述格式定义后，我们就可以在网页中插入 h3 标签作为页面标题、输入文字信息，这时你会发现它们的格式立刻就变化成你之前设置的效果了。因为这部分的格式定义我们是直接为 HTML 文档中的 h3 与 p 标记定义的。

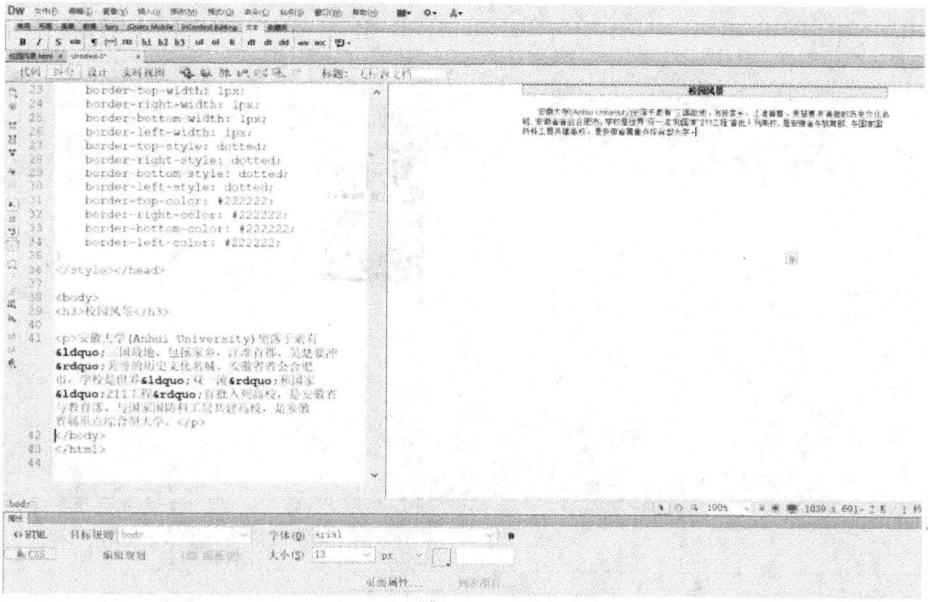

图 9-75　在网页中输入文字信息

在文字下方插入两个 Div，把它们的 class 值都设置为 a1。在 Div 中分别插入图片，并调整图片尺寸宽度为 179px，高度为 120px。

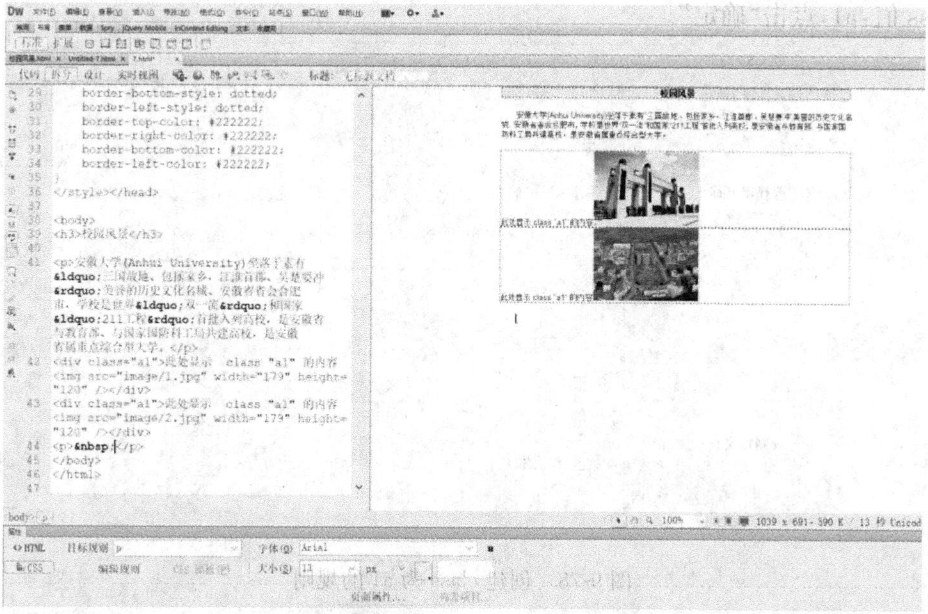

图 9-76　插入图片到 Div 中

如图 9-77，删除 Div 中多余的文字信息后，HTML 代码如下：

<div class="a1"><img src="image/1.jpg" width="179" height="120" /></div>

<div class="a1"><img src="image/2.jpg" width="179" height="120" /></div>

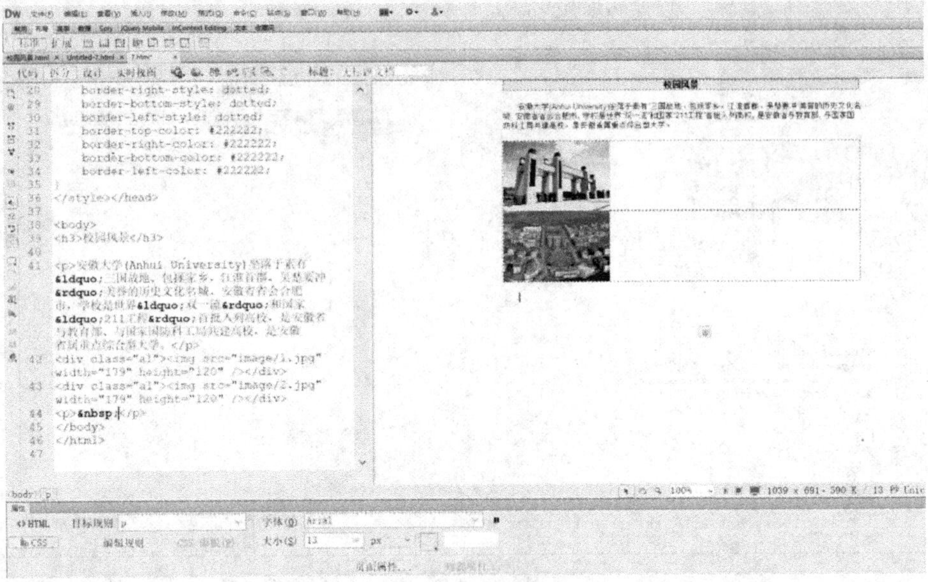

图 9-77　删除 Div 中多余的文字信息

接下来我们要为图片所在的 Div 设置格式，使得它们显示出样张的效果。首先要创建规则，创建时“选择器类型”选择“类”，在名称中输入我们上一步创建的 Div 标签设置的 class 值：a1，点击“确定”。

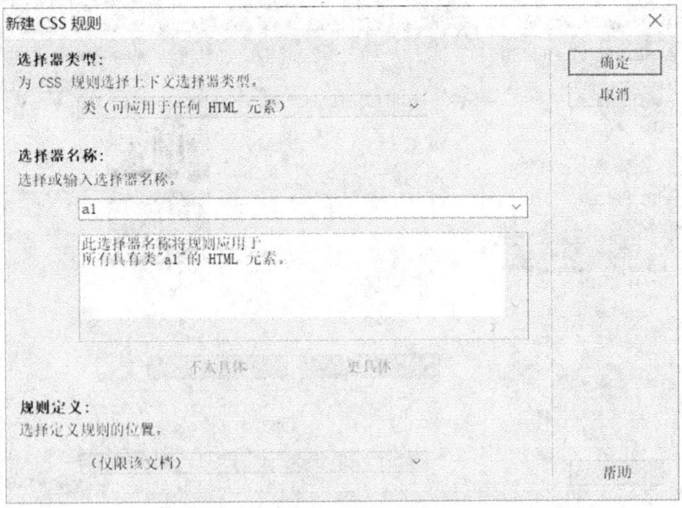

图 9-78　创建 class 为 a1 的规则

我们如何来设置格式呢，这要看我们想获得什么样的效果。样张图 9-70 中图片有红色立体的边框，两幅图片水平排列，图片之间有一定的距离。我们先设置边框的颜色、宽度与样式 border：＃f13c96 18px ridge，为了让两个 Div 水平排列需要设置浮动属性为 float：left，为了让两个 Div 中的图片能与网页两边空开一些距离，让图片与图片之间留出一些空间，设置 margin-left：30px 与 margin-right：30px，图片与边框之间的距离可以设置 padding：10px。请大家注意，这里的数值都不是唯一的，可以根据你需要的效果来调整。完成设置点击“确定”后，就会发现你的页面变化了。

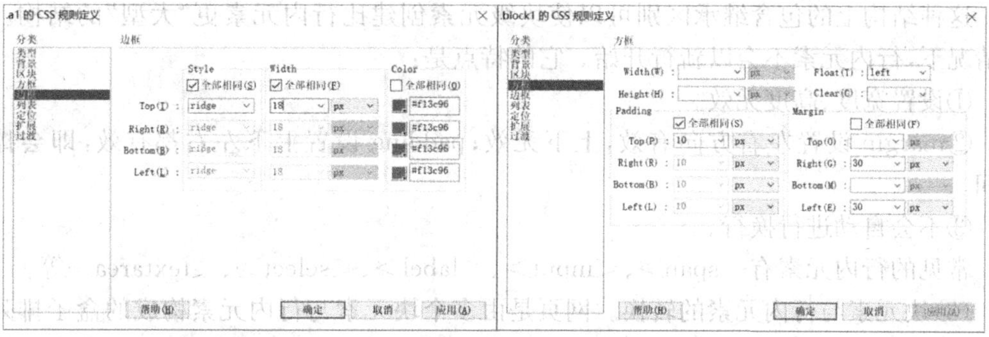

图 9-79　为 a1 设置规则

9.4　CSS 的进阶应用

1. 元素类型与转换

HTML 语言提供了丰富的标记用于组织页面结构。用于组织页面结构的 HTML 标记分为两种：快标记（也就是块元素）和行内标记（也就是行内元素）。本节我们就来好好了解一下它们。

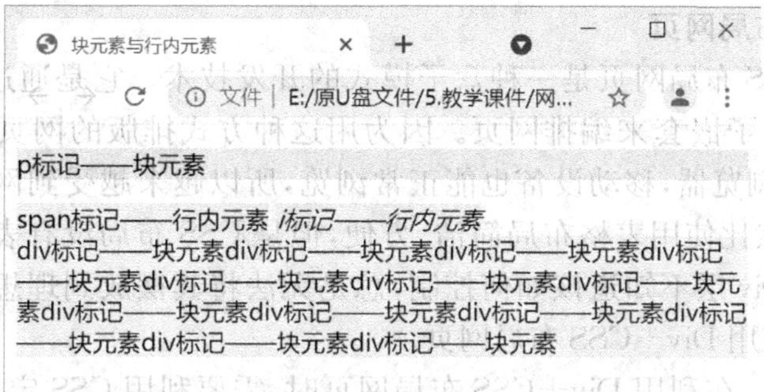

图 9-80　块元素与行内元素

（1）块元素又名块级元素（block element），一般都从新行开始，一个块元素独占一行，相邻的块级元素将会在不同行显示，它的特点是：

①总是在新的一行开始。

②行高以及外边距和内边距都可控制。

③宽度缺省是它的容器的 100%，除非设定一个宽度。

④它可以容纳行内元素和其他块元素。

常见的块元素有<div>、<p>、<ul>、<ol>、<table>、<li>、<h1>—<h6>等。

（2）行内元素最常使用的就是 span，其他的只在特定功能下使用，修饰字体<b>和<i>标签，还有<sub>和<sup>这两个标签可以直接做出平方的效果。一般情况下，行内元素只能包含数据和其他行内元素，而块级元素可以包含行内元素和其他块级元素。这种结构上的包含继承区别可以使块级元素创建比行内元素更“大型”的结构。默认情况下，行内元素不会以新行开始。它的特点是：

①设置宽度、高度无效。

②margin 设置左右方向有效，上下无效；padding 设置上下左右都有效，即会撑大空间。

③不会自动进行换行。

常见的行内元素有<span>、<input>、<label>、<select>、<textarea>等。

(3)块元素与行内元素的转换。网页是由多个块元素与行内元素构成的盒子排列而成的，如果希望行内元素具有块元素的某些特性，如设置宽度与高度属性，或者块元素需要具有行内元素的某些特性，如不单独占一行排列，可以使用 display 属性对元素的类型进行转换。

①display：inline，转换为行内元素。

②display：block，转换为块状元素。

③display：inline-block，转换为行内块状元素。

④display：none，此元素将被隐藏，不显示，也不占用页面空间，相当于不存在。

我们前面讲的导航栏的水平设置就是使<li>这个块元素通过 display：inline 转换为行内元素，使得列表项可以水平显示。

2. Div+CSS 布局网页

利用 Div+CSS 布局网页是一种盒子模式的开发技术。它是通过由 CSS 定义的大小不一的盒子和盒子嵌套来编排网页。因为用这种方式排版的网页代码简洁，更新方便，能兼容更多的浏览器，移动设备也能正常浏览，所以越来越受到网页开发者的欢迎。使用 CSS 布局虽然比使用表格布局简洁、方便，但是 CSS 布局没有表格布局容易控制。很多使用者觉得 Div 层不知道该如何控制，总是无法将其摆放到理想的位置，这一节我们就来介绍如何使用 Div+CSS 布局网页。

(1)两栏布局。在利用 Div+CSS 布局网页时，需要利用 CSS 定义大小不一的 CSS 盒子以及盒子嵌套。两栏布局是将网页分为左右两栏，这种方式比较常见。主要的实现方法是：首先设置好层的高度等参数，然后设置两栏并列显示。下面我们就来看一个例子，如图 9-81 所示这是由多个 Div 层组成的一个页面结构，页面整体的宽度是根据分辨率自适应，只有左边栏 Sidebar 的宽度是固定宽度，右栏 Content 的宽度也是自适配的。最大的盒子是 #container{}盒子(这里的 #container 是一个 CSS 样式定义，是一个标识选择符)，可以称这个盒子为页面容器。在 #container{}盒子中有嵌套 4 个盒子 #header{}、#menu{}、#mainContent{}、#footer{}，这 4 个盒子分别是网页的头部(Banner、Logo 等)、导航、中部(网页的主体内容)、底部(版权信息等)。#mainContent{}盒子中嵌套两个盒子 #sidebar{}、#Content{}，这是一个两栏的页面布局，这两个盒子分别用来容纳左栏和右栏的内容。下面我们来看一下制作的过程。

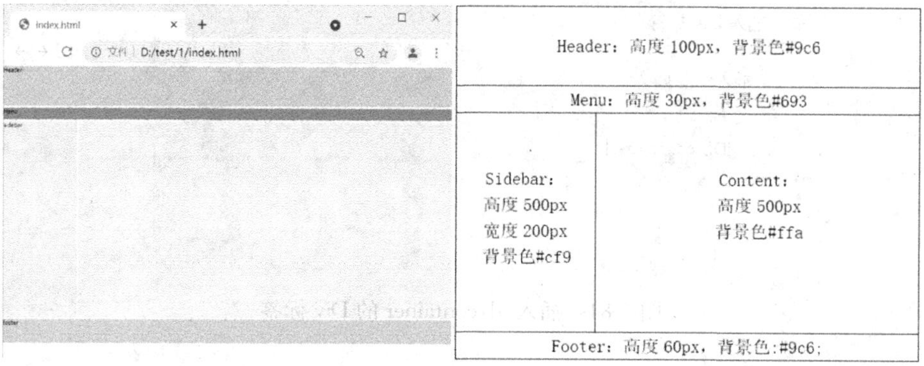

图 9-81　两栏布局结构

在 Dreamweaver 中将“插入”工具栏切换到“布局”工具栏，可以看到一个“插入 Div 标签”按钮，如图 9-82 所示。

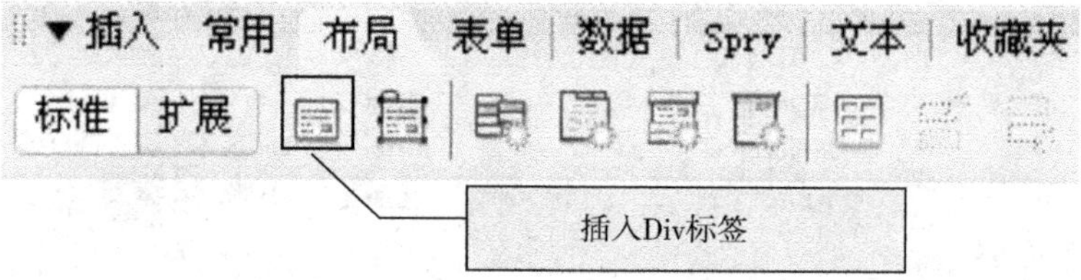

图 9-82　插入 Div 标签

弹出“插入 Div 标签”对话框，如图 9-83 所示。在这个对话框中可以选择插入 Div 标签的位置以及控制这个 Div 标签的 CSS 样式。这里不作选择，直接单击“确定”按钮，此时就新增了一对 Div 标签。这一对 Div 标签就定义了一个盒子结构，此时切换到“设计”视频，可以看到一个虚线框。

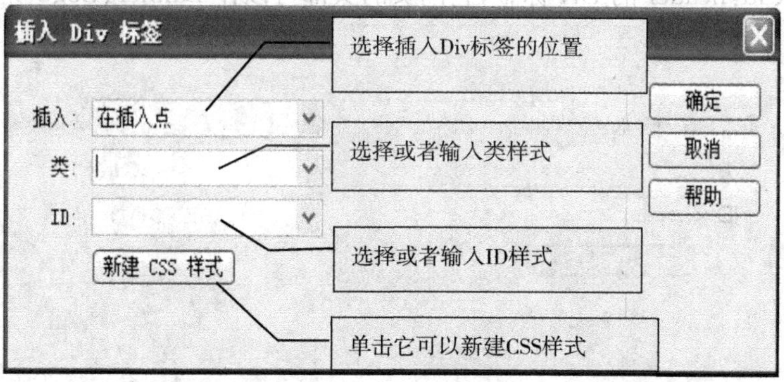

图 9-83　填写标签参数

也可以直接“新建 CSS 样式”，定义一个 CSS 样式，用这个 CSS 样式控制这个盒子的外观。首先我们创建 id：container 的 Div 标签，添加 CSS 样式，宽度使用百分比单位，margin：0 auto 设置主要是为了让这个块元素居中。

图 9-84　插入 id:container 的 Div 标签

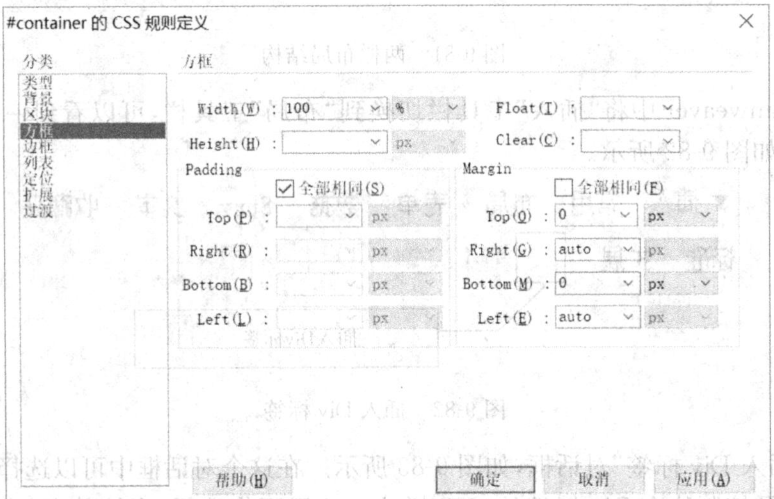

图 9-85　#container 的 CSS 规则定义

接着插入 id:header 的 Div 标签，它网页的头部可以作 Banner、Logo 等。

图 9-86　插入 id:header 的 Div 标签

这里我们只设置了 #head 的高度，宽度适配 #container，为 margin-bottom 设置值为 5px，主要是想让 #head 层与下面的层留出一些空间。最后为了识别方便还设置了背景色。

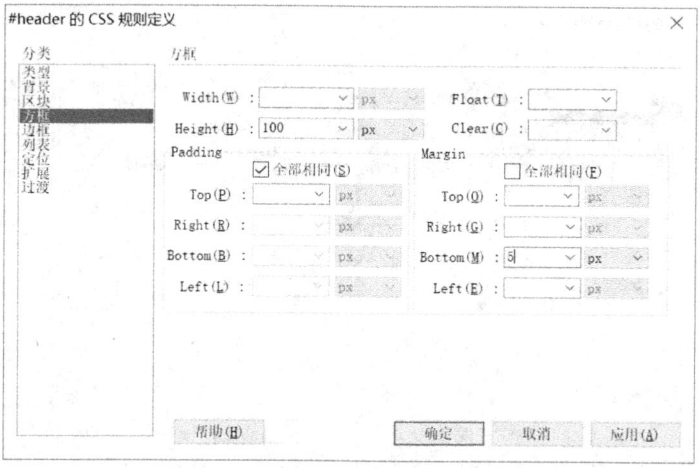

图 9-87　#head 的 CSS 规则定义(设置高度)

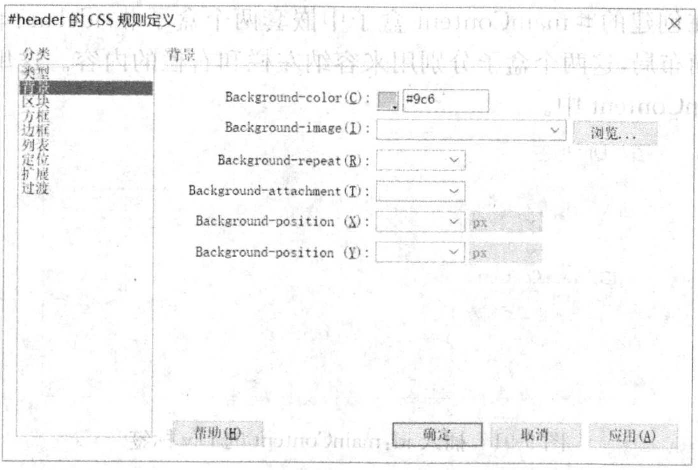

图 9-88　#head 的 CSS 规则定义(设置背景色)

接下来插入 id:menu 的 Div 标签,在这里设置了高度 height:30px, margin-bottom:5px 与背景色。

图 9-89　插入 id:menu 的 Div 标签

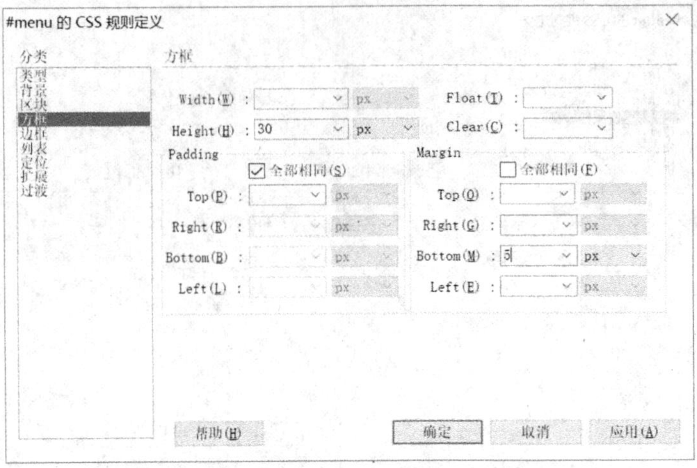

图 9-90　#menu 的 CSS 规则定义

下面我们在创建的#mainContent 盒子中嵌套两个盒子#sidebar、#Content，这是一个两栏的页面布局，这两个盒子分别用来容纳左栏和右栏的内容。这里要左右两栏的层都放在#mainContent 中。

图 9-91　插入 id:mainContent 的 Div 标签

设置了宽度 height:500px 与 margin-bottom:5px。

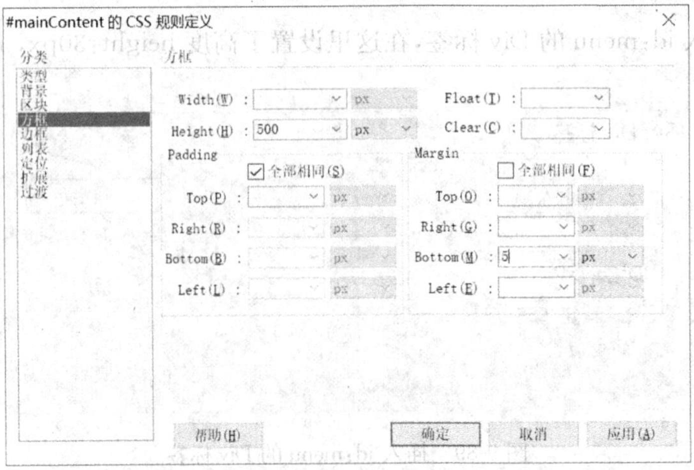

图 9-92　#mainContent 的 CSS 规则定义

左边栏是固定宽度的一边，插入 id：sidebar 的 Div 标签后，设置了宽度与高度 width：200px，height：500px，还有背景颜色 background：#cf9，但是最重要的是这里要在一行中显示两个块元素，所以就要设置 float：left 属性值。

图 9-93　插入 id：sidebar 的 Div 标签

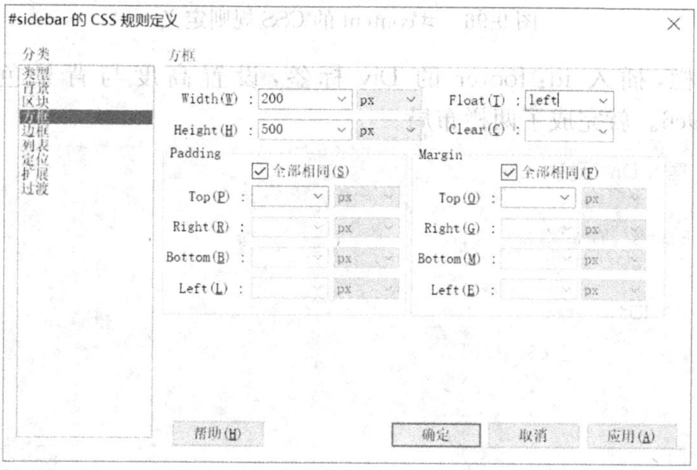

图 9-94　#sidebar 的 CSS 规则定义

右边栏插入 id：content 的 DIV 标签，定义高度与背景色 height：500px，background：#ffa，还要定义左边栏与右边栏的距离，这个就要使用 margin-left 属性了，左边栏宽度是 200px，为了页面美观我们再给左右栏留出 5px 空白空间，所以 margin-left 设置为 205px。

图 9-95　插入 id：content 的 Div 标签

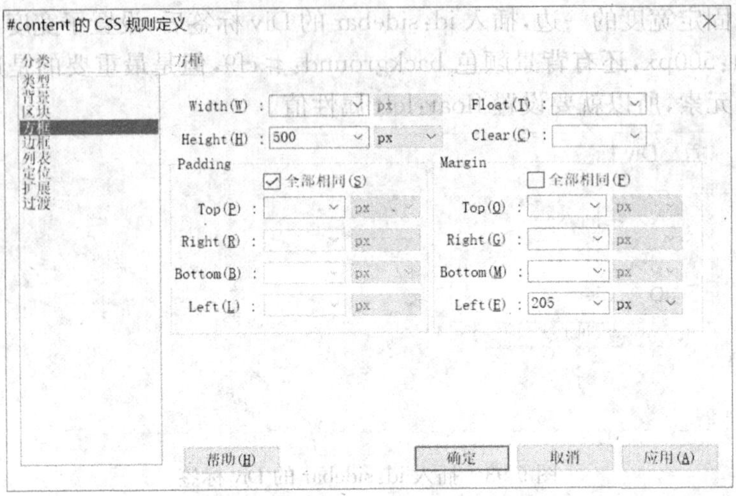

图 9-96　#content 的 CSS 规则定义

最后是底栏，插入 id：footer 的 Div 标签，设置高度与背景色 height：60px，background：#9c6。就完成了两栏布局。

图 9-97　插入 id：footer 的 Div 标签

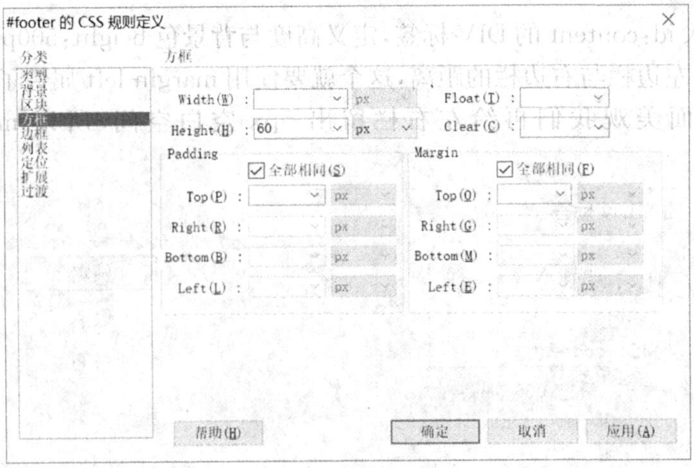

图 9-98　#footer 的 CSS 规则定义

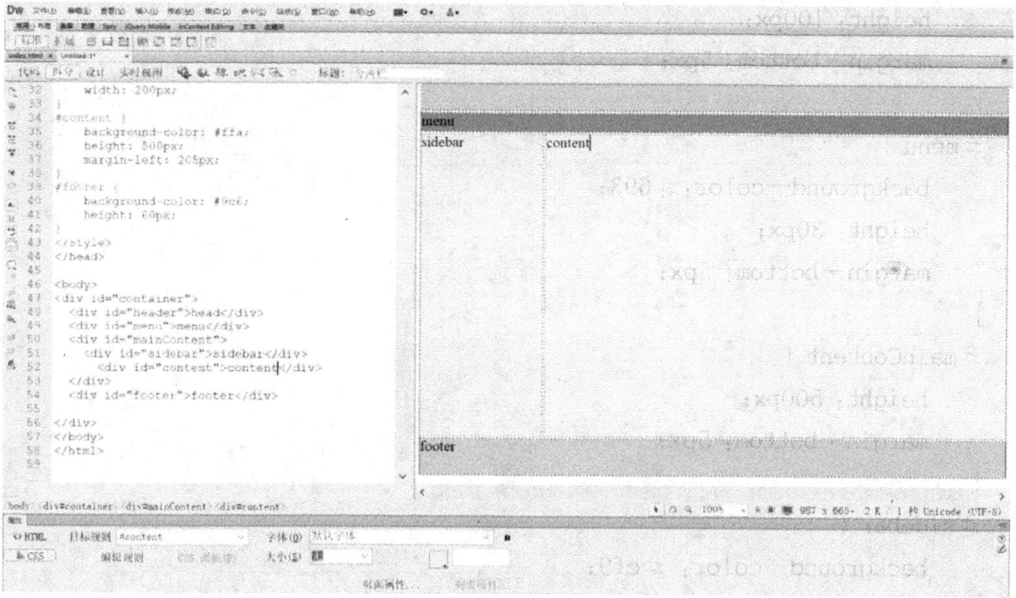

图 9-99　制作完成

为了方便大家学习，我们列出页面 Div 的结构：

```
<div id="container">
<div id="header">head</div>
<div id="menu">menu</div>
<div id="mainContent">
<div id="sidebar">sidebar</div>
<div id="content">content</div>
</div>
<div id="footer">footer</div>
</div>
```

对应的层设置 CSS 格式：

```
<style type="text/css">
#container {
width: 100%;
    margin-top: 0px;
    margin-right: auto;
    margin-bottom: 0px;
    margin-left: auto;
}
#header {
    background-color: #9c6;
```

```
    height: 100px;
    margin-bottom: 5px;
}
#menu {
    background-color: #693;
    height: 30px;
    margin-bottom: 5px;
}
#mainContent {
    height: 500px;
    margin-bottom: 5px;
}
#sidebar {
    background-color: #cf9;
    float: left;
    height: 500px;
    width: 200px;
}
#content {
    background-color: #ffa;
    height: 500px;
    margin-left: 5px;
}
#footer {
    background-color: #9c6;
    height: 60px;
}
</style>
```

(2)三栏布局。三栏布局就是把原先的两栏改成三栏，侧边两栏宽度固定，中间栏宽度自适应。这种布局的实现 left、right 都需要设置浮动，设置 content 的 margin 值为左右两个侧栏留出空间，margin 值大小为 left 和 right 宽度。下面我们就在两栏的基础上完成三栏的布局。

前面的部分与两栏基本一样，主要在第三栏处。首先我们还是要创建 #mainContent 盒子，然后在此中嵌套三个盒子 #sidebar、#Content 和 #sidebar2，这是一个三栏的页面布局，这三个盒子分别用来容纳左栏、中间与右栏的内容。需要注意的是，在#"mainContent"内先插入# sidebar，再插入# sidebar2，最后插入# content，代码如下：

```
<div id="mainContent">
```

```
<div id="sidebar"></div>
<div id="sidebar2"></div>
<div id="content"></div>
</div>
```

在设置对应的格式时，#sidebar 设置左浮动 float:left，#sidebar2 设置右浮动，中间的#content 设置 margin－left 与 margin－ right 值为 205px，比#sidebar 与#sidebar 的宽度多出 5px 主要是为了页面留白美观考虑，这样就完成了三栏的布局设置。格式如下：

```
#mainContent { height:500px; margin-bottom:5px;}
#sidebar { float:left; width:200px; height:500px;background:#cf9;}
#sidebar2 { float:right; width:200px; height:500px; background:#cf9;}
#content { margin:0 205px; height:500px; background:#ffa;}
```

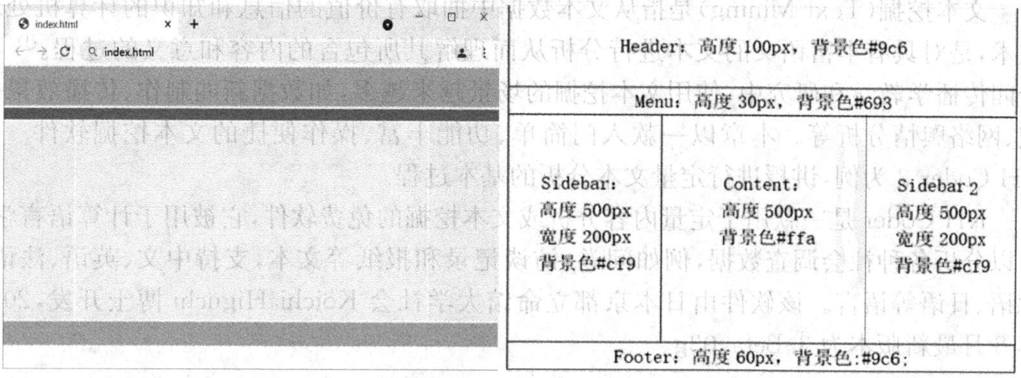

图 9-100　三栏布局结构

第 10 章 文本挖掘

文本挖掘(Text Mining)是指从文本数据中抽取有价值的信息和知识的计算机处理技术,是对具有丰富语义的文本进行分析从而理解其所包含的内容和意义的过程。[①] 在新闻传播学教学和研究中,使用文本挖掘的场景越来越多,如数据新闻制作、传播效果研究、网络舆情分析等。本章以一款入门简单、功能丰富、操作便捷的文本挖掘软件——KH Coder 3 为例,讲授进行定量文本分析的基本过程。

KH Coder 是一款用于定量内容分析或文本挖掘的免费软件,它被用于计算语言学,可以分析各种社会调查数据,例如问卷、访谈记录和报纸等文本,支持中文、英语、法语、德语、日语等语言。该软件由日本京都立命馆大学社会 Koichi Higuchi 博士开发,2021 年 8 月最新版本为 3. Beta. 03g。

10.1 软件下载与安装

1. 软件下载

打开软件官方网站 http://khcoder.net/,点击“Download KH Coder 3”跳转到下载链接。

① 袁军鹏、朱东华、李毅、李连宏、黄进:《文本挖掘技术研究进展》,载《计算机应用研究》,2006(02):1～4。

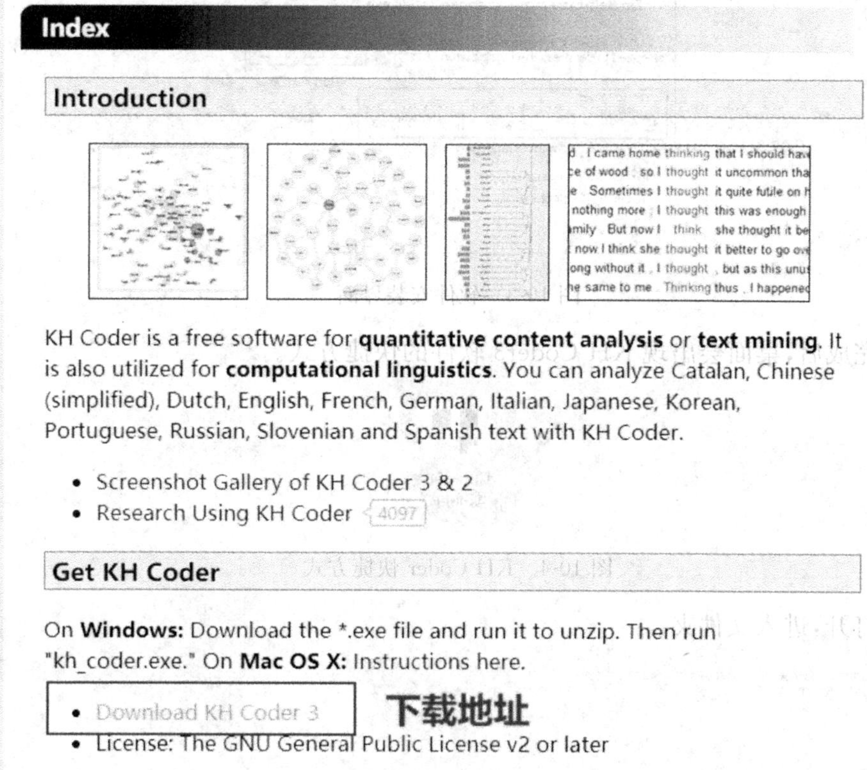

Index

Introduction

KH Coder is a free software for **quantitative content analysis** or **text mining**. It is also utilized for **computational linguistics**. You can analyze Catalan, Chinese (simplified), Dutch, English, French, German, Italian, Japanese, Korean, Portuguese, Russian, Slovenian and Spanish text with KH Coder.

- Screenshot Gallery of KH Coder 3 & 2
- Research Using KH Coder 4097

Get KH Coder

On **Windows:** Download the *.exe file and run it to unzip. Then run "kh_coder.exe." On **Mac OS X:** Instructions here.

- Download KH Coder 3
- License: The GNU General Public License v2 or later

图 10-1　软件下载界面

下载后，得到软件安装包。

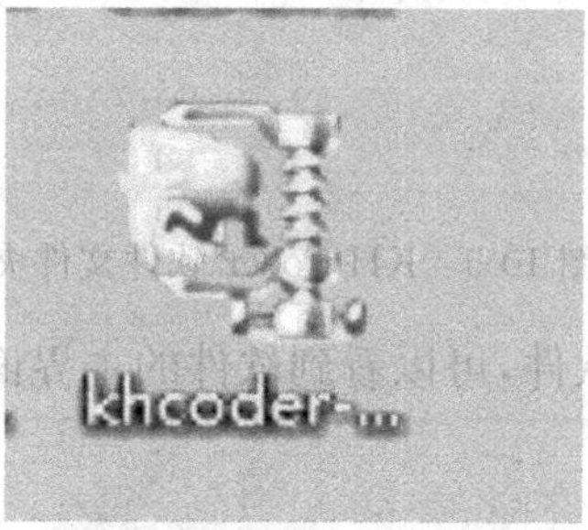

图 10-2　下载得到的软件包

2. 软件安装

双击打开下载的安装包，点击“Browse”可以自定义软件安装位置，一般建议默认地址即可，点击“Unzip”进行解压缩并安装。

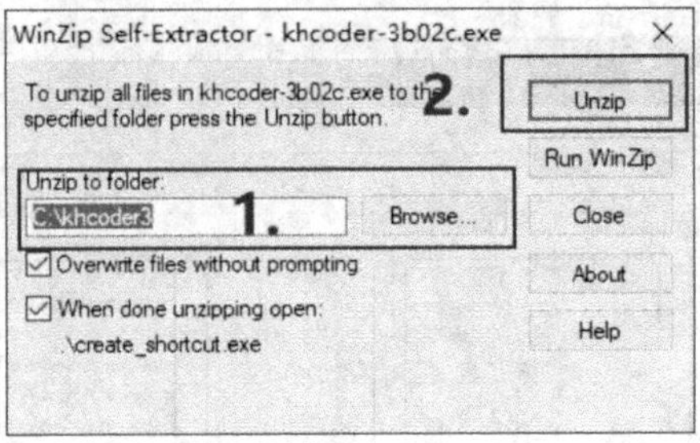

图 10-3　软件安装界面

安装完成后，桌面会出现 KH Coder3 软件的快捷方式。

图 10-4　KH Coder 快捷方式

双击打开，进入文件夹。

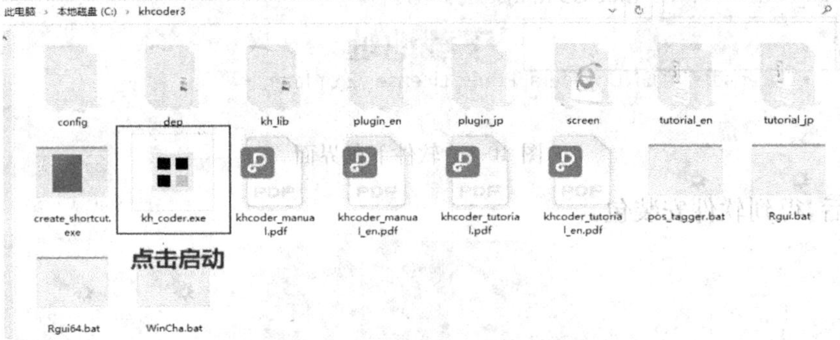

图 10-5　KH Coder 软件文件夹

点击 kh_coder. exe，启动软件，可以看到软件的主界面。

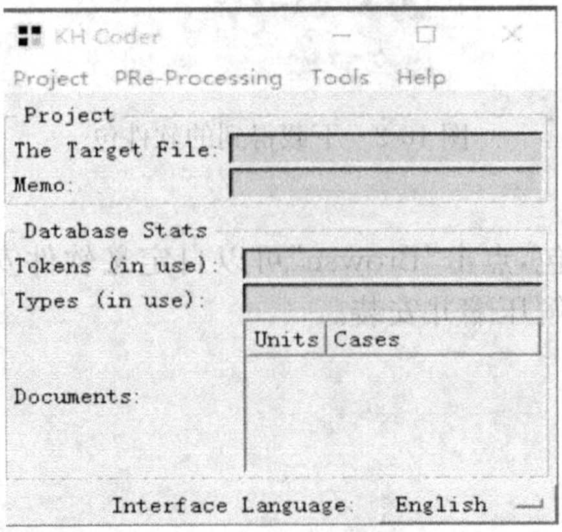

图 10-6　KH Coder 软件启动界面

如果启动软件时报"Cannot find java 1.8 or higher"错误，说明电脑没有安装java运行环境，只需安装一个java文件包即可，下载地址：www.java.com/zh-CN/download/。

10.2 软件界面与功能介绍

软件默认语言为英语(English)，点击右下角下拉框选择中文(Chinese)，重启软件，即可切换到中文界面。

图 10-7　KH Coder 软件语言设置

启动软件后，软件主界面主要功能区有三个组成部分：功能菜单、项目名称和数据统计。

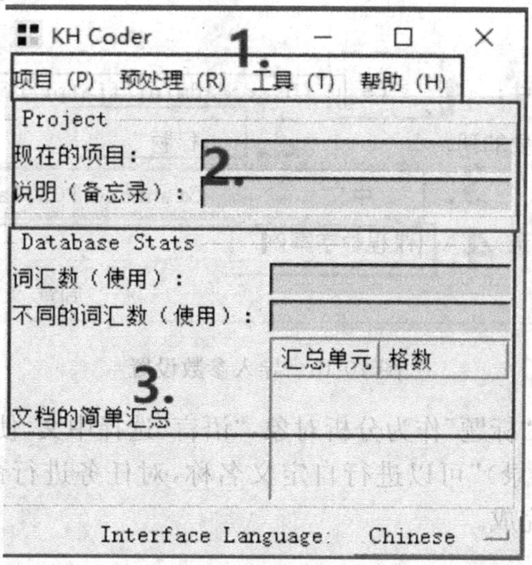

图 10-8　KH Coder 软件界面

10.3 文本分词

对文本进行分词是文本挖掘的基础步骤，英文分词较为简单，中文分词相对复杂，如“安徽大学”可能会被分为两个关键词“安徽”和“大学”。中文分词根据实现原理和特点，分词方法主要有基于词典分词算法、基于统计的机器学习算法，借助分词包和字典库进行分词。

1. 新建项目

依次点击“项目”→“新建”，软件弹出对话框。

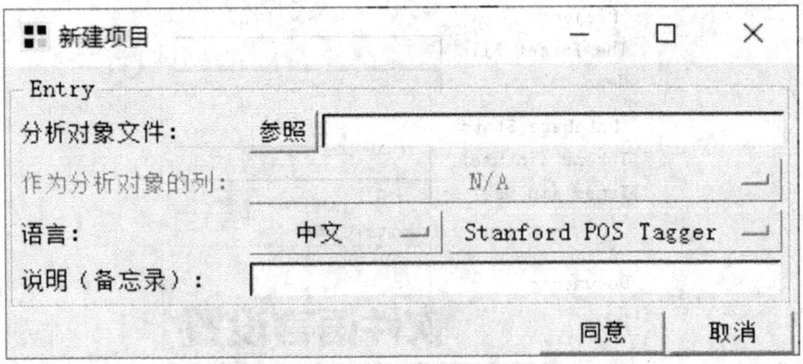

图 10-9 新建项目

点击“参照”，导入分析数据(一般使用. xls 格式)，导入示例数据，本章以 4 万条抖音疫情相关视频的标题文本为分析对象，见图 10-10。

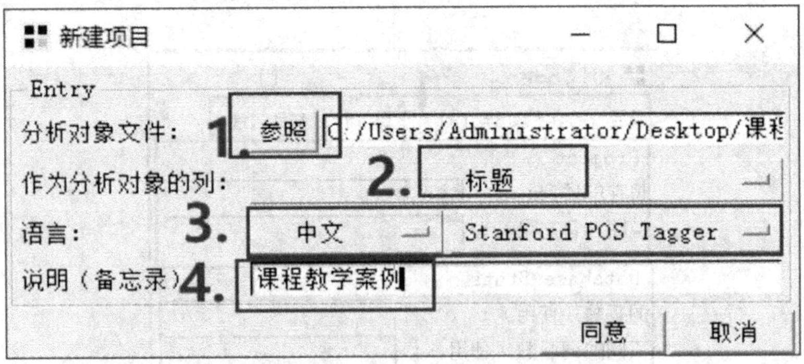

图 10-10 导入参数设置

选择案例数据中的“标题”作为分析对象，“语言”选择中文，使用 stanford pos Tagger 词性标注。“说明(备忘录)”可以进行自定义名称，对任务进行命名，便于检索和管理。点击“同意”，项目新建完成。

2. 执行预处理

点击菜单栏里的“预处理”(图 10-11)，在下拉菜单里选择“执行预处理”。软件将会对导入的内容进行分析处理。

图 10-11　启动软件进行预处理

根据文本数据量大小和计算机配置，所需时间也有所差异。

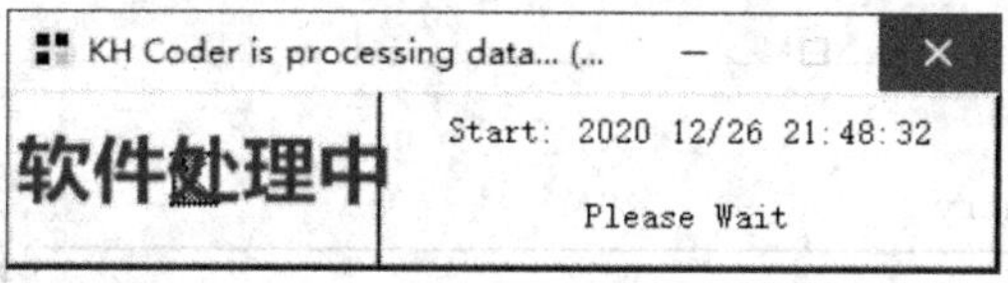

图 10-12　数据处理界面

处理完成后，得到文本分析结果（图 10-13）。从结果可以看出，示例数据共有 40436 行。

图 10-13　数据预处理结果

3. 分词结果查看

依次点击“工具”→“词汇”→“词频表”，即可以看到分词结果。

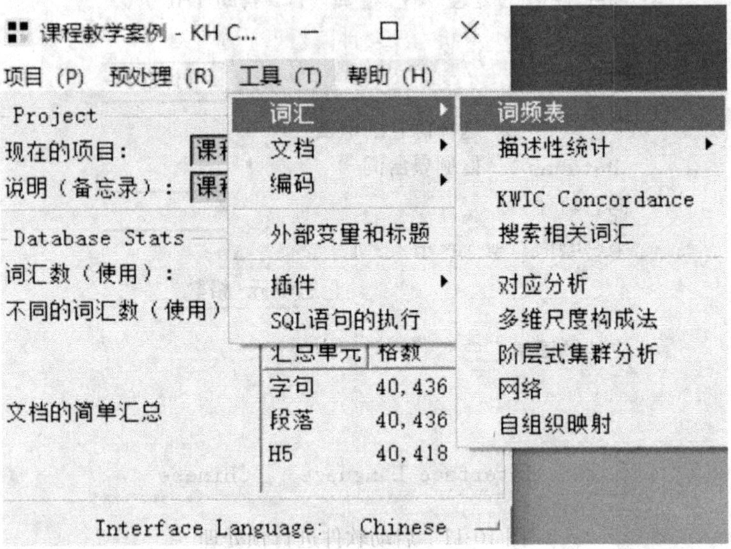

图 10-14　查看词汇—词频表

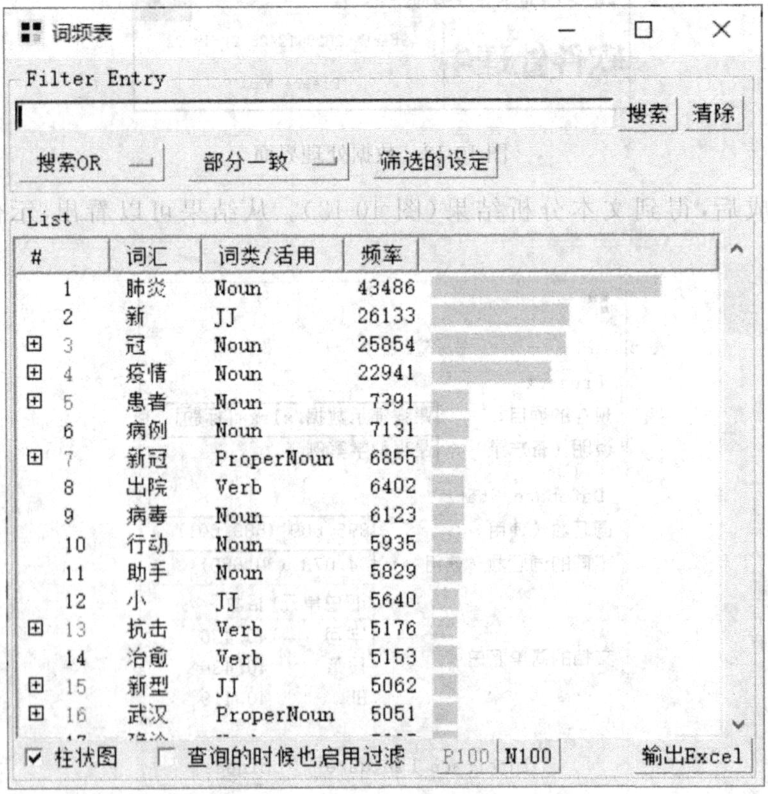

图 10-15　词频表结果

分词结果表中，会显示关键词名称、词性和频率，并用柱形图予以可视化表示。但是从分词结果来看，有一些分词结果不是很理想，比如“新”和“冠”就被分开了。因为新冠疫情是 2020 年最新出现的词汇，分词包中还没有相应的内容，只能将其拆分成 2 个关键词。也有一些关键词是常见关键词，没有实质性意义，需要我们进行过滤。这就需要进行自定义关键词词典，人为定义一些关键词以辅助软件进行分词，提高分词的准确性。

4. 自定义分词

依次点击“预处理”→“选择词汇的取舍”（图 10-16），进入自定义分词界面。

图 10-16　自定义词汇选择

在自定义分词时，可以根据需要，录入需要提取的关键词和过滤的关键词。如果要提取和过滤的关键词较多，也可以提取录入文本文档，再通过“从文件中读取”批量导入即可。

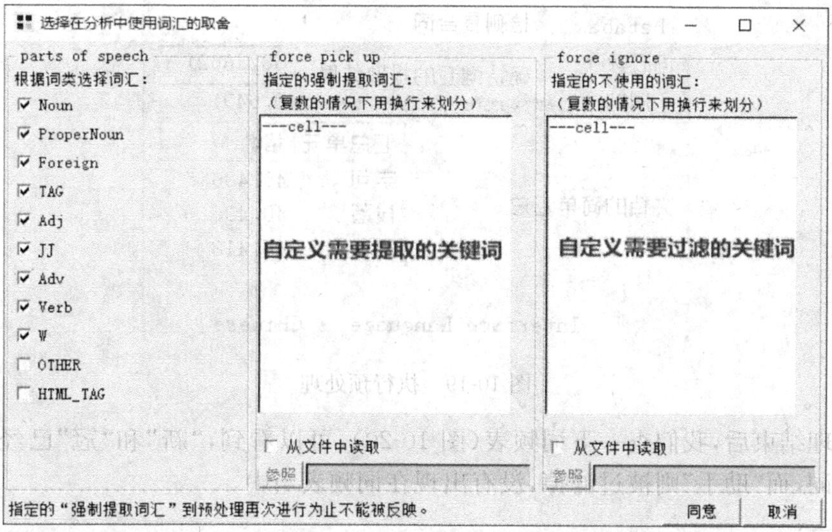

图 10-17　自定义提取和过滤关键词

我们以提取“新冠”、过滤掉“助手”这两个关键词为例，设置结果如下图 10-18。

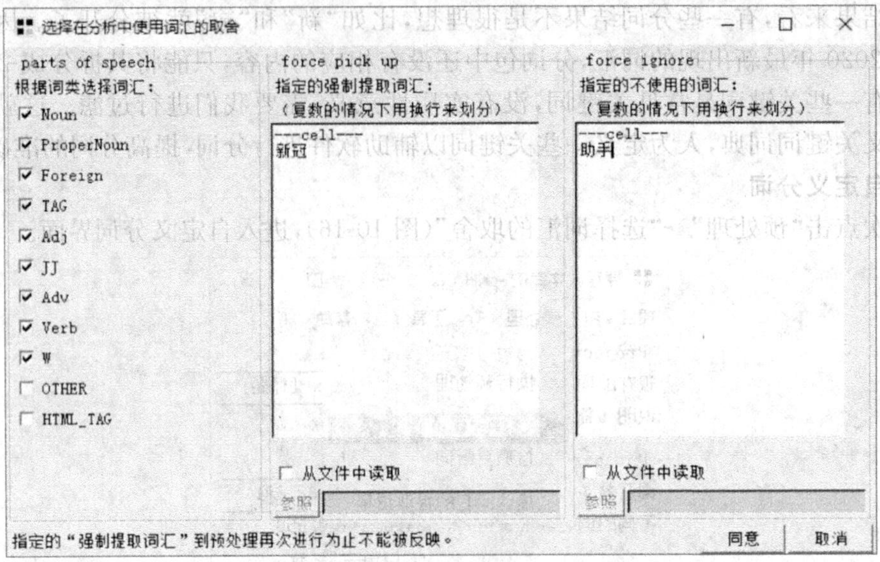

图 10-18　设置后的自定义提取和过滤关键词界面

然后点击“同意”，再次点击“执行预处理”，软件就会按照我们刚刚设置的分词规则，对分析对象进行处理。

图 10-19　执行预处理

预处理结束后，我们查一下词频表（图 10-20），可以看到，“新”和“冠”已经合并成同一个关键词，而“助手”则被过滤掉，没有出现在词频表当中。

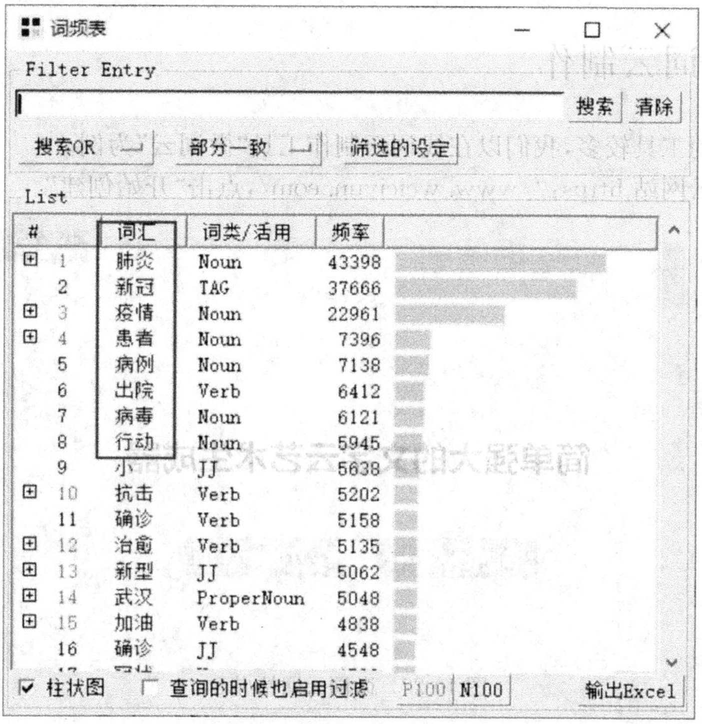

图 10-20　根据新的提取和过滤规则处理后得到的词频表

有了词频表之后，我们可以导出为 Excel 数据格式(图 10-21)，一列保存关键词名称，一列为关键词频次，然后就可以根据频次表制作词云图。

	A	B	C	D	E	F	G	H
1	词汇	出现次数		词汇	出现次数		词汇	出现次数
2	肺炎	43398		血浆	1023		全球	550
3	新冠	37666		口罩	1010		出门	550
4	疫情	22961		一起	959		防疫	550
5	患者	7396		去世	942		治疗	525
6	病例	7138		日本	942		说	524
7	出院	6412		医护	930		时间	514
8	病毒	6121		最	930		再	513
9	行动	5945		死亡	928		大	499
10	小	5638		也	895		清零	492
11	抗击	5202		就	894		全部	491
12	确诊	5158		钟南山	892		众志成城	480
13	治愈	5135		甘肃	886		期间	480
14	新型	5062		会	882		浙江	473
15	武汉	5048		防控	864		重庆	470
16	加油	4838		国家	853		全民	469
17	确诊	4548		人民	835		陕西	469
18	冠状	4538		市	796		好	466
19	新增	4490		共	794		省	455
20	感染	4325		江西	783		愿	454
21	战胜	4024		抗	767		康复	450
22	不	3271		美国	758		风险	450
23	dou	3172		山东	752		治疗	448
24	防控	3078		新疆	695		南阳	441
25	累计	3074		伊朗	692		重症	439
26	人	2867		专家	690		非典	433
27	知道	2777		疑似	688		去	425
28	医院	2659		致敬	677		想	425
29	全	2556		河南	649		健康	418
30	中国	2525		出现	644		新	415

图 10-21　词频表导出结果

10.4 词云制作

词云制作的工具较多，我们以在线词云制作工具“微词云”为例。

打开微词云网站 https://www.weiciyun.com/，点击“开始创建”。

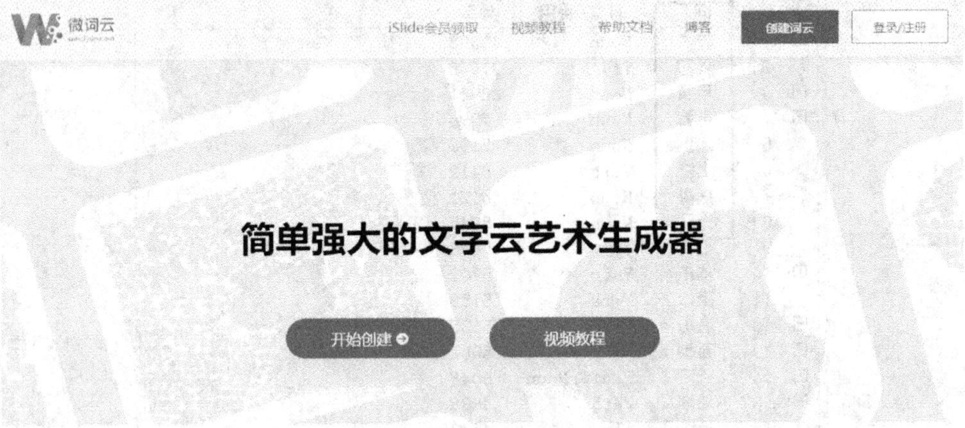

图 10-22 微词云网站界面

进入词云制作界面后，点击“导入单词”。

图 10-23 导入单词

选择“从 Excel 中导入关键词”。

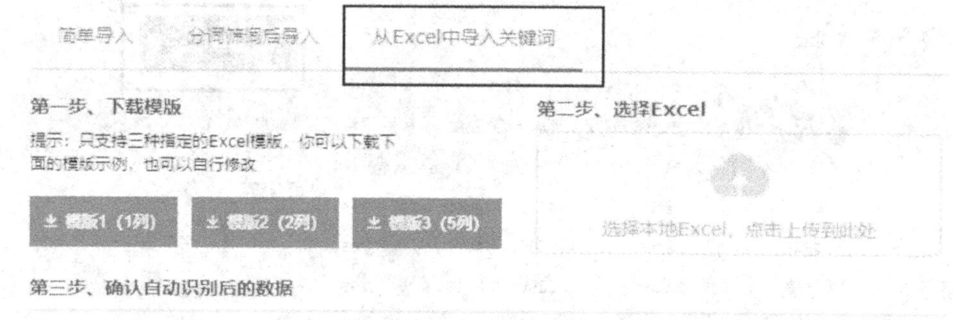

图 10-24　从 Excel 中导入关键词

根据网站提供的数据模板，将我们之前的分词结果表中的标题名分别改为“单词”和“词频”，然后上传到网站。

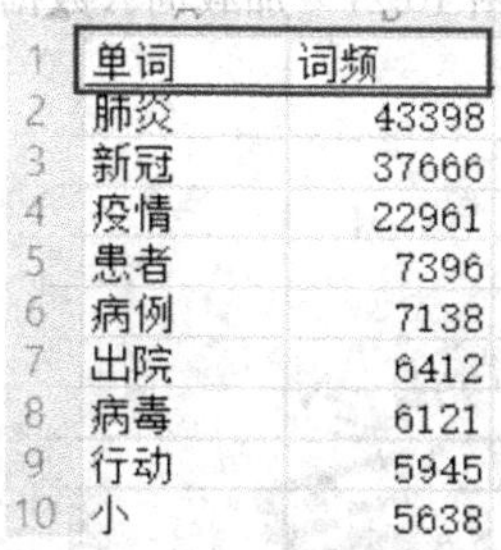

	单词	词频
1	单词	词频
2	肺炎	43398
3	新冠	37666
4	疫情	22961
5	患者	7396
6	病例	7138
7	出院	6412
8	病毒	6121
9	行动	5945
10	小	5638

图 10-25　处理后的词频表

网站会自动识别到分词结果(图 10-26)，核对一下是否正确。

图 10-26　导入后的词频表

确认正确后，点击“生成并使用”，系统会回到首界面，点击“加载词云”(图 10-27)，即可得到词云图(图 10-28)。

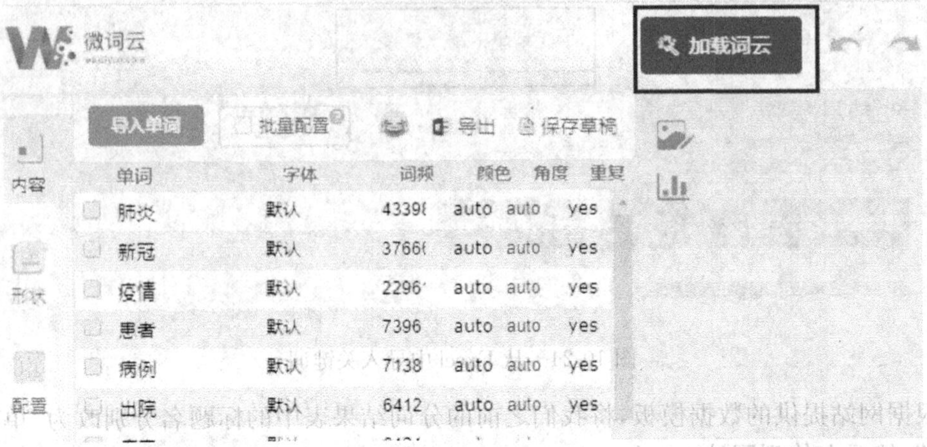

图 10-27　加载词云数据

默认的词云形状是心形。

图 10-28　得到词云图

我们可以根据需要，对词云进行自定义设置。可以进行自动设置的内容包括“内容”“形状”“配置”“插图”和“字体”。可以根据自己的需要，对词云进行自定义修饰。

如在“形状”中，可以选择自己需要的外形。

涂 10-29 词云图自定义界面

在“配置”里(10-30)，可以对字体进行设置。

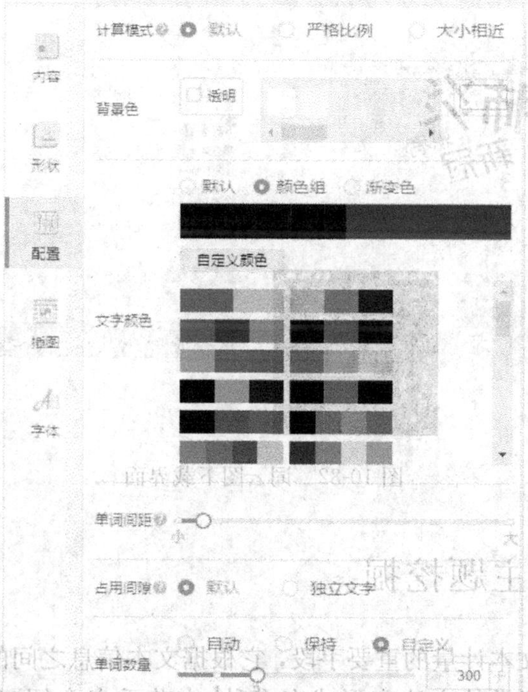

图 10-30 自定义配置词云颜色

图 10-31 是进行示例数据自定义后的词云效果。

图 10-31　自定义后的词云图

词云效果满意后，点击“下载到本地”即可。根据自己的需要，选择图片格式和质量。

图 10-32　词云图下载界面

10.5　文本主题挖掘

文本主题聚类是文本计量的重要手段，它根据文本信息之间的相似性进行归类并划分成类团(cluster)。聚类的方法和形式有多种，本节重点介绍三种方法：“多维尺度分析”“词汇分层聚类分析”“词共现网络”。

1. 多维尺度分析

多维尺度分析是一种将多维空间的研究对象简化到低维空间进行定位、分析和归类的方法，以距离远近的方式来显示各要素之间的关联程度，①也可以发现整个关系网络中的社团分布。

依次点击"工具"→"词汇"→"多维尺度构成法"(图 10-33)。

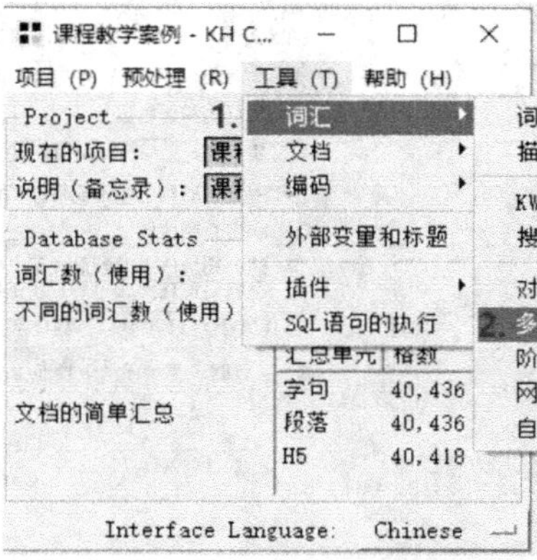

图 10-33　选择多维尺度构成法

在设置界面(图 10-34)主要进行最小出现数、多维尺度法与集群数等参数的设置。

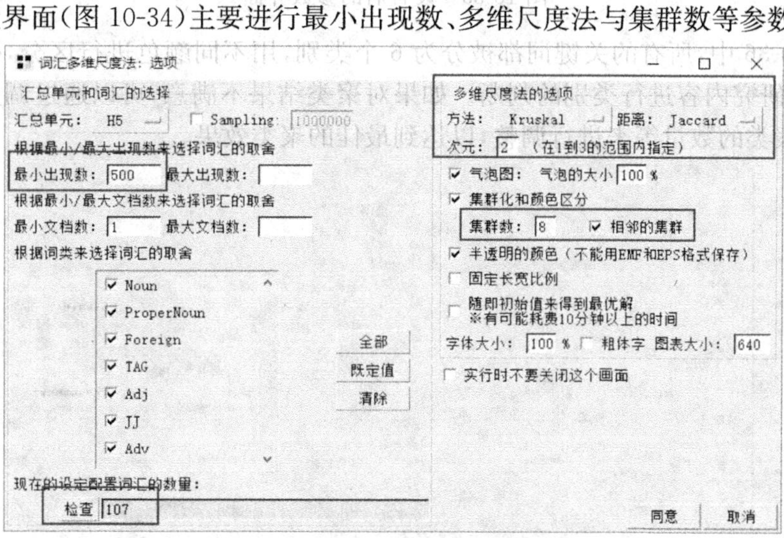

图 10-34　多维尺度构成法参数设置界面

最小出现数的数值需要根据具体内容的频次表进行设置，一般要确保下面的检查框的数量少于 100，多于 100 个关键词分析的结果可能会比较复杂，不容易发现主题类别。多维尺度分析的算法一般寻找 Kruskal，距离用 Jaccard，也可以根据自己的需要尝试其他几种方法的分类结果。集群数是指制定的主题类别，默认是 8 个，可以根据自己的需

① 唐婷、何晓兰:《国家基金项目中知识管理领域研究主题分析——基于战略坐标图》，载《情报科学》2018，36(02)：71～76＋124。

要和判断多次尝试，以获得最佳聚类结果。

当最小出现数大于 600 时，会发现一共有 90 个关键词可以进行分析，集群数为 6，点击“同意”，软件进行处理后即可得到结果图（图 10-35）。

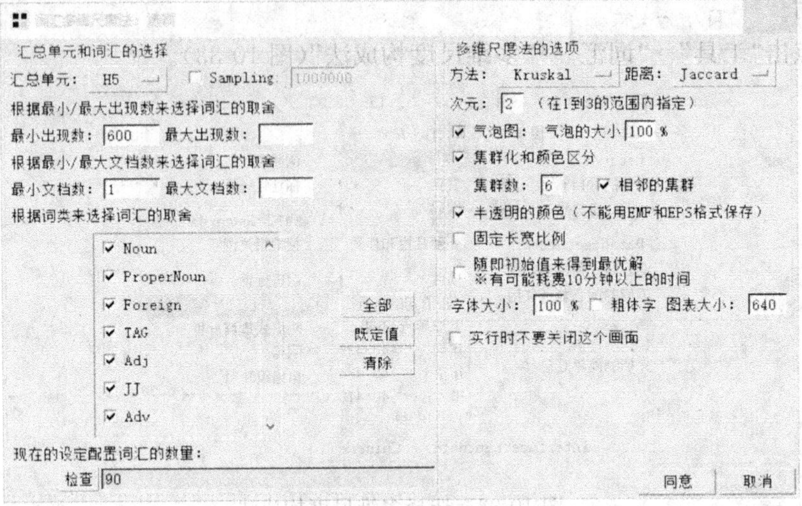

图 10-35　设置后的参数界面

在图 10-36 中，所有的关键词都被分为 6 个类别，用不同颜色进行区分，研究者可以根据自己的研究内容进行类别的判断。如果对聚类结果不满意，可以通过调整分析关键词的数量、聚类的数量等来进行调整，以达到最佳的聚类效果。

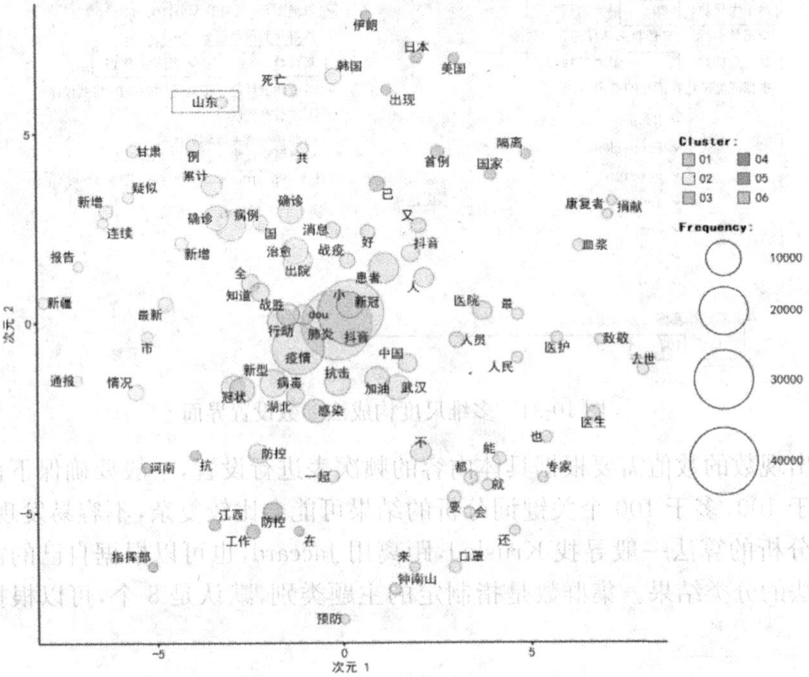

图 10-36　多维尺度构成法分析结果

2. 词汇分层聚类分析

词汇分层聚类可以用来查找和分析哪些单词组合或单词间具有相似的外观模式，分析结果以树状图显示，产生的结果更易于解释。

依次点击“词汇”→“阶层式集群分析”。

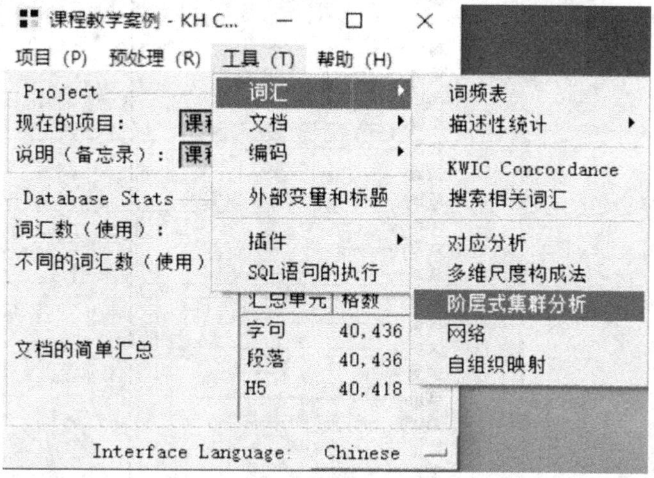

图 10-37　选择阶层聚类分析

在弹出的对话框中，可以对分析对象的最小频次、聚类方法、聚类数量等进行自定义设置。

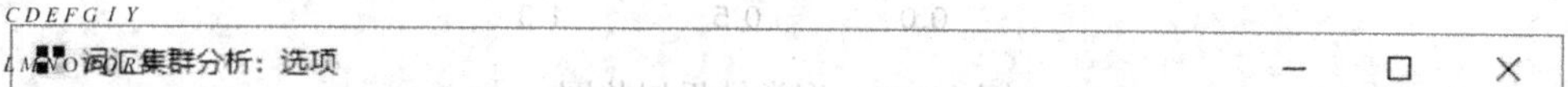

图 10-38　阶层聚类分析参数设置界面

点击“同意”后，软件运行并得到聚类结果的树状图(图 10-39)。

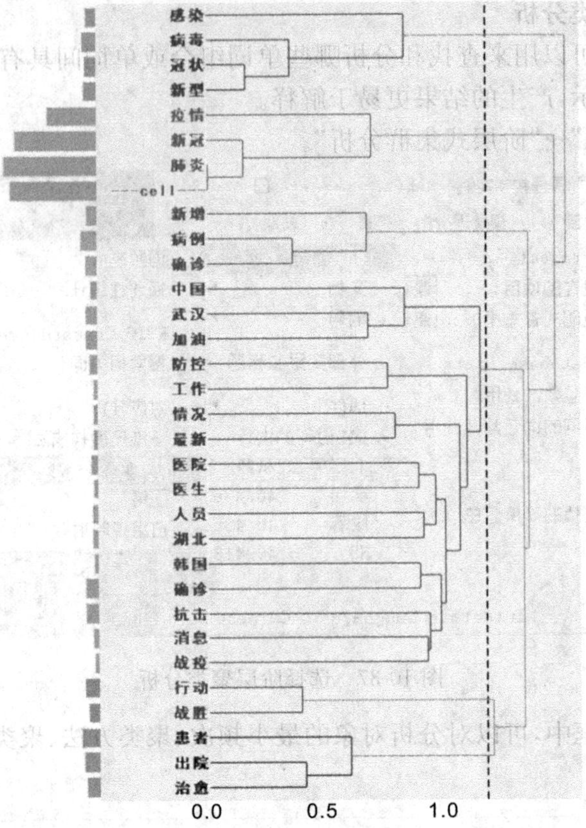

图 10-39　聚类结果树状图

软件会用不同颜色标注不同的聚类结果，研究者可以根据自己的判断，对主题进行划分。

3. 词共现网络

通过分析具有高度共现的单词，并通过线（边）连接它们，便于理解共现结构。

点击“词汇”→“网络”。

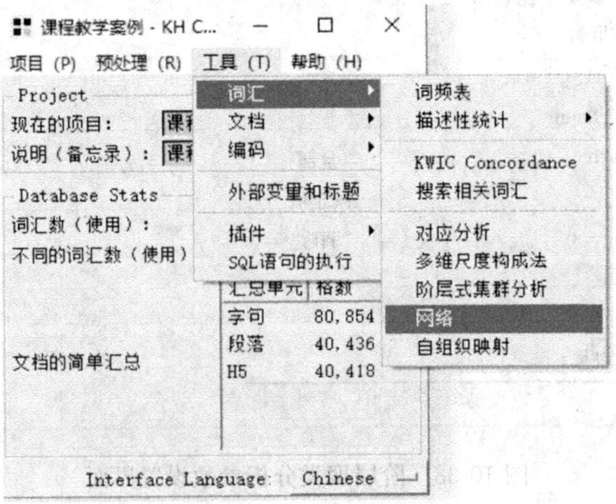

图 10-40　选择语义网络功能

在弹出的设置界面(图 10-41)里设置分词单词的词频、共现关系、绘图数等。

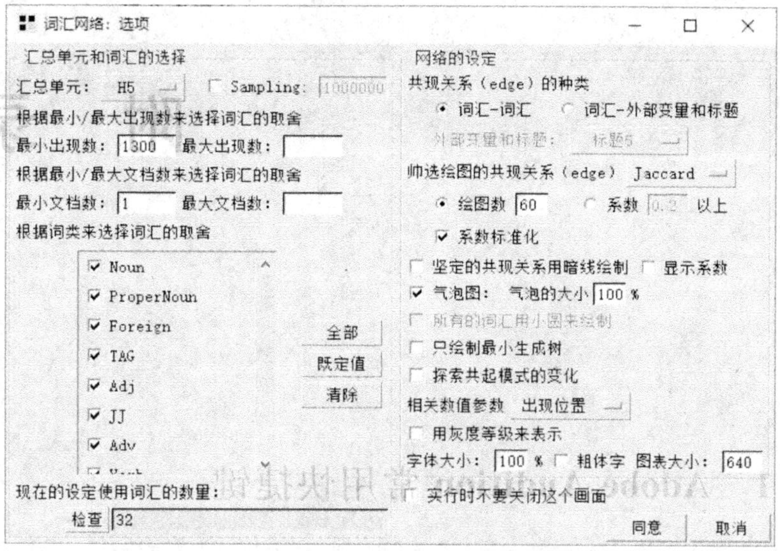

图 10-41　语义网络参数设置

点击“同意”后，软件会绘制出词共现网络(图 10-42)，以不同颜色标注不同系列，并显示出共现系数，数据越接近于 1 证明共现的次数越多、概率越高。研究者可以根据词共现网络进行解读分析。

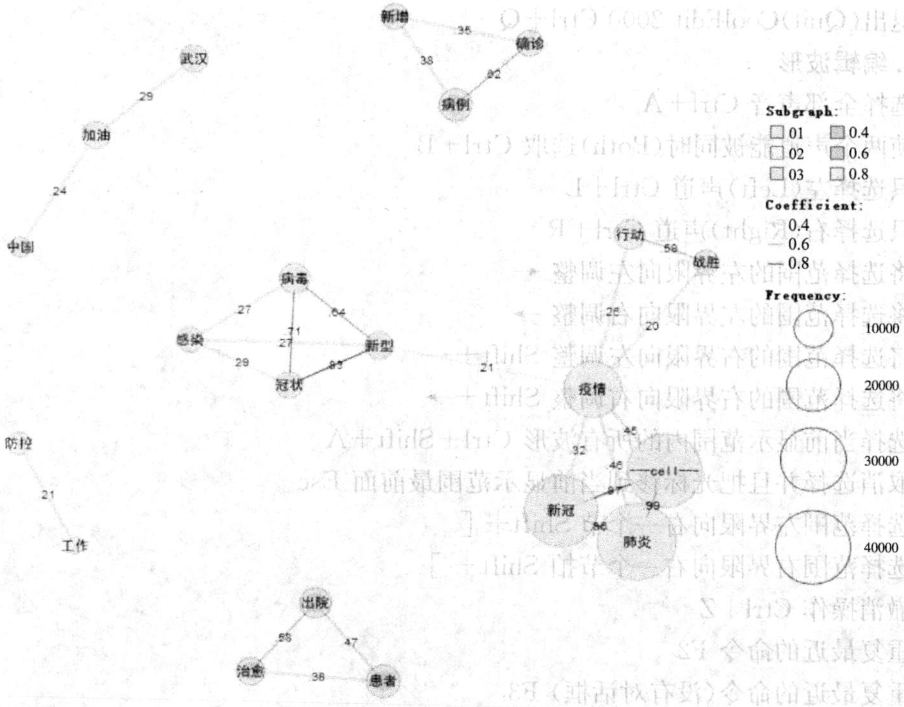

图 10-42　语义网络分析结果

附　录

附录 1　Adobe Audition 常用快捷键

1. 文件操作

建立一个新(New)的声音文件:Ctrl+N

打开(Open)一个已经存在的声音文件:Ctrl+O

关闭(Closedown)当前的文件 Ctrl+W

保存(Save)当前文件 Ctrl+S

退出(Quit)CoolEdit 2000 Ctrl+Q

2. 编辑波形

选择全部声音 Ctrl+A

使两个声道能被同时(Both)选取 Ctrl+B

只选择左(Left)声道 Ctrl+L

只选择右(Right)声道 Ctrl+R

将选择范围的左界限向左调整 ←

将选择范围的左界限向右调整 →

将选择范围的右界限向左调整 Shift+←

将选择范围的右界限向右调整 Shift+→

选择当前显示范围内的所有波形 Ctrl+Shift+A

取消选择并且把光标移到当前显示范围最前面 Esc

选择范围左界限向右一个节 Shift+ [

选择范围右界限向右一个节拍 Shift+]

撤消操作 Ctrl+Z

重复最近的命令 F2

重复最近的命令(没有对话框) F3

拷贝(Copy)所选波形到剪贴板 Ctrl+C

剪切所选波形到剪贴板 Ctrl+X

将剪切板内容粘贴到当前文件 Ctrl＋V
根据剪切板内容建立一个新(New)文件 Ctrl＋Shift＋N
将剪切板内容与所选区域混合 Ctrl＋Shift＋V
嵌入当前选集或波形到多声道(Multitrack)环境 Ctrl＋M
删除选定的声波 DEL
将选择区域以外的部分修剪掉(Trim) Ctrl＋T
转换当前文件的类型 F11
在 CoolEdit 的 5 个内部剪贴板中切：Ctrl＋"1 至 5"
剪切所选波形到当前内部剪贴板 Shift＋DEL

2. 播放和录制

播放/停止：空格
录制/暂停 Ctrl＋空格
从光标所在处开始播放 Shift＋空格
从头开始播放 Ctrl＋Shift＋空格
标准播放(PlayNormal) Alt＋P
停止(Stop)(当播放时跟"空格"功能相同) Alt＋S

3. 视图和缩放

将视图移到最前面(不影响光标位置) Home
将视图移到最后面(不影响光标位置) End
缩放到所选波形的左侧 Ctrl＋End
缩放到所选波形的右侧 Ctrl＋Home
垂直放大显示：Alt＋↑
垂直缩小显示 Alt＋↓
水平放大显示 Alt＋→
水平缩小显示 Alt＋←
将视图向前移动一屏(不影响光标位置) PageDown
将视图向后移支一屏(不影响光标位置) PageUp
打开帮助窗口 F1
打开全局设置窗口 F4
将当前光标位置或选区范围在提示栏做上记号 F8
打开波形列表窗口 F9
临控 VU 标准 F10
打开信息(Info)窗口 Ctrl＋I
打开频率分析窗口 Alt＋Z
跳到下一个波形窗口(当打开多个文件时) Ctrl＋Tab
跳到前一个波形窗口(当打开多个文件时) Ctrl＋Shift＋Tab

附录 2 Photoshop 常用快捷键

取消当前命令:Esc
工具选项板:Enter
选项板调整:Shift+Tab
退出系统:Ctrl+Q

获取帮助:F1
剪切选择区:F2 / Ctrl+X
拷贝选择区:F3 / Ctrl+C
粘贴选择区:F4 / Ctrl+V

显示或关闭画笔选项板:F5
显示或关闭颜色选项板:F6
显示或关闭图层选项板:F7
显示或关闭信息选项板:F8
显示或关闭动作选项板:F9
显示或关闭选项板、状态栏和工具箱:Tab

全选:Ctrl+A
反选:Shift+Ctrl+I
取消选择区:Ctrl+D
选择区域移动:方向键
将图层转换为选择区:Ctrl+单击工作图层
选择区域以 10 个像素为单位移动:Shift+方向键
复制选择区域:Alt+方向键

填充为前景色:Alt+Delete
填充为背景色:Ctrl+Delete

调整色阶工具:Ctrl+L
调整色彩平衡:Ctrl+B
调节色调/饱和度:Ctrl+U
自由变形:Ctrl+T

增大笔头大小:“中括号”
减小笔头大小:“中括号”

选择最大笔头:Shift+“中括号”
选择最小笔头:Shift+“中括号”
重复使用滤镜:Ctrl+F

移至上一图层:Ctrl+“中括号”
排至下一图层:Ctrl+“中括号”
移至最前图层:Shift+Ctrl+“中括号”
移至最底图层:Shift+Ctrl+“中括号”
激活上一图层:Alt+“中括号”

激活下一图层:Alt+“中括号”
合并可见图层:Shift+Ctrl+E

放大视窗:Ctrl+“+”
缩小视窗:Ctrl+“-”
放大局部:Ctrl+空格键+鼠标单击
缩小局部:Alt+空格键+鼠标单击
翻屏查看:PageUp/PageDown

显示或隐藏标尺:Ctrl+R
显示或隐藏虚线:Ctrl+H

打开文件:Ctrl+O
关闭文件:Ctrl+W
文件存盘:Ctrl+S
打印文件:Ctrl+P
恢复到上一步:Ctrl+Z

附录3 Dreamweaver 常用快捷键

1. 新建文档:Ctrl+N

打开一个 HTML 文件:Ctrl+O
在框架中打开:Ctrl+Shift+O
关闭: Ctrl+W
保存 Ctrl+S
另存为 Ctrl+Shift+S
检查链接 Shift + F8

退出 Ctrl＋Q

2. 编辑菜单

撤销 Ctrl＋Z

重复 Ctrl＋Y 或 Ctrl＋Shift＋Z

剪切 Ctrl＋X 或 Shift＋Del

拷贝 Ctrl＋C 或 Ctrl＋Ins

粘贴 Ctrl＋V 或 Shift＋Ins

清除 Delete

全选 Ctrl＋A

选择父标签 Ctrl＋Shift＋＜

选择子标签 Ctrl＋Shift＋＞

查找和替换 Ctrl＋F

查找下一个 F3

缩进代码　　Ctrl＋Shift＋］

左缩进代码 Ctrl＋Shift＋［

平衡大括弧 Ctrl＋“’”

启动外部编辑器 Ctrl＋E

参数选择 Ctrl＋U

3. 页面视图

标准视图 Ctrl＋Shift＋F6

布局视图 Ctrl＋F6

工具条　Ctrl＋Shift＋T

4. 查看页面元素

可视化助理 Ctrl＋Shift＋I

标尺 Ctrl＋Alt＋R

显示网格 Ctrl＋Alt＋G

靠齐到网格 Ctrl＋Alt＋Shift＋G

头内容 Ctrl＋Shift＋W

页面属性 Ctrl＋Shift＋J

5. 代码编辑

切换到设计视图 Ctrl＋Tab

打开快速标签编辑器　Ctrl＋T

选择父标签 Ctrl＋Shift＋“＜”

平衡大括弧 Ctrl＋“’”

全选 Ctrl＋A

拷贝 Ctrl＋C

查找和替换 Ctrl＋F

查找下一个 F3

替换 Ctrl+H
粘贴 Ctrl+V
剪切 Ctrl+X
重复 Ctrl+Y
撤销 Ctrl+Z
切换断点 Ctrl+Alt+B
向上选择一行 Shift+Up
向下选择一行 Shift+Down
选择左边字符 Shift+Left
选择右边字符 Shift+Right
向上翻页 Page Up
向下翻页 Page Down
向上选择一页 Shift+Page Up
向下选择一页 Shift+Page Down
选择左边单词 Ctrl+Shift+Left
选择右边单词 Ctrl+Shift+Right
移到行首 Home
移到行尾 End
移动到代码顶部　Ctrl+Home
移动到代码尾部　Ctrl+End
向上选择到代码顶部 Ctrl+Shift+Home
向下选择到代码顶部 Ctrl+Shift+End

6. 编辑文本

创建新段落 Enter
插入换行 Shift+Enter
插入不换行空格 Ctrl+Shift+Spacebar
拷贝文本或对象到页面其他位置 Ctrl+拖动选取项目到新位置
选取一个单词双击
将选定项目添加到库 Ctrl+Shift+B
在设计视图和代码编辑器之间切换 Ctrl+Tab
打开和关闭[属性]检查器 Ctrl+Shift+J
检查拼写 Shift+F7

7. 格式化文本

缩进 Ctrl+"]"
左缩进 Ctrl+"["
格式>无 Ctrl+"0（零）"
段落格式 Ctrl+Shift+P
应用标题 1 到 6 到段落　Ctrl+"1 到 6"

对齐>左对齐 Ctrl+Shift+Alt+L
对齐>居中　Ctrl+Shift+Alt+C
对齐>右对齐 Ctrl+Shift+Alt+R
加粗选定文本 Ctrl+B
倾斜选定文本 Ctrl+I
编辑样式表 Ctrl+Shift+E

8. 查找和替换文本

查找 Ctrl+F
查找下一个/再查找　F3
替换 Ctrl+H

9. 处理表格

选择表格(光标在表格中) Ctrl+A
移动到下一单元格 Tab
移动到上一单元格 Shift+Tab
插入行(在当前行之前)Ctrl+M
在表格末插入一行 在最后一个单元格 Tab
删除当前行 Ctrl+Shift+M
插入列 Ctrl+Shift+A
删除列 Ctrl+Shift+"－(连字符)"
合并单元格 Ctrl+Alt+M
拆分单元格 Ctrl+Alt+S
更新表格布局(在"快速表格编辑"模式中强制重绘)Ctrl+Spacebar

10. 处理框架

选择框架框架中 Alt+点击
选择下一框架或框架页 Alt+右方向键
选择上一框架或框架页 Alt+左方向键
选择父框架 Alt+上方向键
选择子框架或框架页 Alt+下方向键
添加新框架到框架页 Alt+从框架边界拖动
使用推模式添加新框架到框架页 Alt+Ctrl+从框架边界拖动

11. 处理层

选择层 Ctrl+Shift+点击
选择并移动层 Shift+Ctrl+拖动
从选择中添加或删除层 Shift+点击层
以像素为单位移动所选层上方向键
按靠齐增量移动所选层 Shift+方向键
以像素为单位调整层大小 Ctrl+方向键
以靠齐增量为单位调整层大小 Ctrl+Shift+方向键

将所选层与最后所选层的顶部/底部/左边/右边对齐 Ctrl＋上/下/左/右方向键
统一所选层宽度 Ctrl＋Shift＋“[”
统一所选层高度 Ctrl＋Shift＋“] ”
创建层时切换嵌套设置 Ctrl＋拖动
切换网格显示 Ctrl＋Shift＋Alt＋G
靠齐到网格 Ctrl＋Alt＋G

12. 处理时间轴、图像

添加对象到时间轴 Ctrl＋Alt＋Shift＋T
添加关键帧 Shift＋F9
删除关键帧 Delete
改变图像源文件属性 Double＋点击图像
在外部编辑器中编辑图像 Ctrl＋双击图像

13. 管理超链接

创建超链接(选定文本)Ctrl＋L
删除超链接 Ctrl＋Shift＋L
在 Dreamweaver 打开链接文档 Ctrl＋双击链接
检查选定链接 Shift＋F8
检查整个站点中的链接 Ctrl＋F8

14. 在浏览器中定位和预览

在主浏览器中预览 F12
在次要浏览器中预览 Ctrl＋F12
在主浏览器中调试 Alt＋F12
在次要浏览器中调试 Ctrl＋Alt＋F12

15. 站点管理和 FTP

创建新文件 Ctrl＋Shift＋N
创建新文件夹 Ctrl＋Shift＋Alt＋N
打开选定 Ctrl＋Shift＋Alt＋O
从远程 FTP 站点下载选定文件或文件夹 Ctrl＋Shift＋D
将选定文件或文件夹上载到远程 FTP 站点 Ctrl＋Shift＋U
取出 Ctrl＋Shift＋Alt＋D
存回 Ctrl＋Shift＋Alt＋U
查看站点地图 Alt＋F8
刷新远端站点 Alt＋F5

16. 站点地图

查看站点文件 F8
刷新本地栏 Shift＋F5
设为根 Ctrl＋Shift＋R
链接到现存文件 Ctrl＋Shift＋K

改变链接 Ctrl+L
删除链接 Delete
显示/隐藏链接　Ctrl+Shift+Y
显示页面标题 Ctrl+Shift+T
重命名文件 F2
放大站点地图 Ctrl+“+（plus）”
缩小站点地图 Ctrl+“ －（hyphen)”

17. 播放插件

播放插件 Ctrl+Alt+P
停止插件 Ctrl+Alt+X
播放所有插件 Ctrl+Shift+Alt+P
停止所有插件 Ctrl+Shift+Alt+X
处理模板
创建新的可编辑区域 Ctrl+Alt+V

18. 插入对象

图像 Ctrl+Alt+I
表格 Ctrl+Alt+T
Flash 影片 Ctrl+Alt+F
Shockwave 和 Director 影片 Ctrl+Alt+D
命名锚记 Ctrl+Alt+A
打开[历史纪录]面板 Shift F10
开始/停止录制命令 Ctrl+Shift+X
播放录制好的命令 Ctrl+P
打开和关闭面板
对象 Ctrl+F2
属性 Ctrl+F3
站点文件 F5
站点地图 Ctrl+F5
资源 F11
CSS 样式 Shift+F11
HTML 样式　Ctrl+F11
行为 Shift+F3
历史纪录 Shift+F10
时间轴 Shift+F9
代码检查器 F10
框架 Shift+F2
层 F2
参考 Ctrl+Shift+F1

显示/隐藏浮动面板 F4
最小化所有窗口 Shift+F4
最大化所有窗口 Alt+Shift+F4

19. 获得帮助

使用 Dreamweaver[帮助主题] F1
参考 Shift+F1
Dreamweaver 支持中心 Ctrl+F1

附录 4　HTML 基本标签参考

1. 基本标签

创建一个 HTML 文档<html></html>
设置文档标题以及其他不在 Web 网页上显示的信息<head></head>
设置文档的可见部分<body></body>

2. 标题标签

将文档的题目放在标题栏中 <title></title>

3. 文档整体属性

设置背景颜色，使用名字或十六进制值 <body bgcolor=？>
设置文本文字颜色，使用名字或十六进制值 <body text=？>
设置链接颜色，使用名字或十六进制值 <body link=？>
设置已使用的链接的颜色，使用名字或十六进制值 <body vlink=？>
设置正在被击中的链接的颜色，使用名字或十六进制值 <body alink=？>

4. 文本标签

创建预格式化文本 <pre></pre>
创建最大的标题 <h1></h1>
创建最小的标题 <h6></h6>
创建黑体字 <b></b>
创建斜体字 <i></i>
创建打字机风格的字体 <tt></tt>
创建一个引用，通常是斜体 <cite></cite>
加重一个单词(通常是斜体加黑体) <em></em>
加重一个单词(通常是斜体加黑体)<strong></strong>
设置字体大小，从 1 到 7 <font size=？></font>
设置字体的颜色，使用名字或十六进制值 <font color=？></font>

5. 链接

创建一个超链接 <a href="URL"></a>
创建一个自动发送电子邮件的链接 <a href="mailto:EMAIL"></a>
创建一个位于文档内部的靶位 <a name="NAME"></a>

创建一个指向位于文档内部靶位的链接 <a href="#NAME"></a>

6. 格式排版

创建一个新的段落 <p>

将段落按左、中、右对齐 <p align=？>

插入一个回车换行符

从两边缩进文本 <blockquote>

</blockquote>

创建一个定义列表 <dl></dl>

放在每个定义术语词之前 <dt>

放在每个定义之前 <dd>

创建一个标有数字的列表 <ol></ol>

放在每个数字列表项之前，并加上一个数字 <li>

创建一个标有圆点的列表 <ul></ul>

放在每个圆点列表项之前，并加上一个圆点 <li>

一个用来排版大块 HTML 段落的标签，也用于格式化表 <div align=？>

7. 图形元素

添加一个图像 <img src="name">

排列对齐一个图像：左中右或上中下 <img src="name" align=？>

设置围绕一个图像的边框的大小 <img src="name" border=？>

加入一条水平线 <hr>

设置水平线的大小(高度) <hr size=？>

设置水平线的宽度(百分比或绝对像素点) <hr width=？>

创建一个没有阴影的水平线 <hr noshade>

8. 表格

创建一个表格 <table></table>

开始表格中的每一行 <tr></tr>

开始一行中的每一个格子 <td></td>

设置表格头：一个通常使用黑体居中文字的格子 <th></th>

9. 表格属性

设置围绕表格的边框的宽度 <table border=#>

设置表格格子之间空间的大小 <table cellspacing=#>

设置表格格子边框与其内部内容之间空间的大小 <table cellpadding=#>

设置表格的宽度一用绝对像素值或文档总宽度的百分比 <table width=# or %>

设置表格格子的水平对齐(左中右) <tr align=？> or <td align=？>

设置表格格子的垂直对齐(上中下) <tr valign=？> or <td valign=？>

设置一个表格格子应跨占的列数(缺省为 1) <td colspan=#>

设置一个表格格子应跨占的行数(缺省为 1) <td rowspan=#>

禁止表格格子内的内容自动断行回卷 <td nowrap>

10. 窗框

放在一个窗框文档的<body>标签之前，也可以嵌在其他窗框文档中<frameset></frameset>

定义一个窗框内的行数，可以使用绝对像素值或高度的百分比 <frameset rows="value,value">

定义一个窗框内的列数，可以使用绝对像素值或宽度的百分比 <frameset cols="value,value">

定义一个窗框内的单一窗或窗区域 <frame>

定义在不支持窗框的浏览器中显示提示 <noframes></noframes>

11. 窗框属性

规定窗框内显示什么 HTML 文档 <frame src="URL">

命名窗框或区域以便别的窗框可以指向它 <frame name="name">

定义窗框左右边缘的空白大小，必须大于等于 1 <frame marginwidth=#>

定义窗框上下边缘的空白大小，必须大于等于 1 <frame marginheight=#>

设置窗框是否有滚动栏，其值可以是"yes""no""auto"，缺省时一般为"auto" <frame scrolling=VALUE>

禁止用户调整一个窗框的大小 <frame noresize>

12. 表单

对于功能性的表单，一般需要运行一个 CGI 小程序，HTML 仅仅是产生表单的表面样子。

创建所有表单 <form></form>

创建一个滚动菜单，size 设置在需要滚动前可以看到的表单项数目 <select multiple name="NAME" size=? ></select>

设置每个表单项的内容 <option>

创建一个下拉菜单 <select name="NAME"></select>

设置每个菜单项的内容 <option>

创建一个文本框区域，列的数目设置宽度，行的数目设置高度 <textarea name="NAME" cols=40 rows=8></textarea>

创建一个复选框，文字在标签后面 <input type="checkbox" name="NAME">

创建一个单选框，文字在标签后面 <input type="radio" name="NAME" value="x">

创建一个单行文本输入区域，size 设置以字符计的宽度 <input type=text name="foo" size=20>

创建一个 submit(提交)按钮 <input type="submit" value="NAME">

创建一个使用图像的 submit(提交)按钮 <input type="image" border=0 name="NAME" src="name. gif">

创建一个 reset(重置)按钮 <input type="reset">

附录 5　HTML 标签大全

1. 跑马灯

<marquee></marquee>普通卷动

<marquee behavior=slide></marquee>滑动

<marquee behavior=scroll></marquee>预设卷动

<marquee behavior=alternate></marquee>来回卷动

<marquee direction=down></marquee>向下卷动

<marquee direction=up></marquee>向上卷动

<marquee direction=right></marquee>向右卷动

<marquee direction=left></marquee>向左卷动

<marquee loop=2></marquee>卷动次数

<marquee width=180></marquee>设定宽度

<marquee height=30></marquee>设定高度

<marquee bgcolor=FF0000></marquee>设定背景颜色

<marquee scrollamount=30></marquee>设定卷动距离

<marquee scrolldelay=300></marquee>设定卷动时间

2. 字体效果

<h1></h1>标题字(最大)

<h6></h6>标题字(最小)

<b></b>粗体字

<strong></strong>粗体字(强调)

<i></i>斜体字

<em></em>斜体字(强调)

<dfn></dfn>斜体字(表示定义)

<u></u>底线

<ins></ins>底线(表示插入文字)

<strike></strike>横线

<s></s>删除线

<del></del>删除线(表示删除)

<kbd></kbd>键盘文字

<tt></tt> 打字体

<xmp></xmp>固定宽度字体(在文件中空白、换行、定位功能有效)

<plaintext></plaintext>固定宽度字体(不执行标记符号)

<listing></listing> 固定宽度小字体

<font color=00ff00></font>字体颜色

<font size=1></font>最小字体

<font style =font—size:100 px></font>无限增大

3. 区断标记

<hr>水平线

<hr size=9>水平线(设定大小)

<hr width=80%>水平线(设定宽度)

<hr color=ff0000>水平线(设定颜色)

(换行)

<nobr></nobr>水域(不换行)

<p></p>水域(段落)

<center></center>置中

4. 连结格式

<base href=地址>(预设好连结路径)

<a href=地址></a>外部连结

<a href=地址 target=_blank></a>外部连结(另开新窗口)

<a href=地址 target=_top></a>外部连结(全窗口连结)

<a href=地址 target=页框名></a>外部连结(在指定页框连结)

5. 贴图/音乐

<img src=图片地址>贴图

<img src=图片地址 width=180>设定图片宽度

<img src=图片地址 height=30>设定图片高度

<img src=图片地址 alt=提示文字>设定图片提示文字

<img src=图片地址 border=1>设定图片边框

<bgsound src=MID 音乐文件地址>背景音乐设定

6. 表格语法

<table align=left></table>表格位置,置左

<table aling=center></table>表格位置,置中

<table background=图片路径></table>背景图片的 URL=就是路径网址

<table border=边框大小></table>设定表格边框大小(使用数字)

<table bgcolor=颜色码></table>设定表格的背景颜色

<table bordercolor=颜色码></table>设定表格边框的颜色

<table bordercolordark=颜色码></table>设定表格暗边框的颜色

<table bordercolorlight=颜色码></table>设定表格亮边框的颜色

<table cellpadding=参数></table>指定内容与网格线之间的间距(使用数字)

<table cellspacing=参数></table>指定网格线与网格线之间的距离(使用数字)

<table cols=参数></table>指定表格的栏数

<table frame=参数></table>设定表格外框线的显示方式

<table width=宽度></table>指定表格的宽度大小(使用数字)

<table height=高度></table>指定表格的高度大小(使用数字)

<td colspan＝参数></td>指定储存格合并栏的栏数(使用数字)

<td rowspan＝参数></td>指定储存格合并列的列数(使用数字)

7. 分割窗口

<frameset cols＝"20%，*">左右分割，将左边框架分割大小为 20%右边框架的大小浏览器会自动调整

<frameset rows＝"20%，*">上下分割，将上面框架分割大小为 20%下面框架的大小浏览器会自动调整

<frameset cols＝"20%，*">分割左右两个框架

<frameset cols＝"20%，*，20%">分割左中右三个框架

<分割上下两个框架

<frameset rows＝"20%，*，20%">分割上中下三个框架

<a href target> 指定超级链接的分割窗口

<a href＝♯锚的名称> 指定锚名称的超级链接

<a href> 指定超级链接

<a name＝锚的名称> 被连结点的名称

<address></address> 用来显示电子邮箱地址

<b> 粗体字

<base target> 指定超级链接的分割窗口

<basefont size> 更改预设字形大小

<bgsound src> 加入背景音乐

<big> 显示大字体

<blink> 闪烁的文字

<body text link vlink> 设定文字颜色

<body> 显示本文

 换行

<caption align> 设定表格标题位置

<caption></caption> 为表格加上标题

<center> 向中对齐

<cite><cite> 用于引经据典的文字

<code></code> 用于列出一段程序代码

<comment></comment> 加上批注

<dd> 设定定义列表的项目解说

<dfn></dfn> 显示"定义"文字

<dir></dir> 列表文字卷标

<dl></dl> 设定定义列表的卷标

<dt> 设定定义列表的项目

<em> 强调之用

<font face> 任意指定所用的字形

<font size> 设定字体大小

<form action> 设定互动式窗体的处理方式

<form method> 设定户动式窗体之资料传送方式

<frame marginheight> 设定窗口的上下边界

<frame marginwidth> 设定窗口的左右边界

<frame name> 为分割窗口命名

<frame noresize> 锁住分割窗口的大小

<frame scrolling> 设定分割窗口的滚动条

<frame src> 将 html 文件加入窗口

<frameset cols> 将窗口分割成左右的子窗口

<frameset rows> 将窗口分割成上下的子窗口

<frameset></frameset> 划分分割窗口

<h1>～<h6> 设定文字大小

<head> 标示文件信息

<hr> 加上分网格线

<html> 文件的开始与结束

<i> 斜体字

<img align> 调整图形影像的位置

<img alt> 为你的图形影像加注

<img dynsrc loop> 加入影片

<img height width> 插入图片并预设图形大小

<img hspace> 插入图片并预设图形的左右边界

<img lowsrc> 预载图片功能

<img src border> 设定图片边界

<img src> 插入图片

<img vspace> 插入图片并预设图形的上下边界

<input type name value> 在窗体中加入字段

<isindex> 定义查询用窗体

<kbd></kbd> 表示使用者输入文字

<li type></li> 列表的项目（可指定符号）

<marquee> 跑马灯效果

<menu></menu> 条列文字卷标

<meta name="refresh" content url> 自动更新文件内容

<multiple> 可同时选择多项的列表栏

<noframe> 定义不出现分割窗口的文字

<ol></ol> 有序号的列表

<option> 定义窗体中列表栏的项目

<p align> 设定对齐方向

<p> 分段
<person></person> 显示人名
<pre> 使用原有排列
<samp></samp> 用于引用字
<select></select> 在窗体中定义列表栏
<small> 显示小字体
<strike> 文字加横线
<strong> 用于加强语气
<sub> 下标字
<sup> 上标字
<table border=n> 调整表格的宽线高度
<table cellpadding> 调整数据域位之边界
<table cellspacing> 调整表格线的宽度
<table height> 调整表格的高度
<table width> 调整表格的宽度
<table></table> 产生表格的卷标
<td align> 调整表格字段之左右对齐
<td bgcolor> 设定表格字段之背景颜色
<td colspan rowspan> 表格字段的合并
<td nowrap> 设定表格字段不换行
<td valign> 调整表格字段之上下对齐
<td width> 调整表格字段宽度
<td></td> 定义表格的数据域位
<textarea name rows cols> 窗体中加入多少列的文字输入栏
<textarea wrap> 决定文字输入栏是自动否换行
<th></th> 定义表格的标头字段
<title> 文件标题
<tr></tr> 定义表格美一行
<tt> 打字机字体
<u> 文字加底线
<ul type></ul> 无序号的列表（可指定符号）
<var></var> 用于显示变量

附录 6　CSS 参考手册

CSS 背景属性(Background)

属性	描述
background	在一个声明中设置所有的背景属性
background-attachment	设置背景图像是否固定或者随着页面的其余部分滚动
background－color	设置元素的背景颜色
background－image	设置元素的背景图像
background－position	设置背景图像的开始位置
background－repeat	设置是否及如何重复背景图像

CSS 边框属性(Border 和 Outline)

属性	描述
border	在一个声明中设置所有的边框属性
border－bottom	在一个声明中设置所有的下边框属性
border－bottom－color	设置下边框的颜色
border－bottom－style	设置下边框的样式
border－bottom－width	设置下边框的宽度
border－color	设置四条边框的颜色
border－left	在一个声明中设置所有的左边框属性
border－left－color	设置左边框的颜色
border－left－style	设置左边框的样式
border－left－width	设置左边框的宽度
border－right	在一个声明中设置所有的右边框属性
border－right－color	设置右边框的颜色
border－right－style	设置右边框的样式
border－right－width	设置右边框的宽度
border－style	设置四条边框的样式
border－top	在一个声明中设置所有的上边框属性
border－top－color	设置上边框的颜色
border－top－style	设置上边框的样式
border－top－width	设置上边框的宽度
border－width	设置四条边框的宽度
outline	在一个声明中设置所有的轮廓属性
outline－color	设置轮廓的颜色
outline－style	设置轮廓的样式
outline－width	设置轮廓的宽度

CSS 文本属性(Text)

属性	描述
color	设置文本的颜色
direction	规定文本的方向 / 书写方向
letter—spacing	设置字符间距
line—height	设置行高
text—align	规定文本的水平对齐方式
text—decoration	规定添加到文本的装饰效果
text—indent	规定文本块首行的缩进
text—shadow	规定添加到文本的阴影效果
text—transform	控制文本的大小写
unicode—bidi	设置文本方向
white—space	规定如何处理元素中的空白
word—spacing	设置单词间距

CSS 字体属性(Font)

属性	描述
font	在一个声明中设置所有字体属性
font—family	规定文本的字体系列
font—size	规定文本的字体尺寸
font—size—adjust	为元素规定 aspect 值
font—stretch	收缩或拉伸当前的字体系列
font—style	规定文本的字体样式
font—variant	规定文本的字体样式
font—weight	规定字体的粗细

CSS 外边距属性(Margin)

属性	描述
margin	在一个声明中设置所有外边距属性
margin—bottom	设置元素的下外边距
margin—left	设置元素的左外边距
margin—right	设置元素的右外边距
margin—top	设置元素的上外边距

CSS 内边距属性(Padding)

属性	描述
padding	在一个声明中设置所有内边距属性
padding—bottom	设置元素的下内边距
padding—left	设置元素的左内边距

padding—right	设置元素的右内边距
padding—top	设置元素的上内边距

CSS 列表属性(List)

属性	描述
list—style	在一个声明中设置所有的列表属性
list—style—image	将图像设置为列表项标记
list—style—position	设置列表项标记的放置位置
list—style—type	设置列表项标记的类型
marker—offset	

内容生成(Generated Content)

属性	描述
content	与":before"以及":after"伪元素配合使用,来插入生成内容
counter—increment	递增或递减一个或多个计数器
counter—reset	创建或重置一个或多个计数器
quotes	设置嵌套引用的引号类型

CSS 尺寸属性(Dimension)

属性	描述
height	设置元素的高度
max—height	设置元素的最大高度
max—width	设置元素的最大宽度
min—height	设置元素的最小高度
min—width	设置元素的最小宽度
width	设置元素的宽度

CSS 定位属性(Positioning)

属性	描述
bottom	设置定位元素下外边距边界与其包含块下边界之间的偏移
clear	规定元素的哪一侧不允许其他浮动元素
clip	剪裁绝对定位元素
cursor	规定要显示的光标的类型(形状)
display	规定元素应该生成的框的类型
float	规定框是否应该浮动
left	设置定位元素左外边距边界与其包含块左边界之间的偏移
overflow	规定当内容溢出元素框时发生的事情
position	规定元素的定位类型
right	设置定位元素右外边距边界与其包含块右边界之间的偏移
top	设置定位元素的上外边距边界与其包含块上边界之间的偏移

vertical—align	设置元素的垂直对齐方式
visibility	规定元素是否可见
z—index	设置元素的堆叠顺序

CSS 打印属性(Print)

属性	描述
orphans	设置当元素内部发生分页时必须在页面底部保留的最少行数
page—break—after	设置元素后的分页行为
page—break—before	设置元素前的分页行为
page—break—inside	设置元素内部的分页行为
widows	设置当元素内部发生分页时必须在页面顶部保留的最少行数

CSS 表格属性(Table)

属性	描述
border—collapse	规定是否合并表格边框
border—spacing	规定相邻单元格边框之间的距离
caption—side	规定表格标题的位置
empty—cells	规定是否显示表格中的空单元格上的边框和背景
table—layout	设置用于表格的布局算法

CSS 伪类(Pseudo—classes)

属性	描述
:active	向被激活的元素添加样式
:focus	向拥有键盘输入焦点的元素添加样式
:hover	当鼠标悬浮在元素上方时,向元素添加样式
:link	向未被访问的链接添加样式
:visited	向已被访问的链接添加样式
:first—child	向元素的第一个子元素添加样式
:lang	向带有指定 lang 属性的元素添加样式

CSS 伪元素(Pseudo elements)

属性	描述
:first—letter	向文本的第一个字母添加特殊样式
:first—line	向文本的首行添加特殊样式
:before	在元素之前添加内容
:after	在元素之后添加内容

尺寸

单位	描述
%	百分比
in	英寸
cm	厘米
mm	毫米
em	1em 等于当前的字体尺寸 2em 等于当前字体尺寸的两倍 例如,如果某元素以 12pt 显示,那么 2em 是 24pt 在 CSS 中,em 是非常有用的单位,因为它可以自动适应用户所使用的字体
ex	一个 ex 是一个字体的 x—height。(x—height 通常是字体尺寸的一半)
pt	磅 (1 pt 等于 1/72 英寸)
pc	12 点活字 (1 pc 等于 12 点)
px	像素 (计算机屏幕上的一个点)

颜色

单位	描述
(颜色名)	颜色名称 (比如 red)
rgb(x,x,x)	RGB 值 (比如 rgb(255,0,0))
rgb(x%, x%, x%)	RGB 百分比值 (比如 rgb(100%,0%,0%))
#rrggbb	十六进制数 (比如 #ff0000)

参考资料

书目：

1. 董天策主编. 网络新闻传播学(第三版). 福州：福建人民出版社，2009 年.
2. 岳山编著. 当代报纸电脑编辑基础(第二版)，合肥：合肥工业大学出版社，2008 年.
3. 匡文波. 网络传播理论与技术，北京：中国人民大学出版社，2007 年.
4. 严富昌. 网站策划与设计，北京：北京大学出版社，2004 年.
5. 秦州. 新闻网页设计与制作，福州：福建人民出版社，2005 年.
6. 人民网舆情监测室. 如何应对网络舆情：网络舆情分析师手册，北京：新华出版社，2011 年.
7. 张佰明，李志宏，蔡越越编著. 网络传播实务，北京：中国传媒大学出版社，2010 年.
8. 彭兰. 数字传播技术应用，北京：北京师范大学出版社，2012 年.
9. 张合斌主编. 网络媒体实务，北京：北京大学出版社，2015 年.
10. 吴建，刘平，邱树雄编著. 新闻传播技术基础，成都：四川大学出版社，2009 年.

说明书：

1. 微软公司 Office 办公软件、Movie Maker、Front page 软件帮助说明书
2. Adobe 公司 Photoshop、Audition 、Premiere 软件帮助说明书
3. 光影魔术手软件帮助说明书
4. ACDSEE 软件帮助说明书
5. iebook 超级精灵软件帮助说明书

10. Flash Slideshow Builder 软件帮助说明书
11. 问卷星软件帮助说明书
12. SPSSAU 软件帮助说明书
13. 秀米编辑器帮助说明书
14. 易企秀帮助说明书
15. 石墨文档帮助说明书
16. 创客贴帮助说明书
17. 草料二维码帮助说明书

资料来源网址：

1. http://home. baidu. com/about/about. html.
2. http://www. google. cn/support/? hl=zh－CN.
3. http://www. sogou. com/.
4. http://www. neoimaging. cn/.
5. http://www. iebook. cn/.